高等院校财政金融专业应用型教材

金融衍生工具
(第 2 版)

朱顺泉　编著

清华大学出版社
北　京

内 容 简 介

本书的主要内容包括：金融衍生工具概述；远期合约及其定价；期货合约及其定价；期货合约的套期保值策略；互换合约及其定价；期权合约及其策略；期权定价的二项式方法；期权定价的 Black-Scholes 公式；期权定价的有限差分法；期权定价的蒙特卡罗模拟法。

本书可供有志于从事金融工程、金融学、投资学、保险学、信用管理、企业管理、财务管理、会计学、统计学、数量经济学、管理科学与工程、信息管理与信息系统、技术经济及管理、应用数学等专业的学生使用或参考。

图书在版编目(CIP)数据

金融衍生工具/朱顺泉编著. —2 版. —北京：清华大学出版社，2019 (2025.7 重印)
(高等院校财政金融专业应用型教材)
ISBN 978-7-302-52498-4

Ⅰ. ①金… Ⅱ. ①朱… Ⅲ. ①金融衍生产品—高等学校—教材 Ⅳ. ①F830.95

中国版本图书馆 CIP 数据核字(2019)第 043112 号

责任编辑：孟 攀
封面设计：杨玉兰
责任校对：周剑云
责任印制：刘 菲
出版发行：清华大学出版社

网 址：https://www.tup.com.cn, https://www.wqxuetang.com
地 址：北京清华大学学研大厦 A 座 邮 编：100084
社 总 机：010-83470000 邮 购：010-62786544
投稿与读者服务：010-62776969, c-service@tup.tsinghua.edu.cn
质量反馈：010-62772015, zhiliang@tup.tsinghua.edu.cn
课件下载：https://www.tup.com.cn, 010-62791865

印 装 者：三河市龙大印装有限公司
经 销：全国新华书店
开 本：185mm×260mm 印 张：13.5 字 数：328 千字
版 次：2014 年 5 月第 1 版 2019 年 4 月第 2 版 印 次：2025 年 7 月第 7 次印刷
定 价：39.00 元

产品编号：080766-01

前言

近年来，出现了与金融相关的许多新名词，如金融科技、金融工程、金融风险、量化金融、计量金融、资产定价、行为金融、公司金融、计算金融、实验金融、大数据金融、人工智能金融等。金融风险的复杂性要求不断开发出更多的金融工具，以有效地对冲金融风险，随着信息技术的不断发展，复杂的金融交易策略和风险管理方法得以应用。金融衍生产品(工具)是金融工程的基本构件，金融工程若要完成各种功能，需要通过设计各种各样的金融衍生工具来实现，因此金融衍生工具是金融工程专业的核心课程之一。

本书的显著特点是逻辑性和实用性强，在介绍金融衍生工具及其定价等的基础上，利用实际数据给出其应用，具有一定的理论价值和实践价值。

本书是一本供金融工程、投资学、金融学、保险学、信用管理、统计学、数量经济学、财务管理、会计学、管理科学与工程、信息管理与信息系统、技术经济及管理、应用数学等专业的学生使用的书籍，适当地考虑了内容的深度和广度，书中使用的数学知识，尽量限定在高等数学、线性代数和概率论范围，超出这个范围的微分方程和随机过程等知识，在书中只做扼要介绍。同时，对于微分方程和随机过程等复杂数学内容的介绍，尽可能回避抽象的数学概念，采用学生较为熟悉的概念去描述；而对于用到的数学结论，一般只给出解释，不给出证明。本书也适合从事金融工具设计、资产定价、风险管理等工作的人员及具有一定数理基础的金融爱好者学习使用。

本书内容是这样安排的：第 1 章介绍金融衍生工具概述；第 2 章介绍远期合约及其定价；第 3 章介绍期货合约及其定价；第 4 章介绍期货合约的套期保值策略；第 5 章介绍互换合约及其定价；第 6 章介绍期权合约及其策略；第 7 章介绍期权定价的二项式方法；第 8 章介绍期权定价的 Black-Scholes 公式；第 9 章介绍期权定价的有限差分法；第 10 章介绍期权定价的蒙特卡罗模拟法。

本书是作者多年从事金融工程、投资学、金融学、保险学等专业本科生及研究生的“金融衍生产品”“金融衍生工具”“金融工程”课程的教学与科研的总结。由于编者水平有限，书中难免有不妥之处，恳请读者批评指正。

编 者

目　录

第1章 金融衍生工具概述

【本章精粹】

本章介绍了国际上主流金融理论和金融市场的基本框架；简述了金融衍生工具的概念、分类、特点、风险成因、风险管理、作用、参与者及定价方法等。

1.1 国际上主流金融财务理论

国际上主流金融财务理论包括投资组合理论、MM 理论、资本资产定价理论、衍生工具定价理论及金融风险管理理论等。

投资组合理论是 20 世纪 50 年代初期，由哈里·马科维茨(Harry M. Markowitz)提出的，首次将数量工具引入金融研究，被认为是现代金融的发端。均值-方差模型是投资组合理论的第一个数量模型，其主要思想是借助于概率论中的方差作为风险度量方法，刻画投资组合资产收益的波动性，建立了均值方差投资组合模型，用运筹学的计算方法求解模型，得到最优投资组合资产的投资比例。此理论奠定了现代投资学的基础，为“不要将所有的鸡蛋放入同一个篮子”的分散化投资理念提供了有力的理论支撑，为防范系统风险提供了科学依据。

MM 理论是 20 世纪 50 年代末期，由英迪格利尼(Modigliani)和米勒(Miller)提出的。此理论揭示了在一定条件下，企业的资本结构与企业价值无关，由此可以说明，企业的金融活动本质上并没有创造价值。此理论也提出了现代金融学的一个新方法——无套利均衡分析法，而且成为金融工程学的基本原理，使金融学的分析方法完全从传统经济学中分离出来，有了自己独特的分析方法。此理论是现代公司金融的核心理论之一，也是西方金融研究的主要问题之一。

资本资产定价理论是 20 世纪 60 年代，由夏普(Sharpe)和罗斯(Ross)等人提出的，主要研究成果是 CAPM 模型和 APT 模型，主要对象是资本市场中产品价格成因分析，即产品价格与哪些因素有关。CAPM 模型说明资产的价格与市场组合的价格成正比关系，APT 模型说明资产的价格除了与市场组合的价格有关外，还与其他行业因素、经济条件等有关。这一理论推动了计量经济学中时间序列的发展，产生了一门新兴的学科——金融计量学。金融计量学研究的主要问题是，如何利用市场数据估计资本资产定价理论分析中的参数、夏普指数等。

衍生工具定价理论的主要理论是期权定价理论，是 20 世纪 70 年代初，由布莱克(Black)和舒尔茨(Schultz)提出的。该理论假设作为标的资产的股票价格服从布朗运动，借助于伊藤公式给出了股票期权价格的计算公式，即布莱克-舒尔茨公式，此后由莫顿和考克斯等人推广发展。衍生资产定价研究的主要问题是如何根据标的资产的价格和投资者的投资策略及目标，给出衍生物资产的出售价格，是投资学和金融工程学研究的核心问题之一。在美国华尔街有许多专门从事衍生工具设计的人员，他们借助于衍生工具定价理论，制定产品的售价。

金融风险管理理论是金融学研究的主要内容之一，科学合理的测量和控制风险是金融监管部门和投资者非常关心的问题。在上述几个理论中都涉及风险的度量方法，如马科维茨的均值-方差投资组合理论中，用收益的方差作为测量风险的方法；CAPM 模型用贝塔系数测量资产的风险等。20 世纪 90 年代发展起来的在险价值(VaR)更是受到了金融风险管理部门的广泛应用。例如，巴塞尔协议中明确规定用 VaR 测量银行资本充足率，能够有效地测量银行等金融部门的风险情况。

1.2 金融市场的基本框架

金融市场是金融工具或金融产品交易的场所，参加交易的投资者包括金融机构、企业和个人。金融机构包括商业银行、证券公司、基金公司和保险公司等。交易的金融工具包括银行存款、债券、股票、期货和期权等。形象地说，金融机构和个人构成了金融市场的骨骼和肌肤，金融产品就是金融市场的血液。金融市场的血液无时无刻不在流动，经济繁荣的时候“血液”高速流动，经济衰退的时候“血液”流速降低。优质的金融产品可以为个人或机构提供优质的回报，也可以为金融市场提供充足的动力。整个金融市场的基本框架如图 1-1 所示。

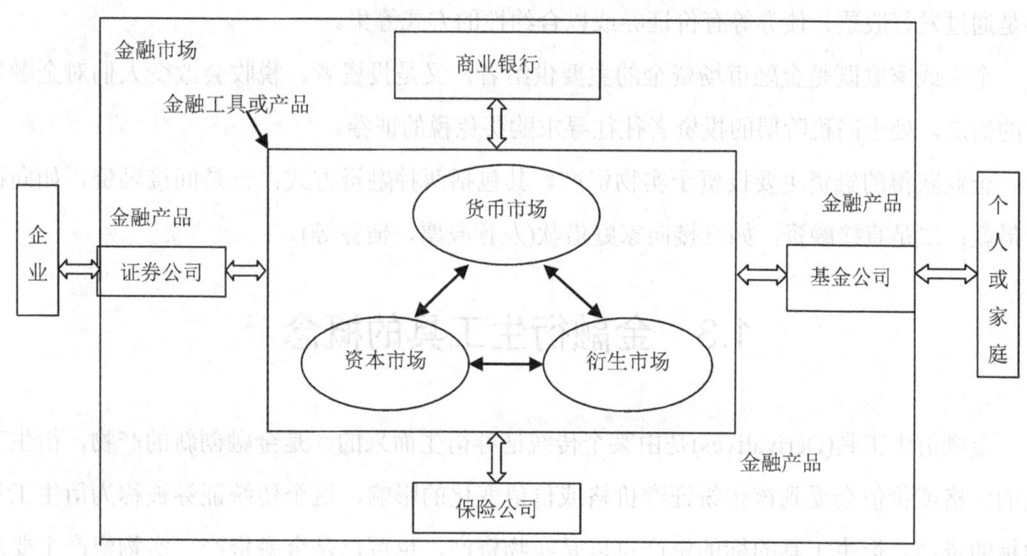

图 1-1 金融市场的基本框架

这里的金融市场包括货币市场、资本市场和衍生市场。

货币市场也叫短期资金市场，是指融资期限在一年以下的金融市场。其特点是：期限短、流动性强和风险小。

资本市场也叫长期资金市场，是指期限在一年以上的各种资金借贷和证券交易的场所。其特点是：融资期限长、流动性相对较差、风险大但收益高。

衍生市场主要是指期货市场、期权市场和互换市场，其中期货市场主要进行大宗商品的交易。大宗商品是指同质化、可交易、被广泛作为工业基础原材料的商品，如原油、有色金属、农产品、铁矿石、煤炭等。大宗商品包括能源商品、基础原材料和农副产品三个类别。大宗商品市场同样是资本活跃的市场，主要由套期保值者、投机交易者构成。衍生市场的特点是：价格波动大、供应量大、易于分级和标准化、易于储存和运输。

金融机构主要是指专门从事各种金融活动的组织，是金融市场活动的重要参与者和中介，它通过提供各种金融产品和金融服务来满足经济发展中各部门的融资需求。以是否吸收存款为标准，可将金融机构划分为存款性金融机构和非存款性金融机构；以活动领域为标准，可将其分为在直接融资领域活动的金融机构和在间接融资领域活动的金融机构。

存款性金融机构主要包括商业银行、储蓄机构和信用合作社等，这些机构主要活跃于短期金融市场，如同业拆借市场、贴现市场、抵押市场、外汇市场等，也活跃于股票、债券等长期金融市场。

非存款性金融机构主要包括保险公司、养老基金、投资银行和共同基金等，其资金主要是通过发行股票、债券等有价证券或以合约性的方式筹集。

个人或家庭既是金融市场资金的主要供给者，又是投资者。税收会改变人们对金融资产的需求，处于高税阶层的投资者往往寻求购买免税的证券。

企业获得的融资主要投资于实物资产。其包括两种融资方式：一是间接融资，如向银行借款；二是直接融资，如直接向家庭借款(发行股票、债券等)。

1.3　金融衍生工具的概念

金融衍生工具(Derivatives)是由某个传统证券衍生而来的，是金融创新的产物，衍生工具的价格或价值会受到该传统证券价格或价值变化的影响，这个传统证券被称为衍生工具的标的资产。衍生工具的标的资产可以是实物资产，也可以是金融资产。实物资产主要是指金属、农产品和能源，金融资产包括股票及股票指数、债券、利率、外汇等。所谓金融

衍生工具，就是指其价值依赖于标的资产价值变动的合约(Contracts)。这种合约可以是标准化的，也可以是非标准化的。标准化合约是指标的资产(如基础资产、原生资产)的交易价格、交易时间、资产特征、交易方式等都是事先标准化的，因此此类合约大多在交易所上市交易，如期货合约。非标准化合约是指交易价格、交易时间、资产特征、交易方式等由交易双方自行约定，因此具有很强的灵活性，如远期协议。

金融衍生工具是与金融相关的派生物，通常是指从原生资产派生出来的金融工具。其共同特征是保证金交易，即只要支付一定比例的保证金就可以进行全额交易，不需要实际上的本金转移，合约的了结一般也采用现金差价结算的方式进行，只有在到期满日以实物交割方式履约的合约才需要买方交足全款。因此，金融衍生工具交易具有杠杆效应，保证金越低，杠杆效应越大，风险也就越大。

1.4　金融衍生工具的分类

在国际上，金融衍生工具的种类非常多，而且由于金融创新活动不断推出新品种，也使属于这个范畴的东西越来越多。从目前的基本分类来看主要有以下 3 种分类。

1. 根据产品形态分类

根据产品形态分类，金融衍生工具可以分为远期合约、期货合约、互换合约和期权合约。

远期合约和期货合约都是交易双方约定在未来某一特定时间，以某一特定价格买卖某一特定数量和质量资产的交易形式。

期货合约是期货交易所制定的标准化合约，对合约到期日及其买卖的资产种类、数量、质量做出了统一规定；而远期合约是根据买卖双方的特殊需求由买卖双方自行签订的合约。因此，期货交易流动性较高，远期交易流动性较低。

互换合约是一种交易双方签订的在未来某一时期相互交换某种资产的合约。更为准确地说，互换合约是当事人之间签订的在未来某一期间内相互交换他们认为具有相等经济价值的现金流(Cash Flow)的合约。较为常见的是利率互换合约和货币互换合约。互换合约中规定的交换货币是同种货币，为利率互换；是异种货币，则为货币互换。

期权合约交易是买卖权利的交易(权钱交易)。期权合约规定了在某一特定时间，以某一特定价格买卖某一特定种类、数量和质量原生资产的权利。期权合约有在交易所上市的标准化合约，也有在柜台交易的非标准化合约。

远期、期货、互换合约都是双务合约，它规定了合约双方未来必须怎么做，因此称为远期承诺。期权合约是单务合约，它可以执行，也可以不执行，因此称为或有求偿权。

2. 根据标的资产分类

根据标的资产分类，金融衍生工具可以分为股票、利率、汇率和商品。如果再加以细分，股票类中又包括具体的股票(如股票期货、股票期权合约)和由股票组合形成的股票指数(如股票指数期货、股票指数期权合约等)；利率类中又可分为以短期存款利率为代表的短期利率(如利率期货、利率远期、利率期权、利率互换合约)和以长期债券利率为代表的长期利率(如债券期货、债券期权合约)；外汇的标的物是汇率，也就是一种货币换成另一种货币的成本，货币类中包括各种不同币种之间的比值；商品类中包括各类大宗实物商品。金融衍生工具的具体分类如表 1-1 所示。

表 1-1　根据标的资产对金融衍生工具的分类

对　象	原生资产	金融衍生工具
利率	短期存款	利率期货、利率远期、利率期权、利率互换合约等
	长期债券	债券期货、债券期权合约等
股票	股票	股票期货、股票期权合约等
	股票指数	股票指数期货、股票指数期权合约等
汇率	各类现汇	货币远期、货币期货、货币期权、货币互换合约等
商品	各类实物商品	商品远期、商品期货、商品期权、商品互换合约等

一般来说，衍生工具的命名都是先说标的资产的名称，再说衍生工具的名称。例如，外汇远期是一个远期产品，它的标的资产是外汇；股指期货是一个期货产品，它的标的资产是股票指数；互换期权是一个期权产品，它的标的资产是互换合约。

3. 根据交易方式分类

根据交易方式分类，金融衍生工具可以分为场内交易和场外交易。

场内交易就是通常所指的交易所交易，是指所有的供求方集中在交易所进行竞价交易的交易方式。这种交易方式具有交易所向交易参与者收取保证金，同时负责进行清算和承担履约担保责任的特点。此外，由于每个投资者都有不同的需求，交易所事先设计出标准化的金融合约，由投资者选择与自身需求最接近的合约和数量进行交易。所有的交易者集中在一个场所进行交易，增加了交易的密度，一般可以形成流动性较高的市场。期货交易和部分标准化期权合约交易都属于这种交易方式。

场外交易又称柜台交易，是指交易双方直接成为交易对手的交易方式。这种交易方式

有许多形态，可以根据每个使用者的不同需求设计出不同内容的产品。同时为了满足客户的具体要求，出售衍生工具的金融机构需要有高超的金融技术和风险管理能力。场外交易不断产生金融创新，但是由于每个交易的清算是由交易双方相互负责进行的，因此交易参与者仅限于信用程度高的客户。互换交易和远期交易是具有代表性的柜台交易。

到目前为止，在国际金融领域中，流行的衍生工具有 4 种：互换、期货、期权和远期利率协议。采取这些衍生工具的最主要目的均为保值或投机。

期货和期权主要是在交易所交易，而远期和互换主要是在场外交易。

交易所交易和场外交易的对比如表 1-2 所示。

表 1-2　交易所交易和场外交易的对比

交易所交易	场外交易
有一个中心交易地点——交易所	没有中心交易地点
标准化的合约	定制的合约，是双方谈判的结果
由结算所来做每一笔交易的对家，因此没有违约风险	与其他投资者做交易的对家，因此有违约风险
受到政府监管	较少受政府监管

1.5　金融衍生工具的特点

金融衍生工具具有以下几个特点。

(1)　零和博弈。即合约交易的双方(在标准化合约中由于可以交易的双方是不确定的)盈亏完全负相关，并且净损益为零，因此称“零和”。

(2)　跨期性。金融衍生工具是交易双方通过对利率、汇率、股价等因素变动趋势的预测，约定在未来某一时间按一定的条件进行交易或选择是否交易的合约。无论是哪一种金融衍生工具，都会影响交易者在未来一段时间内或未来某时间点的现金流，跨期交易的特点十分突出。这就要求交易的双方对利率、汇率、股价等因素的未来变动趋势做出判断，而判断的准确与否直接决定了交易者的交易盈亏。

(3)　联动性。这是指金融衍生工具的价值与基础产品或基础变量紧密联系，并规则变动。通常，金融衍生工具与基础变量相联系的支付特征由衍生工具合约所规定，其联动关系既可以是简单的线性关系，也可以是非线性函数或分段函数。

(4)　不确定性或高风险性。金融衍生工具的交易后果取决于交易者对基础工具未来价格的预测和判断的准确程度。标的资产价格的变幻莫测决定了金融衍生工具交易盈亏的不稳定性，这是金融衍生工具具有高风险的重要诱因。

(5) 高杠杆性。金融衍生工具的交易采用保证金(Margin)制度，即交易所需的最低资金只需满足基础资产价值的某个百分比。保证金可以分为初始保证金(Initial Margin)和维持保证金(Maintains Margin)，并且在交易所交易时采取盯市(Marking to Market)制度。如果交易过程中的保证金比例低于维持保证金比例，那么投资者将收到追加保证金通知(Margin Call)，而如果投资者没有及时追加保证金，其将被强行平仓。可见，衍生工具交易具有高风险、高收益的特点。

(6) 契约性。金融衍生工具交易是对标的资产在未来某种条件下的权利和义务的处理，从法律上理解是合约，是一种建立在高度发达的社会信用基础上的经济合约关系。

(7) 交易对象的虚拟性。金融衍生工具合约交易的对象是对标的资产在未来各种条件下处置的权利和义务，如期权的买权或卖权、互换的债务交换义务等，其构成所谓的“产品”，表现出一定的虚拟性。

(8) 交易目的的多重性。金融衍生工具交易通常有套期保值、投机、套利和资产负债管理等四大目的。其交易的主要目的并不在于所涉及的标的资产所有权的转移，而在于转移与该标的资产相关的价值变化的风险或通过风险投资获取经济利益。

此外，金融衍生工具还具有未来性、表外性等特点。

1.6 金融衍生工具风险的成因

1. 金融衍生工具风险的微观成因

金融衍生工具风险产生的主要微观原因是内部控制薄弱，对交易员缺乏有效的监督。例如，内部风险管理混乱是巴林银行覆火的主要原因。首先，巴林银行内部缺乏基本的风险防范机制，里森一人身兼清算和交易两职，缺乏制衡，很容易通过改写交易记录来掩盖风险或亏损，同时巴林银行也缺乏一个独立的风险控制检查部门对里森的所为进行监控。其次，巴林银行管理层监管不严，风险意识薄弱。在日本关西大地震之后，里森因其衍生合约保证金不足而求助于总部时，总部竟然还将数亿美元调至新加坡分行，为其提供无限制的资金支持。再者，巴林银行领导层分裂，内部各业务环节之间关系紧张，令许多知情管理人员忽视市场人士和内部审检小组多次发出的警告，最终导致整个巴林集团的覆灭。另外，过度的激励机制激发了交易员的冒险精神，增大了交易过程中的风险系数。

2. 金融衍生工具风险的宏观成因

金融监管不力也是造成金融衍生工具风险的另一个主要原因。英国和新加坡的金融监管当局事先监管不力或未协力合作，是导致巴林银行倒闭的重要原因之一。英国监管部门出现的问题是：①负责监管巴林等投资银行的部门曾口头上给予宽免，故巴林银行将巨额款项汇出炒卖日经指数时，无须请示英格兰银行；②英格兰银行允许巴林集团内部银行给予证券部门无限制的资金支持。新加坡金融监管当局存在的问题是：①新加坡国际金融交易所面对激烈的国际竞争，为了促进业务的发展，在持仓量的控制方面过于宽松，没有严格执行持仓上限，允许单一交易账户大量积累日经期指和日债期货仓位，对会员公司可持有合约数量和缴纳保证金情况没有进行及时监督；②里森频繁地从事对倒交易，且交易数额异常庞大，竟然没有引起交易所的关注。如果英格兰银行、新加坡和大阪交易所之间能够加强交流，充分共享信息，就会及时发现巴林银行在两个交易所持有的巨额头寸，或许巴林银行就不会倒闭。

美国长期资本管理公司(LTCM)曾是美国最大的对冲基金，但却在俄罗斯上演了人类有史以来最大的金融“滑铁卢”。监管中存在真空状态是导致其巨额亏损的制度性原因，甚至在 LTCM 出事后，美国的金融监管当局还不清楚其资产负债情况。由于政府对银行、证券机构的监管放松，使得许多国际商业银行集团和证券机构无限制地为其提供巨额融资，瑞士银行(UBS)和意大利外汇管理部门(UIC)也因此分别损失了 7.1 亿美元和 2.5 亿美元。

另外，中国“327 国债”期货风波，除当时市场需求不强、发展衍生工具的条件不够以外，过度投机和监管能力不足也是不可忽视的原因。

金融衍生工具的风险类别主要有：市场风险、信用风险、流动性风险、操作风险和法律风险。

1.7　金融衍生工具风险管理

对于金融衍生工具的监管，国际上基本采取企业自控、行业协会和交易所自律、政府部门监管的三级风险管理模式。

1. 微观金融主体内部自我监督管理

首先，建立风险决策机制和内部监管制度，包括限定交易的目的、对象、目标价格、合约类型、持仓数量、止损点位、交易流程及不同部门的职责分配等；其次，加强内部控制，严格控制交易程序，将操作权、结算权、监督权分开，有严格的层次分明的业务授权，加大对越权交易的处罚力度；再次，设立专门的风险管理部门，通过“风险价值法”(VaR)和“压力试验法”对交易人员的交易进行记录、确认、市价计值，评价、度量和防范在金融衍生工具交易过程中面临的信用风险、市场风险、流动性风险、结算风险和操作风险等。

2. 交易所内部监管

交易所是衍生工具交易的组织者和市场管理者，它通过制定场内交易规则，监督市场的业务操作，来保证交易在公开、公正、竞争的条件下进行。第一，创建完备的金融衍生市场制度，包括：严格的市场信息披露制度，增强透明度；大额报告制度；完善的市场准入制度，对衍生市场交易者的市场信用状况进行调查和评估，制定资本充足要求；其他场内和场外市场交易规则等。第二，建立衍生市场的担保制度，包括：合理制定并及时调整保证金比例，起到第一道防线的作用；持仓限额制度，发挥第二道防线的作用；日间保证金追加条款；逐日盯市制度或称按市价计值(Mark to Market)加强清算、结算和支付系统的管理；价格限额制度等。第三，加强财务监督，根据衍生工具的特点，改革传统的会计记账方法和原则，制定统一的信息披露规则和程序，以便管理层和用户可以清晰明了地掌握风险敞口情况。

3. 政府部门的宏观调控与监管

首先，完善立法，对金融衍生工具设立专门完备的法律，制定有关交易管理的统一标准。其次，加强对从事金融衍生工具交易的金融机构的监管，规定从事交易的金融机构的最低资本额，确定风险承担限额，对金融机构进行定期与不定期的现场和非现场的检查，形成有效的控制与约束机制；负责审批衍生工具交易所的成立和交易所申请的衍生工具品种。再次，严格区分银行业务与非银行业务，控制金融机构业务交叉的程度。同时，中央银行在某个金融机构因突发事件发生危机时，应及时采取相应的挽救措施，迅速注入资金或进行暂时干预，以避免金融市场产生过度震荡。

另外，金融衍生工具交易在世界范围内超国界和超政府地蓬勃开展，单一国家和地区已无法对其风险进行全面的控制，因此加强对金融衍生工具的国际监管和国际合作，已成为国际金融界和各国金融当局的共识。在巴林银行事件之后，国际清算银行已着手对衍生工具交易进行全面的调查与监督，从而加强对银行表外业务资本充足性的监督。

1.8　金融衍生工具的作用

1. 价格发现

衍生工具的一个重要作用是价格发现。例如，期货市场为标的资产的价格提供了重要信息，如果没有小麦期货，就无法锁定小麦未来的价格。

2. 风险管理

衍生工具市场最重要的作用是进行风险管理。简单地说，风险管理就是把想要的风险拿进来，把不想要的风险拿出去。通过衍生工具，市场参与者可以为自己已有的头寸套期保值，也可以对标的资产未来的价格进行投机。

3. 降低交易成本

通过衍生工具交易可以降低交易成本。例如，投资者想买标准普尔 500 指数，如果直接去买这 500 个股票(而且还得以市值权重来购买)，那么交易成本将会很高，如果只是购买标准普尔 500 指数的股指期货，则交易成本就会低很多。

1.9　金融衍生工具的参与者

金融机构是金融衍生工具市场的主要参与者。以美国为例，参与衍生工具交易的金融机构主要有商业银行、非银行储贷机构和人寿保险公司 3 类，其中，商业银行是最早和最熟练的参与者。非金融机构在金融衍生工具交易中不如金融机构活跃。

金融衍生工具市场的参与者主要有套期保值者、投机交易者和套利者。套期保值者是指利用套期保值策略的投资者。投机交易者是指根据对市场的判断，把握机会，利用市场出现的价差进行买卖并从中获取利润的交易者。套利者是指同时买进和卖出两张不同种类的金融衍生合约的交易者。交易者买进自认为是“便宜的”合约，同时卖出那些“高价的”合约，从两个合约价格间的变动关系中获利。在进行套利时，交易者需要注意的是合约之间的相互关系，而不是绝对价格水平。这 3 类投资者是金融衍生工具市场的重要组成部分，它们根据对市场走势的判断来确定交易方向，选择买卖时机的方法及操作手法基本相同。但三者也有一定的区别，从交易的目的来看，套期保值的目的是规避现货市场的价格风险，投机的目的是赚取风险利润，套利的目的是赚取无风险利润，以获取较为稳定的价差收益；从承担风险的角度来看，套期保值承担的风险最小，套利次之，投机的风险最大。

1.10 金融衍生工具的定价方法

1. 风险中性定价法

在对衍生工具定价时，可以假定所有投资者都是风险中性的。在所有投资者都是风险中性的条件下，所有资产的预期收益率都可以等于无风险利率 r，这是因为风险中性的投资者并不需要额外的收益来吸引他们承担风险。同样，在风险中性条件下，所有的现金流量都可以通过无风险利率进行贴现求得现值，这就是风险中性定价原理。

应该注意的是，风险中性假定仅仅是为了定价方便而做出的人为假定，但通过这种假定所获得的结论不仅适用于投资者风险中性的情况，也适用于投资者厌恶风险的所有情况。

为了更好地理解风险中性定价原理，下面举一个简单的例子来说明。

假设一种不支付红利的股票目前的市价为 10 元，在 3 个月后，该股票价格要么是 11 元，要么是 9 元。假设现在的无风险年利率为 10%，现在要找出一份 3 个月期协议价格为 10.5 元的该股票欧式看涨期权的价值。

由于欧式期权不会提前执行，其价值取决于 3 个月后股票的市价。若 3 个月后该股票价格为 11 元，则该期权价值为 0.5 元；若 3 个月后该股票价格为 9 元，则该期权价值为 0。

为了找出该期权的价值，假定所有投资者都是风险中性的。在风险中性的世界中，假定该股票上升的概率为 P，下跌的概率为 $1-P$。这种概率被称为风险中性的概率，它与现实世界的真实概率是不同的。实际上，风险中性概率已经由股票价格的变动情况和利率所决定。

$$\mathrm{e}^{-0.1\times0.25}[11P+9(1-P)]=10$$

$$P=0.6266$$

这样，根据风险中性定价原理，可以求出该期权的价值为

$$f=\mathrm{e}^{-0.1\times0.25}(0.5\times0.6266+0\times0.3734)=0.31\,(\text{元})$$

假定在风险中性世界中股票的上升概率为 P，由于股票未来期望值按无风险利率贴现的现值必须等于该股票目前的价格，因此该概率可通过下式求得：

$$S=\mathrm{e}^{-r(T-t)}[SuP+Sd(1-P)]$$

即

$$P=\frac{e^{r(T-t)}-d}{u-d} \tag{1-1}$$

式中：S ——标的资产股票当前的价格；

u ——股票价格可能上涨的倍数；

d ——股票价格可能下跌的倍数；

Su ——股票上升状态的最终价格；

Sd ——股票下降状态的最终价格。

知道了风险中性概率后，期权价格就可以通过下式来求得：

$$f=e^{-r(T-t)}[Pf_u+(1-P)f_d]$$

式中：f——现在期权价格；

f_u——股票价格上升时到期期权价格；

f_d——股票价格下降时到期期权价格。

2. 无套利定价法

套利就是不承担风险而能获得收益，或者说没有自有资金投入却能获得现金流。通常，只有定价不合理时，才会产生套利机会。

套利行为的前提假设为：套利者没有资金，但可以以无风险收益率无限借贷；无摩擦市场，即没有税收和交易成本。

一价定律就是同样的东西应该卖同样的价钱，这也是金融学中最基本的定律。

金融产品定价的最基本原则是无套利定价，即使得套利机会不存在的价格就是合理的价格。衍生工具的定价方法也是无套利定价。

下面通过一个例子来说明无套利定价法及其应用。

假设一个无红利支付的股票，当前时刻 t 股票价格为 S，基于该股票的某个期权的价值是 f，期权的有效期是 T，在这个有效期内，股票价格或上升到 Su，或下降到 $Sd(u>1，d<1)$。当股票价格上升到 Su 时，假定期权的收益为 f_u，如果股票的价格下降到 Sd 时，期权的收益为 f_d，如图 1-2 所示。

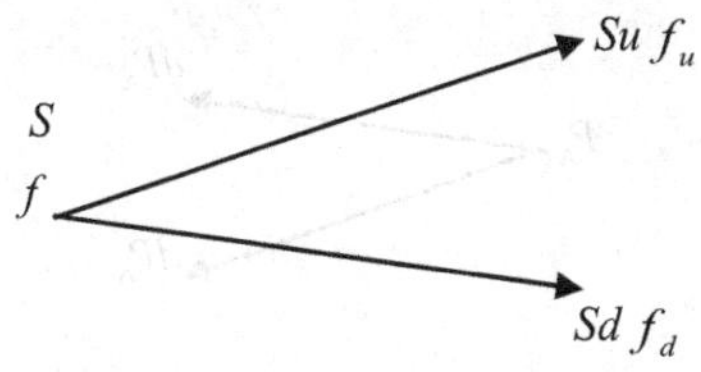

图 1-2　股票价格和期权价格

首先，构造一个由Δ股股票多头和一个期权空头的证券组合，并计算出该组合为无风险时的Δ值。

如果股票价格上升，该组合在期权末期的价值是$Su\Delta - f_u$；如果股票价格下降，该组合在期权末期的价值是$Sd\Delta - f_d$。为了求出使得该组合为无风险组合的Δ值，令：

$$Su\Delta - f_u = Sd\Delta - f_d$$

得到

$$\Delta = \frac{f_u - f_d}{Su - Sd} \tag{1-2}$$

如果无风险利率用 r 表示，则该无风险组合的现值一定是$(Su\Delta - f_u)\mathrm{e}^{-r(T-t)}$，而构造该组合的成本是$S\Delta - f$，在没有套利机会的条件下，两者必须相等。即：

$$S\Delta - f = (Su\Delta - f_u)\mathrm{e}^{-r(T-t)}$$

将式(1-2)代入上式，化简得

$$f = \mathrm{e}^{-r(T-t)}[Pf_u + (1-P)f_d]$$

其中

$$P = \frac{\mathrm{e}^{r(T-t)} - d}{u - d} \tag{1-3}$$

从以上的假设中可见，无套利定价法与风险中性定价法的结果是一样的。

3. 状态价格定价法

状态价格定价法是衍生资产定价的另一个重要的定价方法，是无套利原则及组合分解技术的具体运用。状态价格，是指在特定的状态发生时回报为1，否则回报为0的资产在当前的价格。如果未来时刻有 N 种状态，而这 N 种状态的价格都知道，那么只要知道某种资产在未来各种状态下的回报状况及市场无风险利率水平，就可以对该资产进行定价，这种定价方法就是状态价格定价法。

假设有一份风险债券 A，现在的市场价格为P_A，1 年后市场价格会出现两种可能的情况：市场处于上升状态时为uP_A，市场处于下跌状态时为dP_A，并且市场处于上升状态的概率为 q，处于下降状态的概率为 1−q，如图 1-3 所示。

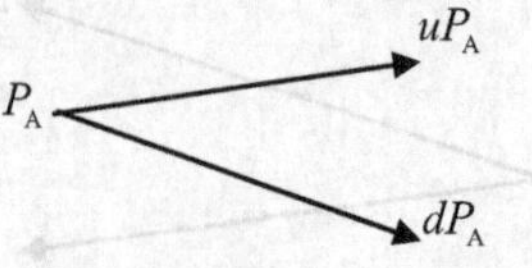

图 1-3　债券的市场价格

现在定义一类与状态相对应的假想资产，称之为基本资产。基本资产 m 在 1 年后如果市场出现上升状态，其市场价值为 1 元，如果市场处于下跌状态，则其价值为 0。基本资产 n 则反之，1 年后市场处于下跌状态时，其市场价值为 1 元，处于上升状态时，则其价值为 0。假设基本资产 m 现在的市场价格为 π_u，基本资产 n 现在的市场价格为 π_d 。

此时，可以用基本资产 m、n 来复制上述的风险债券 A，即购买 uP_{A} 份基本资产 m 和 dP_{A} 份基本资产 n 组成一个资产组合。该组合在 1 年后不管市场处于何种状况，都会产生和债券 A 完全相同的现金流，因此该组合可以视为债券的复制品。由无套利定价原理可知，复制品与被复制品现在的市场价格应该相等，公式为

$$P_{\mathrm{A}} = \pi_u uP_{\mathrm{A}} + \pi_d dP_{\mathrm{A}}$$

即

$$\pi_u u + \pi_d d = 1 \tag{1-4}$$

如果再同时购买 1 份基本资产 m 和 1 份基本资产 n 构成新的资产组合，则 1 年后无论出现何种状况，新组合的市场价值都将是 1 元。因此，这是一个无风险的投资组合，其收益率应该是无风险收益率(设为 r_f，连续复利)，于是有

$$\pi_u + \pi_d = \mathrm{e}^{-r_f} \tag{1-5}$$

解式(1-4)、式(1-5)得：

$$\pi_u = \frac{1 - d\mathrm{e}^{-r_f}}{u - d},\quad \pi_d = \frac{u\mathrm{e}^{-r_f} - 1}{u - d} \tag{1-6}$$

当确定了基本资产的价格后，就可以利用它复制其他的资产，从而用来为其他资产定价。

例 1-1　假如债券 A 现在的市场价格为 100 元，无风险利率为 2%，u=1.07，d=0.98，现在假设有另一个风险债券 B，其价格要么上升到 103 元，要么下跌到 98.5 元，那么 B 现在的价格为多少？

解　根据式(1-6)可知：

$$\pi_u = \frac{1 - 0.98\mathrm{e}^{-0.02}}{1.07 - 0.98} = 0.4378$$

$$\pi_d = \frac{1.07\mathrm{e}^{-0.02} - 1}{1.07 - 0.98} = 0.5424$$

因此，

$$P_{\mathrm{B}} = \pi_u uP_{\mathrm{B}} + \pi_d dP_{\mathrm{B}} = 0.4378 \times 103 + 0.5424 \times 98.5 = 98.52\ (元)$$

定理　对于 1 年后出现两种状态的市场，它的两个基本资产是唯一确定的，或者说两个基本资产唯一地确定了这个市场。而刻画这个市场的资产价格变化的参数 u 和 d 必须满

足以下方程组：

$$\begin{cases}\pi_u u+\pi_d d=1 \\ \pi_u+\pi_d=\mathrm{e}^{-r_f}\end{cases}$$

要注意的是，上面的基本资产 m 和 n 都是假想的资产，不是市场上实际存在的资产。因此，必须在市场上找到两个资产来代替基本资产 m 和 n。事实上，风险债券 A 和无风险资产之间就具有某种独立性，可以构成 1 年后可能出现的两个基本状态的“基”，因而可以用来为其他资产定价。下面用风险债券 A 和无风险资产来复制风险债券 B，检查以上所述的用基本资产对风险债券 B 的定价是否正确。

其复制过程是：用 Δ 份风险债券 A 和当前市场价值为 L 的无风险资产构成市场价值为 I 的组合，其初始成本为 $100\Delta+L$。1 年后，无论市场价格处于何种状态，该组合都必须与风险债券 B 的价格相同。

如果市场处于上升状态，则有

$$107\Delta+L\mathrm{e}^{0.02}=103$$

如果市场处于下跌状态，则有

$$98\Delta+L\mathrm{e}^{0.02}=98.5$$

解得 $\Delta=0.05$ 和 $L=48.52$。由此可以计算出债券 B 当前的市场价格为

$$I=100\Delta+L=100\times0.5+48.52=98.52(\text{元})$$

这说明前面用基本资产 m 和 n 对债券 B 的定价是正确的，否则就存在无风险套利的机会。

上面考虑的是单期的定价问题，其中假设 1 年以后资产的价格只有两种可能的结果显然是不符合实际的，为此可将上面的例子扩展到多期的情形。

思 考 题

1. 简述金融衍生工具的概念、分类、特点和作用。

2. 简述金融衍生工具的参与者。

3. 简述金融衍生工具的定价方法。

4. 假设存在两种风险债券 A 和 B，A 的价格由 100 元要么上升到 110 元，要么下跌到 90 元，B 的价格要么上升到 125 元，要么下跌到 105 元，市场的无风险利率为 8%，若不考虑交易成本，请问债券 B 现在的合理价格是多少？如果债券 B 的市场价格为 110 元，是否存在套利机会？如果存在，如何套利？

第2章　远期合约及其定价

【本章精粹】

本章介绍了国际上主流金融理论和金融市场的基本框架；简述了金融衍生产品的概念、分类、特点、风险成因、风险管理、作用、参与者及定价方法等。

远期合约是简单的金融衍生产品之一，正因为简单，所以远期合约成为最早出现的金融衍生工具。它之所以能够存续和发展，是因为它能够使公司防范价格风险，规避经营活动中因价格变化造成的公司价值的波动。本章将介绍衍生产品中的远期合约及其定价。

2.1 远期合约的概念

2.1.1 远期合约实例

在给出远期合约的概念之前，先看下面的一个例子。

例如，张三在上午 10 点打电话给盒饭公司，订一份 10 元的盒饭，盒饭在上午 12 点送到。这就是一个远期合约。所以通俗地说，远期合约就是一个订货合同。

通过这个例子可知，远期合约是指交易双方(张三和盒饭公司)约定在未来某一确定时间(中午 12 点)，按事先商定的价格(10 元)，以预先确定的方式买卖一定数量(1 份)的某种标的资产(盒饭)的合约。

2.1.2 远期合约四要素

根据上述概念，远期合约主要由以下要素构成。

1. 标的资产(盒饭)

远期合约中用于交易的资产，又称基础资产，交易的标的资产可以是商品，也可以是金融资产。常见的金融远期合约包括远期利率协议、远期外汇合约和远期股票合约等。

2. 买方和卖方(张三和盒饭公司)

合约中规定在将来买入标的资产的一方称为买方(或多头)，而在将来卖出标的资产的一方称为卖方(或空头)。

3. 交割价格(10 元)

合约中规定的未来买卖标的资产的价格称为交割价格。如果信息是对称的，而且合约双方对未来的预期相同，那么合约双方所选择的交割价格应使合约的价值在签署合约时等于零。这意味着无须成本就可以处于远期合约的多头或空头状态。

把使得远期合约价值为零的交割价格称为远期价格。远期价格是与标的资产的现货价格紧密相连的理论价格，它与远期合约中的交割价格并不相等。在合约签署时，交割价格等于远期理论价格。远期价值则是指远期合约本身的价值，是由远期实际价格(交割价格)与远期理论价格的差额决定的。在合约签署时，合约价值为 0，但随着时间的推移，远期理论价格有可能改变，而原有合约的交割价格则不可能改变，因此原有合约价值可能就不再为 0，其大小取决于标的资产价格的具体情况。

4. 到期日(12 点)

远期合约在到期日交割，空头持有者交付标的资产给多头持有者，多头持有者支付等于交割价格的现金。

2.1.3 远期合约的定义

通过上面的例子，对于远期合约，可以做出如下定义：远期合约(Forward Contract)是指一个在确定的将来时间按确定的价格购买或出售某项资产的协议。它是最基本的衍生资产之一，通常两个金融机构或金融机构与公司客户之间会签署远期合约。一般而言，它不在正式的交易所内交易。

由于远期合约在订立时双方不支付任何现金，这就使得合约双方都存在潜在的违约风险，即未来亏损的一方可能会不履行合约(违约)，因此赚钱的一方就会有风险。所以，通常只有大机构之间才能交易远期合约，如政府、央行、投资银行、商业银行和大企业等。

按习惯，把远期合约的买方和卖方分别称作多头和空头。多头(Long Position)，是指远期合约中同意在将来某个确定的日期以某个确定的价格购买标的资产的一方。空头(Short Position)，是指远期合约中同意在同样的日期以同样的价格出售标的资产的一方。远期合约交割的那一天称为到期日。远期合约交割时，空头的持有者交付标的资产给多头的持有者，多头的持有者支付等价的现金。

在远期合约中的特定价格称为交割价格(Delivery Price)，决定远期合约交割价格的关键变量是标的资产的市场价格。在合约签署的时刻，所选择的交割价格应该使得远期合约的价值对于双方而言都为零，这意味着交易方无须成本就可以处于远期合约的多头或空头状态。但随着时间的推移，远期合约可能具有正的或负的价值，这取决于标的资产价格的变动。例如，如果合约签署之后该标的资产的价格很快上涨，则远期合约多头的价值将变为正值，空头的价值将变为负值。

1. 远期价格

某个远期合约的远期价格(Forward Price)定义为：使得该合约价值为零的交割价格。随着时间的推移，远期价格随时可能发生变化。因此，在合约开始后的任何时刻，除非偶然，否则远期价格和交割价格一般并不相等。一般来说，在任何给定的时刻，远期价格随该合约期限的变化而变化。例如，3 个月期的远期合约价格肯定不同于 9 个月期的远期合约价格。

许多跨国公司经常使用外汇远期合约，表 2-1 是 5 月 8 日英镑兑美元的汇率。忽略佣金和其他交易成本，表中第 2 行报价表示在即期市场(立即交割)买卖英镑的价格是每英镑 1.6080 美元；第 3 行报价表示买卖 30 天期英镑远期合约的价格(或远期汇率)为每英镑 1.6076 美元；第 4 行报价表示买卖 90 天期英镑远期合约的价格为每英镑 1.6056 美元；第 5 行报价表示买卖 180 天期英镑远期合约的价格为每英镑 1.6018 美元。

表 2-1　5 月 8 日英镑兑美元的即期和远期报价

汇率类型	数　据
即期汇率	1.6080
30 天远期汇率	1.6076
90 天远期汇率	1.6056
180 天远期汇率	1.6018

2. 远期合约的损益

假设投资者在 1995 年 5 月 8 日签署了一份 1 000 000 英镑 90 天期的远期合约，交割汇率为 1.6056，这样投资者就必须在 90 天后支付 1 605 600 美元来购买 1 000 000 英镑。如果在 90 天后即期汇率上升，假设其为 1.6500，投资者将获利 44 400(1 650 000−1 605 600)美元，因为投资者可以用购得的 1 000 000 英镑在即期市场以 1 650 000 美元的价格兑换成美元。同样地，如果 90 天后即期汇率跌至 1.5500，投资者将损失 55 600 美元，因为远期合约使投资者购买同样数量的英镑要比市场价格多支付 55 600 美元。

一般来说，一单位资产远期合约多头的损益(Payoff，也称收益、回报等)等于 $S_T - K$，式中，K 表示交割价格；S_T 表示合约到期时资产的即期价格。

这是因为合约的持有者有义务用价格 K 购买价值为 S_T 的资产。

类似地，一单位资产远期合约空头的损益等于 $K - S_T$。

远期合约的盈亏如图 2-1 所示。

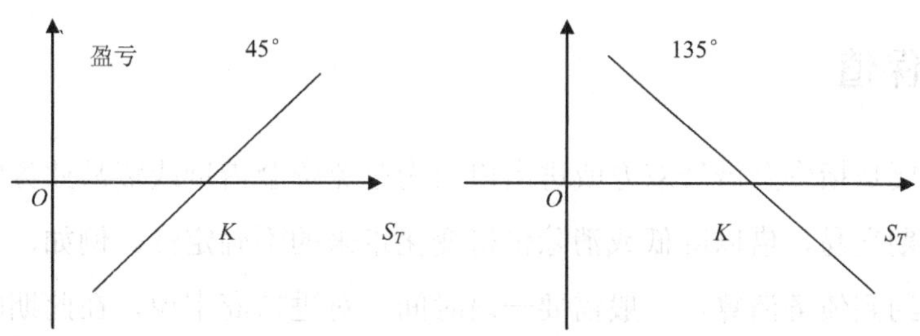

图 2-1　远期合约的盈亏

2.2　远期合约的优缺点

远期合约是一种非标准化合约，它不在规范的交易所内交易，而是通过现代化通信方式在场外交易，由银行给出双向标价，直接在银行与银行、银行与客户之间进行交易。交易双方互相认识，而且每一笔交易都是双方直接见面，谈判后签订，交易成功意味着交易方接受参加者的对应风险。随着技术手段的发展，现代远期交易已经成为一个巨大的世界范围内的场外交易市场，其交易主要是私下进行的，基本不受监管当局的监管。

在签署合约之前，合约双方就合约的具体条款(如交割地点、交割时间、交割价格、合约规模及标的资产的品质等)进行谈判，只要双方同意，所有条款都可以达成，有时只对合约规模的最小额度做出规定，到期日经常超过远期的到期日，这样就可以最大限度地满足不同类型客户的要求。远期合约具有较大的灵活性，这是其最大的优点。

远期合约也有一些缺点。首先，远期合约的交易没有固定的、集中的交易场所，合约的条款基于双方对信息的掌握和未来的预期而达成，这种方式不利于信息交流和传递，也很难形成统一的市场价格，因此市场效率比较低下。其次，每份合约千差万别，所签合约很难转让给第三方，尽管目前已经有可以在场外市场交易的远期合约，但流动性依然很差。最后，远期合约一般不需要缴纳保证金，它的履约与否全靠双方的信用保证。当市场价格的变动对一方有利而对方却无能力或无诚意履行合约时，就有可能发生违约风险，因此它的违约风险比较高。

2.3　远期合约的应用

人们从事远期交易的目的不外乎规避风险和套取利润。因此，远期交易主要应用于套期保值、平衡头寸和投机等。

2.3.1 套期保值

套期保值主要是指资金借贷双方或进出口商为避免资金借贷或贸易业务中利率或汇率变动而进行的远期交易，借以降低或消除价格变化带来的不确定性。例如，一项国际商品交易，从签订合约到债务清算，一般需要一段时间。对进口商来说，在此期间若外汇汇率上升，则意味着他们将付出更多的本国货币购买定量的外汇，即所付增加；对出口商来说，若此期间外汇汇率下降，他们所能得到的以外币标价的货款折算成本币的数额则比汇率下降前少，即所得减少。为了避免这种汇率变动带来损失的可能性，进出口商均有必要预先固定汇率，以明确知道并稳定未来的收支金额，而通过远期外汇买卖就可以达到这一目的。

2.3.2 平衡头寸

平衡头寸主要是指银行等金融机构为避免日常业务中的利率和汇率变动的风险，相互之间平衡其相关头寸的远期交易。仍以远期外汇交易为例进行介绍。外汇头寸是指外汇银行在某一时点持有的各种外汇金额的情况。这种情况经常因外汇交易中的“超买”或“超卖”而需要调整。除非采用远期外汇交易有困难，否则银行远期外汇头寸的调整一般都会依赖远期外汇交易。例如，当远期外汇超买时，银行需抛出这一部分远期外汇；当远期外汇超卖时，银行就需要补进同额的远期外汇，这样就可以平衡银行的外汇头寸，以避免汇率变动的风险。

2.3.3 投机

投机是指建立在投机者某种预期基础上的，由投机者承担汇率和利率风险的远期交易。当投机者预期资产价格将上涨时就做多头，反之就做空头，盈亏与否取决于投机者利用市场信息所作的估计。仍以远期外汇交易为例，当投机者预期未来一定时期某种货币的汇率变动程度与该时期这种货币的远期汇率存在差异时，就会通过买进或卖出远期外汇的方式获利。在签订远期外汇合约时，投机者只需要缴纳一定比例的保证金，就可以使远期外汇投机的规模成倍地超出投机者手中拥有的资金数量。远期外汇投机有买空和卖空两种基本形式。

买空是指投机者在预期即期外汇汇率将会上升的基础上所进行的单纯买进远期外汇的交易。若交割日的即期汇率高于双方商定的远期汇率，他们就会获得买空收益，该收益扣除买空的附加费用，便是投机利润；若投机者预期不准，他们也会遭受损失。卖空是指投

机者在预期即期外汇汇率将会下降的基础上所进行的单纯卖出远期外汇的交易。若交割日的即期汇率低于双方商定的远期汇率，投机者买入即期外汇实现远期交割，可以获得投机利润；若外汇汇率并未下降，该投机者就会遭受损失。投机利润被认为是承担风险的报酬。

2.4　远期合约的定价

远期合约定价的基本思想是：构建两种投资组合，令其终值相等，则现值一定相等，否则就可以进行套利，即卖出现值较高的投资组合，买入现值较低的投资组合，并持有至期末，套利者就可以赚取无风险收益。众多的套利者这样做的结果是，使现值较高的投资组合价格下降，现值较低的投资组合价格上升，直至套利机会消失，此时两种投资组合的现值相等，这样就可以根据两种投资组合现值相等的关系求出远期价格。

下面将根据远期合约标的资产的不同，分无收益资产、已知现金收益资产及已知收益率资产 3 种情况分别介绍如何计算远期合约的价格。

2.4.1　基本知识

1. 假设

在本章中，假设对于部分市场参与者而言，以下几条全部是正确的。

(1) 不计算交易费用。

(2) 市场参与者能够以相同的无风险利率(一般认为是再回购利率)借入和贷出资金。

(3) 当套利机会出现时，市场参与者将在利润动机的驱使下迅速参与套利活动。

(4) 所有的交易收益(减去交易损失后)使用同一税率。

并不要求所有的市场参与者都能满足这几条假设，只要求这些假设对部分参与者是正确的，如大的投资机构。投资者一旦发现套利机会就会进行套利，这意味着在现实中一出现套利机会，很快就会消失。因此，有理由假设在市场上不存在套利机会，或者说市场是均衡的。

2. 符号

本节及后面章节用到的符号及其含义如下。

T：远期合约到期的时间(年)。

t：现在的时间(年)。

S：远期合约标的资产在时间 t 时的价格。

S_T：远期合约标的资产在时间 T 时的价格，t 时刻的价格 S_t 是未知的。

K：远期合约中的交割价格。

f：t 时刻远期合约中多头的价值。

F：t 时刻远期合约中标的资产的远期理论价格。

r：对于 T 时刻到期的一项投资而言，时刻 t 以连续复利计算的无风险利率。

变量 T 和 t 是从合约生效之前的某个日期(具体什么时间无关紧要)开始计算的，以年为单位。在现在的分析中，变量 $T-t$，代表远期合约中，以年为单位表示的剩下的时间。

这里要区分远期价格 F 和远期合约的价值 f，两者是完全不同的概念。任何时刻的远期价格都是使合约价值为零的交割价格，合约开始生效时，一般设定交割价格 K 等于远期价格，因此，$F=K$ 且 $f=0$。对于同一个远期合约来讲，随着时间的推移，交割价格 K 是不变的，而 f 和 F 都在变化。

3. 连续复利

在计算衍生资产的价格时，一般都采用连续复利的利率。因此，除非特别说明，否则本章中所使用的利率均以连续复利来计算。在期权及其他复杂衍生资产定价时，连续复利得到了广泛的应用。

首先给出连续复利与年复利的相互转换公式。假设 R_1 是连续复利的利率，R_2 是与之等价的每年计 m 次复利的利率，则有

$$R_1 = m\ln\left(1+\frac{R_2}{m}\right)$$

上式可将复利频率为每年计 m 次的利率转换为连续复利的利率，反之亦然。证明如下。假设本金 A 以年利率 R 投资了 n 年。如果利率按每年计 m 次复利计算，则以上投资的终值为

$$A\left(1+\frac{R}{m}\right)^{mn}$$

当 m 趋于无穷大时，称为连续复利。在连续复利情况下，本金 A 以年利率 R 投资了 n 年后，将达到

$$\lim_{m\to\infty} A\left(1+\frac{R}{m}\right)^{mn} = A\mathrm{e}^{Rn}$$

以上的推导公式可以用公式表示为

$$Ae^{R_1 n} = A\left(1+\frac{R_2}{m}\right)^{mn}$$

两边取自然对数后，就得到 $R_1 = m\ln\left(1+\frac{R_2}{m}\right)$。

4. 即期利率和远期利率

n 年即期利率是指从当前开始计算并持续 n 年期限的投资利率。这里的投资应该是中间没有支付的“纯粹”的 n 年投资，这意味着所有的利息和本金在 n 年末支付给投资者。n 年即期利率也就是 n 年零息票收益率。由定义可知，该收益率正好是不付息票债券的收益率。

远期利率是指由当前即期利率隐含的将来时刻的一定期限的利率。假定 T^* 年期的即期利率为 r^*，且 $T^* > T$，则 $T^* > T$ 期间的远期利率为

$$\hat{r} = \frac{r^*T^* - rT}{T^* - T}$$

证明如下：

$$e^{rT} \times e^{\hat{r}(T^*-T)} = e^{r^*T^*}$$

所以，$rT + \hat{r}(T^* - T) = r^*T^*$

求出 $\hat{r}$，即得 $\hat{r} = \frac{r^*T^* - rT}{T^* - T}$。

2.4.2　无收益资产的远期合约

最简单的远期合约是基于不支付收益资产的远期合约，因而也是最容易定价的，如不付红利的股票和贴现债券等。

由于不存在套利机会，因此对于无收益资产而言，该资产远期价格 F 与现价 S 之间的关系可表示为

$$F = Se^{r(T-t)} \tag{2-1}$$

下面来证明以上关系式。

不妨假设 $F > Se^{r(T-t)}$，此时就会出现无风险的套利机会。因为投资者可以以无风险利率 r 借入 S 美元用来购买该资产，期限为 $T-t$，同时卖出该资产的远期合约(持有远期合约空头)。到时刻 T，按合约中约定的价格 F 卖掉资产，同时归还借款本息 $Se^{r(T-t)}$，投资者就实现了 $F - Se^{r(T-t)}$ 的利润。市场上众多套利行为的共同结果导致标的资产的即期价格 S 上升，远期价格 F 下降，使 F 与 $Se^{r(T-t)}$ 的差距逐步缩小，直至为零，套利机会迅速消失。

再假设 $F < Se^{r(T-t)}$，投资者可以卖空标的资产，将所得收入 S 以年利率 r 进行投资，期

限为 $T-t$，同时购买该资产的远期合约(持有远期合约多头)。在时刻 T，投资者按合约中约定的价格 F 购买资产，冲抵了原来的空头头寸，同时投资本息所得为 $Se^{r(T-t)}$，实现的利润为 $Se^{r(T-t)}-F$。同样的道理，这在均衡市场上也是不会出现的。因此，远期均衡价格只能是 $F=Se^{r(T-t)}$。

为给出严格的证明，分析远期合约多头的价值 f 与远期合约的交割价格 K 之间的关系，考虑如下两个资产组合。

组合 A：一个远期合约加上一笔数额为 $Ke^{-r(T-t)}$ 的现金。

组合 B：一单位标的资产。

在组合 A 中，假设现金以无风险利率投资，则到时刻 T 时，现金数额正好等于 K，在远期合约到期时，这笔钱正好可用来购买该标的资产。在时刻 T，两个组合都将包含一单位的标的资产，由此可以知道，在时刻 t 时，两个组合的价值也应该相等，否则投资者就可以通过购买相对便宜的组合，出售相对昂贵的组合来获得无风险利润。

因此有

$$f+Ke^{-r(T-t)}=S$$

或者

$$f=S-Ke^{-r(T-t)} \tag{2-2}$$

根据远期价格的定义，当一个新的远期合约生效时，远期价格等于合约规定的交割价格，该合约本身的价值为零。因此，远期价格 F 就是公式 $f=S-Ke^{-r(T-t)}$ 中令 f=0 的 K 值。

例 2-1 2017 年 8 月 31 日，6 个月的无风险年利率为 4.17%。市场上正在交易一份标的资产为 1 年期贴现债券、剩余期限为 6 个月的远期合约多头，其交割价格为 980 元，该债券的现价为 960 元。对于该远期合约的多头和空头而言，远期价值分别为多少？

解 根据题意，有

$$S=960,\ K=980,\ r=4.17\%,\ T-t=0.5$$

根据式(2-2)，该远期合约多头的远期价值 f 为

$$f=S-Ke^{-r(T-t)}=960-980\times e^{-4.17\%\times0.5}\approx 0.221459\ (元)$$

该远期合约空头的远期价值为 $-f=-0.221459$ (元)。

2.4.3 已知现金收益资产的远期合约

现在考虑另一种远期合约，该远期合约的标的资产将为持有者提供可完全预测的现金收益，如支付已知红利的股票和固定利息的债券。

设 I 为远期合约有效期间所得收益(现金红利和债券利息等)的现值，贴现率为无风险利率。由于不存在套利机会，该资产远期价格 F 与现价 S 之间的关系可表示为

$$F=(S-I)e^{r(T-t)} \tag{2-3}$$

其证明方法同无收益资产的远期合约。

或者，将 2.4.2 节中的组合 B 变更为以下内容。

组合 B：一单位标的资产加上以无风险利率借入期限为 $T-t$、数额为 I 的资金。

由于资产的收益可以用来偿还借款，因此在时刻 T，组合 B 与一单位标的资产具有相同的价值。组合 A 在时刻 T 也具有同样的价值。因此，在时刻 t，这两个组合应具有相同的价值，即：

$$f+Ke^{-r(T-t)}=S-I$$

或者

$$f=S-I-Ke^{-r(T-t)}$$

远期价格 F 就是上式令 f=0 的 K 值。

例 2-2　2017 年 8 月 31 日，6 个月期和 1 年期的无风险年利率分别为 4.17%、4.11%。市场上一种 10 年期国债现货价格为 990 元，该债券 1 年期远期合约的交割价格为 1001 元，该债券在 6 个月和 12 个月后都将收到 60 元的利息，且第 2 次付息日在远期合约交割日之前。求该合约的价值。

解　根据已知条件，可以先计算出该债券已知现金收益的现值为

$$I=60\times e^{-4.17\%\times0.5}+60\times e^{-4.11\%\times1}=116.3459\,(\text{元})$$

根据 $f=S-I-Ke^{-r(T-t)}$，可计算出该远期合约多头的价值为

$$f=S-I-Ke^{-r(T-t)}=990-116.3459-1001\times e^{-4.11\%\times1}=-87.04\,(\text{元})$$

相应地，该合约空头的远期价值为 87.04 元。

2.4.4　已知红利收益率资产的远期合约

红利收益率(q)表示在一段时期内，按资产价格的百分比计算的收益。

为了确定远期合约的价值，在分析无收益资产的远期合约时所举的例子中的组合 B 可以变更为如下内容。

组合 B：$e^{-q(T-t)}$ 单位的资产，并且所有的收入都再投资于该资产。

组合 B 中拥有资产的数量随着获得红利的增加而不断增长，因此到时刻 T 时，正好拥有一个单位的该资产。在时刻 T 时，组合 A 和组合 B 价值相等，在时刻 t 两者也相等，

可得

$$f + Ke^{-r(T-t)} = Se^{-q(T-t)}$$

或者

$$f = Se^{-q(T-t)} - Ke^{-r(T-t)}$$

远期价格 F 就是使 f=0 的 K 值，即：

$$F = Se^{(r-q)(T-t)} \tag{2-4}$$

如果在远期合约有效期间红利收益率是变化的，$F = Se^{(r-q)(T-t)}$ 仍然是正确的，此时 q 等于平均红利收益率。

例 2-3 A 股票现在的市场价格是 25 元，年平均红利率为 5%，无风险利率为 8%，若该股票 6 个月的远期合约的交割价格为 27 元，求该远期合约多头的价值及远期价格。

解 $f = Se^{-q(T-t)} - Ke^{-r(T-t)} = 25e^{-0.05\times0.5} - 27e^{-0.08\times0.5} = -1.00374$ (元)

所以该远期合约多头的价值为-1.00374 元。

其远期价格为

$$F = Se^{(r-q)(T-t)} = 25e^{0.03\times0.5} = 25.37783\,(\text{元})$$

2.4.5 一般结论

远期合约在签署时，协议的交割价格即为当期远期价格，因此其初始价值为零。随着时间的推移，远期合约的价值会变为正值或负值。以下根据远期合约中的交割价格 K 与当前的远期价格 F，给出时刻 t 一般远期合约多头的价值 f 的表达式。对所有的远期合约，下式都是正确的：

$$f = (F - K)e^{-r(T-t)}$$

2.4.6 远期合约的价格与价值的进一步说明

远期合约的定价问题就是计算远期价格。远期价格如果定得过高，对空方有利；远期价格如果定得过低，则对多方有利。那么，远期价格究竟应该如何确定呢？

由于远期合约在订立之初，合约双方一般没有现金流交换，因此远期价格的订立原则是：远期价格应使得合约订立之初，合约双方的价值都为零。这一方法称为无套利定价。

远期价格的一般公式为

$$F = S_0(1 + r_f)^T + PC(\text{持有成本}) - PV(\text{持有收益})$$

下面通过一个例子来解释上述公式。例如，A 想在一年后要一只老母鸡，为了规避老

母鸡的价格风险，A 和 B 签订了一份老母鸡的期货合约，约定一年后 A 支付给 B 一笔钱(远期价格)，B 支付给 A 一只老母鸡。现在的问题是，老母鸡的远期价格应该定为多少？从 B 的角度考虑，B 愿意一年后以多少钱把老母鸡卖给 A？假设 B 现在买了一只小母鸡回来养，打算一年后，小母鸡变成老母鸡后卖给 A。小母鸡的现货价格为每只 20 元，那么是否养一年后也以 20 元把老母鸡卖给 A？大家会说，当然不可能了，因为一年内鸡有养殖成本(鸡的食宿费用、疫苗费用等)，假设养殖成本为 10 元，那么这 10 元的持有成本当然应向 A 索取，即老母鸡的远期价格应该定为 30 元。同样，持有小母鸡也可能会有收益，假如小母鸡一年内生了 10 个鸡蛋，卖了 3 元钱，那么这 3 元的持有收益应在远期价格中扣除，即老母鸡的远期价格应该定为 27 元。

金属或农产品的远期一般都有持有成本，金融产品的远期一般没有持有成本。

金融产品的远期通常有持有收益，如利息、股息等，也叫货币性收益。

金属或农产品的远期通常没有货币性收益，其持有收益称为非货币性收益。

非货币性收益主要是指便利性收益，如持有标的资产(母鸡)比持有远期(母鸡)更方便。如果来了客人，可用母鸡招待客人，但母鸡远期不能用来招待客人。

短期美国国债通常是零息债券，没有持有成本，也没有持有收益，所以其定价公式为

$$F = S_0(1+r_f)^T$$

以上述老母鸡的例子来说，B 花 20 元购买小母鸡来养，一年以后交割给 A，若 B 没有和 A 签订协议，则不用花这 20 元，这 20 元可以用来做无风险投资，获取无风险收益率的利息，该利息也是机会成本。

2.4.7　市场外远期合约

市场外远期合约是指在合约签订之时，协议上的远期价格不等于无套利定价的远期价格，即此时合约价值对双方均不等于零。因此，合约价值为正的一方应支付费用给合约价值为负的一方。

任何资产的价值都是未来现金流的现值。因此，远期合约的价值也是未来现金流的现值。对于远期合约的多方，其未来现金流为：在 T 时刻收到标的资产 S_T，同时支付远期价格 F。远期合约在 t 时刻对多方的价值应为其未来现金流的现值，即

$$V_{\text{long}} = \frac{S_T}{(1+r_f)^{T-t}} - \frac{F}{(1+r_f)^{T-t}}$$

因在 t 时刻未知 T 时刻标的资产的价格 S_T，但从理论上来说，资产未来价格的现值即

为其即期价格，即 $\frac{S_T}{(1+r_f)^{T-t}}=S_t$，则上式变为

$$V_{\text{long}}=S_t-\frac{F}{(1+r_f)^{T-t}}$$

根据远期价值公式，在合约订立之初 $t=0$，多方的价值为

$$V_{\text{long}}=S_0-\frac{F}{(1+r_f)^{T}}$$

2.5 远期利率协议

2.5.1 远期利率协议的引例

假设有一家化工公司，其原材料需要从国外进口，2013 年 11 月，该化工公司的财务总监在制定 2014 年财务预算时，预计公司 2014 年 5 月需要借款，而在 2014 年 11 月左右可还款。假设公司可以直接使用美元借款和还款，不考虑汇率问题。

由于美元利率市场化，未来的利率不确定。财务总监担心，如果未来几个月美元利率上升，公司将为此多付利息，从而增加借款成本。当然，公司可以选择在当前(2013 年 11 月)到银行贷款 200 万美元，期限为 1 年，因此这笔款 2014 年 5 月才使用，所以先把这笔钱存到银行，期限为 6 个月。但公司的存款利率低于贷款利率，公司觉得这样做成本太高，还不如等到 2014 年 5 月直接去借款。

因此，公司希望能有一种金融产品，能够以较小的成本固定未来的借款利率，从而使公司可以规避未来利率波动的风险。

针对该化工公司的要求，银行适时推出了远期对远期贷款业务，用于向客户提供固定利率的远期贷款业务。这样，公司通过银行进行远期对远期贷款业务，就能把未来的贷款利率固定下来，而不用担心未来的利率上涨。而对于银行，则可以通过更低利率的银行间借款或吸收存款来满足较高利率的公司贷款，从而赚取一定的利率差价。

2.5.2 远期利率协议的定义

远期利率协议是交易双方签订的一种远期贷款合约，即约定从将来某一日期开始，以约定的利率水平，由一方(买方)向另一方(卖方)借入一笔数额、期限和币种确定的名义本金，并约定在结算日根据协议利率与当日的参考利率之间的差额及名义本金额，由一方支付给结算金另一方。根据此定义，买方相当于名义借款人，为了避免利率上升的风险而买入；

卖方则相当于名义贷款人，希望防范利率下降的风险而卖出。保值者希望通过远期利率协议对未来的利率风险进行防范，投机者则指望通过远期利率协议从未来的利率变化中获利，因此可以说，远期利率协议是希望对未来利率进行保值或投机的双方签订的一种协议。

注意： 这里“名义”的意思是在远期利率协议条件下，并没有实际的借贷行为发生，本金也是不交换的。

2.5.3　远期利率协议的常见术语

远期利率协议的常见术语如下。

协议金额——借贷的名义本金额。

协议货币——货币币种。

交易日——远期利率协议成交的日期。

结算日——名义借贷开始的日期。

确定日——确定参考利率的日期。

到期日——合约结束之日。

协议期——结算日至到期日的天数。

协议利率——协议中双方商定的利率。

参考利率——某种市场利率，又称结算利率，通常为 LIBOR。

结算金——在结算日，根据协议利率和参考利率之间的差额计算出来，由交易一方付给另一方的金额。

2.5.4　远期利率协议的结算金

远期利率协议的结算是买方承诺在结算日向卖方支付按协议利率计算的利息，卖方则承诺在结算日向买方支付按参考利率计算的利息。在结算时，交易双方按照结算当日参考利率和协议利率的差额计算应支付的利息差额进行交割。也就是说，结算金是由协议利率、参考利率、协议期限和协议金额决定的。

由于远期利率协议(FRA)的结算日是在名义贷款期初，而不是名义贷款期末，因此结算金与一般利息的计算稍有不同，结算金的计算需要进行贴现。

具体来说，结算金的计算分为以下两步。

(1)　取确定日的参考利率和协议利率之差，乘以协议金额，再乘以协议期限，得到名义贷款的利息差。

(2) 以参考利率作为贴现率，对上一步计算得到的利息进行贴现，计算出利息差在结算日的现值，即结算金。

相关公式如下：

$$\text{结算金} = \frac{(r_r - r_c) \times A \times \dfrac{D}{B}}{1 + \left(r_r \times \dfrac{D}{B}\right)} \tag{2-5}$$

式中：A——协议金额；

r_r——参考利率；

r_c——协议利率，这里采用的利率为单利；

D——协议期限的实际天数；

B——年计息天数，对于英镑、澳元等货币而言，B=365，而对于美元等其他货币，B=360。

然后，通过比较 r_r 与 r_c 的大小来决定支付方式。如果 $r_r > r_c$，由卖方向买方支付结算金，否则买方向卖方支付结算金。

例如，假定某远期利率协议的交易日是 2009 年 7 月 1 日星期三，双方同意成交一份 1×4 金额为 100 万美元，利率为 4.75%的远期利率协议，确定日市场利率为 5.5%，如图 2-2 所示。

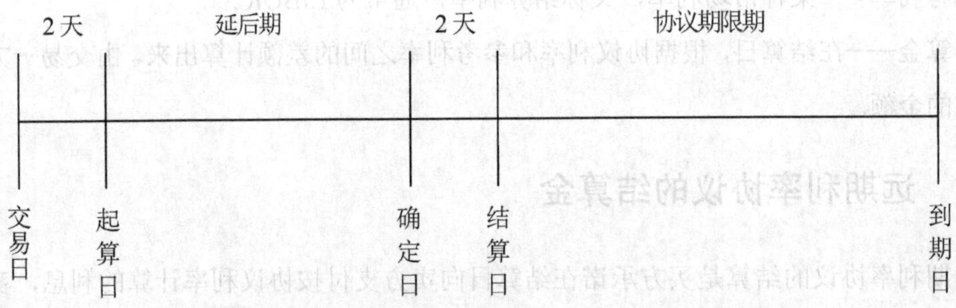

图 2-2　远期利率协议流程

其中，协议货币为美元，协议金额是 100 万美元，协议利率是 4.75%，1×4 指的是起算日和结算日为 1 个月，起算日和名义贷款到期日之间的时间为 4 个月，交易日和起算日一般间隔 2 天。此例中，起算日是 2009 年 7 月 3 日星期五，这就意味着名义存款或贷款在 2009 年 8 月 3 日(结算日)星期一开始。确定日和结算日一般也间隔 2 天，由于 8 月 1 日为星期六，确定日向前提至第 1 个工作日即 7 月 31 日星期五。到期日为 2009 年 11 月 3 日星期三，协议期限为 92 天。实践中，交易日、起算日、确定日、结算日和到期日均不得是法定节假日。

将例中数据代入式(2-5)，可得：

$$结算金=\frac{(5.5\%-4.75\%)\times 1\,000\,000\times\frac{92}{360}}{1+5.5\%\times\frac{92}{360}}=1890.20(美元)$$

2.5.5　远期利率协议的定价

远期利率协议(FRA)的定价问题就是 FRA 中协议利率如何确定的问题，实际上也就是远期利率的确定问题，因为 FRA 是关于利率的远期合约。

如果把当前利率称为即期利率，则当前时刻的未来一定时期的利率就称为远期利率。根据无套利定价法，远期利率是由一系列即期利率所决定的。下面举例说明。

假设 3 个月的即期利率为 5.25%，12 个月的即期利率为 5.75%，请问 3 个月后执行 9 个月的远期利率(3×12)是多少？

假设 3 个月后执行 9 个月的远期利率为 r_F，由无套利均衡分析可知，将 1 元钱先以 5.25%的利率存 3 个月，到期后再把得到的利息加上本金一起以 r_F 存 9 个月，其终值应等于直接以 5.75%的利率存 12 个月的终值，即：

$$\left(1+5.25\%\times\frac{3}{12}\right)\times\left(1+r_F\times\frac{9}{12}\right)=1+5.75\times\frac{12}{12}$$

解得 r_F=5.84%。如果市场上的远期利率不等于 5.84%，不论是比 5.84%大还是比 5.84%小，都存在套利机会。

假设市场上的远期利率为 6%，大于 5.84%，则可构造一个“借长贷短”的无风险套利组合。假设市场上的远期利率为 5.8%，小于 5.84%，则可构造一个“借短贷长”的无风险套利组合。具体分析留给读者。

如果现在时刻为 t，T 时刻到期的即期利率为 r，T^*时刻($T^*>T$)到期的即期利率为 r^*(其中 $1>T^*-t>T-t$，且均以年为单位)，根据上面的计算方法，可以写出 t 时刻 T～T^*期间的远期利率 r_F 满足的等式为

$$[1+r\times(T-t)][1+r_F\times(T^*-T)]=1+r^*\times(T^*-t) \tag{2-6}$$

从而可得远期利率的定价公式为

$$r_F=\frac{r^*\times(T^*-t)-r\times(T-t)}{[1+r\times(T-t)](T^*-T)} \tag{2-7}$$

当即期利率和远期利率均为连续复利时，上式可变为

$$r_F = \frac{r^* \times (T^* - t) - r \times (T - t)}{(T^* - T)} \tag{2-8}$$

这时式(2-7)变为

$$e^{r(T-t)} \times e^{r_F (T^* - T)} = e^{r^* (T^* - t)}$$

2.5.6 远期利率协议的案例分析

如果把利率风险与伦敦银行同业拆放利率(LIBOR)联系在一起，且如果包含的期间与某一标准合约的日期恰好吻合，那么远期利率协议可以提供完全的或接近完全的套期保值。

下面以一家德国公司为例来介绍如何运用远期利率协议将某一特定利率锁定。

例如，KG 公司是一家中等规模的德国公司，该公司为其他制造企业生产高质量的机器零部件。2008 年 11 月，KG 公司的财务主管为该公司制定 2009 年的财务预算，并预计 2009 年 5—12 月间的季节性平均借款需要 500 万欧元。

为了准确把握利率的期限结构，该财务主管与其银行联系，并得到了有关现货市场利率与远期利率协议利率的报价，如表 2-2 所示。

表 2-2 利率报价

品 种	价 格	品 种	价 格	品 种	价 格
1 个月	$8\frac{11}{16}$～$8\frac{15}{16}$	1×4	8.75	1×7	8.37
2 个月	$8\frac{3}{4}$～9	2×5	8.43	2×8	8.30
3 个月	$8\frac{11}{16}$～$8\frac{15}{16}$	3×6	8.12	3×9	7.83
6 个月	$8\frac{7}{16}$～$8\frac{11}{16}$	4×7	7.82	4×10	7.57
9 个月	8～$8\frac{1}{4}$	5×8	7.61	5×11	7.40
12 个月	$7\frac{13}{16}$～$8\frac{1}{16}$	6×9 9×12	7.40 6.93	6×12	7.23

现货市场上向下倾斜的收益率曲线与远期利率协议(FRA)市场上下降的价格水平表明，市场对欧盟在接下来的几年中大幅降息的预期。KG 公司的财务主管并不那么肯定利率将下降，并且也无法确定即使利率真的下降，是否会像远期利率所预示的那样降得那么低。因此，他决定通过买进远期利率协议来锁定 6 个月的远期利率，该远期利率协议的具体约定如下。

协议金额——500 万欧元。

交易日——2008 年 11 月 18 日，星期二。

起算日——2008 年 11 月 20 日，星期四。

确定日——2009 年 5 月 18 日，星期一。

结算日——2009 年 5 月 20 日，星期三。

到期日——2009 年 11 月 20 日，星期五。

协议利率——7.23%。

协议期限——184 天。

在 2009 年 5 月 18 日，欧元 6 个月的 LIBOR 为 7.63%，虽然与 2008 年 11 月的 $8\frac{11}{16}\%$ 的利率报价相比，利率水平下降了，但却没有降到 7.23%。因此，该公司于 2009 年 5 月 20 日收到的结算金为

$$\text{结算金}=\frac{(7.63\%-7.23\%)\times 5\,000\,000\times\frac{184}{360}}{1+7.63\%\times\frac{184}{360}}=9838.54(\text{美元})$$

若该公司以 7.00%的利率将该结算金进行投资并获得利息 $9838.54\times 7\%\times\frac{184}{360}=352.00$(欧元)，那么，在最后的到期日，该公司从 FRA 中获得的总收入为 9838.54+352=10 190.54(欧元)。在 2009 年 5 月 18 日，KG 公司可以按当时的市场利率加上 30 个基准点的正常借款利差借入所需的 500 万欧元。这一协议在 5 月 20 日签订，并于 184 天后的 11 月 20 日进行偿付。到期日的现金流如下。

从 FRA 中获得的总收入：10 190.54 欧元

以 7.93%的利率借入 500 万欧元，184 天应付利息：$5\,000\,000\times 7.93\%\times\frac{184}{360}=202\,655.6$(欧元)

减去 FRA 收入后的净借款成本：202 655.6−10 190.54=192 465.06(欧元)。

与净借款成本 192 465.06 欧元相对应的实际借款利率为 7.53%，等于 FRA 协议利率加上 30 个百分点的利差，这正是该公司所希望的。因此，FRA 使得 KG 公司能将借款利率锁定在其所期望的利率上。

此例说明 FRA 保值是一种理想的套期保值策略，因为该公司是在与 LIBOR 有关的借款协议的协议期间内借入款项的，所以该公司在制定保值策略时可以准确地得到所期望的借款利率。

注意：使用远期利率协议进行套期保值只是保证了一个特定的结果，而不管实际利率的变动是有利还是不利。在上述案例中，一旦该公司购买了 FRA，其实际借款利率便与 FRA 的协议利率紧紧地连在一起。若利率最终降低到协议规定的利率水平以下，该公司则无法从中获取收益，而且如果风险暴露的期限与 FRA 的期限不一致，或者在使用的利率基础上存在差异，情况就变得复杂了，这时，最简单的办法是利用 OTC 市场，从银行那里订一个合约，就可以得到一个近似完全的套期保值。

2.6 远期外汇合约

2.6.1 远期外汇合约的定义

假设有一家美国的公司 A 为了购买原材料而借入一笔美元，同时它在日本市场销售产品的收入为日元，公司 A 用收入的日元通过外汇市场兑换成美元来支付美元本息。例如，公司需要在 6 个月后支付一笔美元的本息费用，但财务总监认为未来日元有贬值的趋势，那么，到时候为了支付美元本息可能需要更多的日元，这对于公司来说就存在日元贬值的风险，因此公司 A 有规避这一风险的需求。那么，公司 A 如何通过金融市场来规避未来日元贬值的风险呢？

针对这个问题，只要在远期外汇市场上做一个 6 个月后交割的美元对日元的远期外汇合约，即按约定的汇率用日元兑换美元，就既能在 6 个月后取得所需的美元金额，又能将日元和美元汇率锁定在一个固定的价格上。

远期外汇合约是指交易双方约定在未来某一特定时期，按照合约签订时约定的汇率和金额，以一种货币交换对方另一种货币的合约。远期外汇合约中约定的在将来某一特定日期交割的汇率称为远期汇率。当日交易两日后交割的汇率为即期汇率。远期外汇合约主要包括对将来交割外汇的币种、数额、日期、地点和汇率的规定等内容。

按照远期的开始时期划分，远期外汇合约可分为直接远期外汇合约和远期外汇综合协议(SAFE)。前者的远期期限是直接从现在开始算的；而后者的远期期限是从未来的某个时点开始算的，因此实际上是远期的远期外汇合约。

2.6.2　远期汇率的确定

远期汇率的一般计算公式为

$$F\times\left[1+\left(r\times\frac{\text{Days}}{\text{Basis}}\right)\right]=S\times\left[1+\left(r_f\times\frac{\text{Days}}{\text{Basis}_f}\right)\right]$$

$$F=S\times\frac{1+\left(r_f\times\dfrac{\text{Days}}{\text{Basis}_f}\right)}{1+\left(r\times\dfrac{\text{Days}}{\text{Basis}}\right)}$$

式中：F——远期汇率；

S——当前的即期汇率；

r_f——报价货币(或外币)的年利率；

r——基础货币(或本币)的利率；

Days——从即期到远期的天数；

Basis_f——报价货币 1 年的天数(一般为 360 天)；

Basis——基础货币 1 年的天数(一般为 360 天)。

如果利率均为连续复利，则上式变为

$$F=S\mathrm{e}^{(r-r_f)(T-t)}$$

式中：$(r-r_f)(T-t)$——t 到 T 时刻的外币(本币)无风险利率。

远期外汇交易是指买卖外汇的双方先签订合同，规定买卖外汇的数量、汇率和未来交割外汇的时间，到了规定的交割日双方再按合同规定办理货币收付的外汇交易。在签订合同时，除缴纳 10%的保证金外，不发生任何资金的转移。

远期外汇交易一般有 3 种方式：固定交割日交易、选择交割日交易和掉期交易(时间套汇)。

2.6.3　远期外汇综合协议的结算金

根据结算金的不同计算方式，远期外汇综合协议主要有汇率协议(ERA)和远期外汇协议(FXA)两种。

汇率协议的结算金计算公式为

$$\text{结算金}=A_2\times\frac{W_{\mathrm{K}}-W_{\mathrm{R}}}{1+\left(r\times\dfrac{D}{B}\right)}$$

式中：A_2——原货币到期日的名义本金数额；

r——结算日的第二货币由结算日到到期日的无风险利率；

D——协议期天数；

B——第二货币按年转换成的天数(一年为 360 天或 365 天)；

W_K——协议签订时确定的协议期内的远期差价，它等于协议中规定的到期日(T^*时刻)直接远期汇率(K^*)与协议中规定的结算日(T时刻)直接远期汇率(K)之间的差额；

W_R——确定日确定的协议期内的远期差价，它等于确定日确定的到期日直接远期汇率(F_R^*)与确定日确定的结算日即期汇率(F_R)之间的差额。

远期外汇协议的结算金计算公式为

$$结算金 = A_2 \times \frac{K^* - F_R^*}{1 + \left(r \times \dfrac{D}{B}\right)} - A_1 \times (K - F_R)$$

式中：A_1——原货币结算日的名义本金数额，大多数的远期外汇综合协议中 $A_1 = A_2$。

其他符号的含义同上。

此公式的显著特征是其间接地参考了直接汇率。该式的第一部分用到期日直接汇率之差代替了汇率协议的结算金公式中的远期差价之差，而第二部分则考虑了结算日的汇率之差，对于第二部分的结果没有必要进行折现，因为它已经考虑了结算日期。

2.6.4 远期外汇综合协议的定价

远期外汇综合协议的定价就是要在交易日确定结算日的直接远期汇率和到期日的直接远期汇率，这个问题已经由公式 $F = Se^{(r-r_f)(T-t)}$ 和 $F = S \times \frac{1 + \left(r_f \times \dfrac{\text{Days}}{\text{Basis}_f}\right)}{1 + \left(r \times \dfrac{\text{Days}}{\text{Basis}}\right)}$ 解决，在此不再赘述。

思考题

1. 某投资者进入一个远期合约的空头头寸，在该合约中投资者能够以 1.90 的汇率(美元/英镑)卖出 1 000 000 英镑。当远期合约到期时的汇率分别为 1.89 和 1.92 时，投资者的损益分别为多少？

2. 假设一种无红利支付的股票目前的市价为 20 元，无风险连续复利年利率为 10%，求该股票的 3 个月远期价格。如果 3 个月后该股票的市价为 15 元，求这份交易数量为 100 单位的远期合约多头方的价值。

3. 假设一种无红利支付的股票目前的市价为 20 元，无风险连续复利年利率为 10%，市场上该股票的 3 个月远期价格为 23 元，请问应如何进行套利？

第 3 章　期货合约及其定价

【本章精粹】

期货合约和远期合约非常类似，都是将未来的不确定性转化为确定性，从而避免未来市场价格波动产生的影响。但期货合约相对于远期合约更为标准化，它的出现极大地推动了金融市场的繁荣和稳定。本章将介绍期货合约的概念及其定价。

3.1 期货合约的概念

期货合约的定义与远期合约一样，它是一个双务合同，规定了合约双方在未来某个确定的时刻以某个确定的价格交易一定数量的某项资产。双方同意的价格叫作期货价格，交货日期叫作交割日期。买卖双方必须承担合约规定的条件和买卖的义务，如果不能履约，就以违约论处。

简单地说，期货合约就是一个标准化的订货合同。例如，你在上午 10 点打电话订购了一份盒饭，饭店同意 12 点给你送去，并收你 10 元。这就是一个期货合约。它涉及如下 4 个要素。未来的交易时间：12 点；资产：盒饭；价格：10 元；数量：1 份。

期货合约(Futures Contract)是指两个对手之间签订的一个在确定的将来时间按确定的价格购买或出售某项资产的协议。与远期合约不同，期货合约通常在正式的交易所内交易，而且为了使交易能够进行，交易所详细规定了期货合约的标准化条款。由于期货合约的双方不一定相识，交易所同时也向双方提供该期货合约的承兑保证。

世界上最大的期货交易所是芝加哥交易所和芝加哥商品交易所。在期货交易所中，期货合约的标的资产的范围非常广泛，包括许多大宗商品和金融资产。其中，商品包括猪肉、活牛、糖、羊毛、木材、铜、铝、黄金、大米、玉米、小麦等；金融资产包括股票指数、外汇、短期国库券和债券等。

主要的期货合约有商品期货(如大豆、小麦、玉米、黄金、白银等)、股票指数期货(买入或卖出相应股票指数面值的期货合约，而股票指数面值定义为股票指数乘以某一特定货币金额所得的值，是指现金交割，而不是实物交割)、外汇期货合约和利率期货等。

表 3-1 是上海期货交易所商品期货的黄金期货标准合约。

表 3-1 上海期货交易所黄金期货交易

交易品种	黄金
交易单位	1000 克/手
报价单位	元(人民币)/克
最小变动价位	0.01 元/克
每日价格最大波动限制	不超过上一交易日结算价 ±5%
合约交割月份	1—12 月

续表

交易时间	上午 9:00—11:30；下午 1:30—3:00
最后交割日	合约交割月份的 15 日(遇法定假日顺延)
交割等级	金含量小于 99.95%的国产金锭，以及交易所认可的伦敦金银市场协会(LBMA)认定的合格供货商或精炼厂生产的标准金锭
交割地点	交易所指定的交割金库
交易保证金	合约价值的 5%
交割方式	实物交割
交易代码	AU
上市交易所	上海期货交易所

表 3-2 是金融期货的外汇期货标准合约。

表 3-2　外汇期货标准合约

交易单位	62 500 英镑
最小变动价位	0.0002 英镑(每张合约最小价格变动为 12.50)
合约月份	1、3、4、6、7、9、10、12 和现货月份
交易时间	上午 7:20—下午 2:00(芝加哥时间)，到期合约最后交易日交易截止时间为上午 9:16，市场在假日或假日之前将提前收盘，具体细节与交易所联系
交割日期	合约月份的第三个星期三
交易场所	芝加哥商业交易所(CME)

3.2　期货合约与远期合约的比较

尽管期货合约与远期合约有许多相似的地方，但还是存在不少差异的。

1. 两者的交割条件不同

与远期合约不同，期货合约的交割日(月)和交割物的数量都是标准化的，并且只在有组织的交易所内交易。期货合约并不总是指定确切的交割日期，按交割月划分，由交易所指定在交割月中必须进行交割的交割期限；对商品来说，交割期限通常为整个交割月，合约空头方有权在交割期限中选定其将要进行交割的时间。通常在任何时候，不同交割月的期货合约都有交易。交易所指定一张合约应交割的资产数额、期货价格的标价方法，并且还可能规定任何一天中期货价格可以变化的范围。在商品期货中，交易所也可以指定产品的质量和交割的地点。例如，现在的芝加哥交易所中交易的小麦期货合约，规模大小为5000 bushel(计量单位)，有5个交割月份(3、5、7、9、12月份)的期货合约可供交易，交易所指定了可供交割的小麦的等级和交割的地点。远期合约则通常是非标准化的(每份合约的条件都是买卖双方单独议定的)，也没有清算所和二级市场。远期合约是一种在柜台交易的工具。

尽管期货合约和远期合约都规定了交割条件，但期货合约并不旨在通过实物交割来清算合约。实际上，一般只有不到2%的未清算合约是通过实物交割来清算的。与此相对，远期合约则意在交割。

2. 两者的盯市要求不同

期货合约在每个交易日的终了都要调整至市价，因此期货合约通常会伴有期间现金流量：在价格发生不利变动时需要追加保证金；在价格发生有利变动时可以提取现金。远期合约可能需要也可能不需要调整至市价，这取决于双方当事人的意愿。对于不必调整至市价的远期合约来说，因为不需要追加保证金，所以也不会有期间现金流量。

3. 两者的违约风险不同

远期合约的每一方当事人都有可能违约，因此他们都面临着信用风险；而期货合约的违约风险是非常小的，因为与交易所相连的清算所保证了交易另一方的履约。

除了以上这些差异，期货合约的大部分内容都适用于远期合约。

综上所述，期货合约与远期合约的主要区别是：期货合约是标准化的、在交易所交易、没有违约风险、有保证金要求和盯市制度、受政府监督多；而远期合约是非标准化的、在场外交易、有违约风险、无保证金要求和盯市制度、受政府监督少，具体如表3-3所示。

表3-3 期货合约与远期合约的主要区别

期货合约	远期合约
有一个中心交易地点：交易所	没有中心交易地点
标准化的合约	定制的合约，是双方谈判的结果
由结算所来做每一笔交易的对家，因此没有违约风险	与其他投资者做交易的对家，因此有违约风险
受政府监管	较少受政府监管
有保证金要求和盯市制度	无保证金要求和盯市制度

3.3　期货合约的保证金和逐日盯市制度

保证金是期货合约投资者在交易所保证金账户中存入的一笔资金，是对未来将执行交易的一种保证和抵押。多方和空方都需要缴纳保证金，有了这笔保证金，期货合约就没有了违约风险。

在合约建立时，投资者存入保证金账户中的资金称为初始保证金。初始保证金的大小由期货交易所根据历史价格的波动率决定，保证金相对于期货合约的价格来说通常很小，这也导致了期货投资的杠杆率很高。

期货交易所的结算所在每天交易结束后，会根据结算价格来结算每位投资者的损益，调整每个保证金账户，这一过程称为逐日盯市制度。

股票交易也需要保证金，它与期货保证金不同。股票保证金是向经纪人借款来买股票，涉及利息；而期货保证金是交给结算所的一种保证，不涉及利息。

3.4　期货价格与现货价格的关系

随着期货合约交割月份的逼近，期货价格收敛于标的资产的现货价格，当到达交割期限时，期货价格等于或非常接近于现货价格。否则，市场将存在一个明显的无风险的套利机会。

假设在交割期间，期货价格高于现货价格，则按以下投资策略必然会盈利：卖空期货合约，买入资产进行交割。如果忽略交易费用，其盈利额等于期货价格高于现货价格的那部分。由于金融市场是完全开放透明的，交易者将很快发现这一套利机会，大量地卖空期货合约，并在现货市场上买入资产进行交割，结果会导致期货价格下降及现货价格上升，直至两者相等，套利机会消失；反之亦然。

例如，某日，12 月份的黄金期货的报价为 500 美元(这一价格不包括佣金)，在该价格时投资者可以买卖 12 月份交割的黄金。其价格与其他价格一样，是由场内交易决定的(由供求关系决定的)。如果愿意持有期货合约多头的投资者多于愿意持有期货合约空头的投资者，则价格就会上升；反之，价格就会下降。

3.5 期货价格与远期价格的关系

根据经济学家的研究，当无风险利率恒定，且对所有到期日都不变时，两个交割日相同的期货合约与远期合约有相同的价格。

但在现实世界中，一般情况下利率的变化是无法预测的，因此远期价格和期货价格从理论上来讲就不相同。考虑如下情形：标的资产价格 S 与利率高度相关，当 S 上升时，一个持有期货多头头寸的投资者会因每日结算而立即获利，由于 S 的上涨几乎与利率的上涨同时出现，获得的利润将会以高于平均利率水平的利率进行投资。同样，当 S 下降时，投资者会立即亏损，亏损将以低于平均利率水平的利率进行融资。持有远期多头头寸的投资者将不会因利率变动而受到与上面期货合约同样的影响。由于期货合约是每日结算的，因此对于投资者而言，持有期货多头显然要比持有远期多头更具有吸引力。故当 S 与利率正相关性很强时，期货价格要比远期价格高；相反，当 S 与利率的负相关性很强时，由类似上面的讨论可知远期价格比期货价格要高。

在大多数情况下，有效期仅为几个月的远期合约价格与期货合约价格之间的理论差异是小得可以忽略不计的。但是，随着合约有效期的增长，这个差异开始变大。实际上，许多没有反映在理论模型中的因素使得远期价格和期货价格不一样，这些因素包括税收、交易费用、保证金的处理方式等。同时，在一般情况下，期货合约远比远期合约的流动性更强，更易于交易。但是，尽管有以上这些因素，在大多数情况下，假定远期价格和期货价格相等仍是合情合理的。因此，符号 F 既可代表期货价格，又可代表远期价格。

3.6 股票指数期货合约及其定价

股票指数反映的是某个假想的、按照一定方式组成的股票组合的价值变化。每种股票在组合中的权重等于组合投资中该股票的比例。组合中的股票可以有相同的权重，或者权重以某种方式随时间变化。股票指数通常不因派发现金红利而调整。也就是说，大多数指数在计算其百分比变化时，不考虑股票组合收到的任何现金红利。

股票指数期货是指买入或卖出相应股票指数面值的期货合约，而股票指数面值则定义为股票指数乘以某一特定货币金额所得的值。所有的股票指数期货合约均是现金交割，而不是实物交割。

以标准普尔 500 指数为例，该指数是一个包括 500 种股票的组合：400 种工业股、40

种公用事业股、20 种交通事业股和 40 种金融机构股。在任一时间，股票的权重为该股票的总市值(股价乘以流通的股票数)。该指数样本股票的市值占纽约股票交易所全部上市公司股票总市值的 80%。在芝加哥商品交易所(CME)交易的该指数期货合约价格为指数乘以 500。

目前，国际金融市场主要的股票指数及其期货还包括日经 225 股票平均指数(Nikkei Stock Average)、纽约股票交易所 NYSE 综合指数(New York Stock Exchange Composite Index)和主要市场指数 MMI(Major Market Index)等。

大部分股票指数可以视为支付红利的资产，这里的资产就是计算指数的股票组合，资产所付红利就是该组合的持有人收到的红利。因此，可以认为股票指数是提供已知红利收益率的资产。下面以股票指数期货为例来分析一般的提供已知收益率资产的期货合约的定价。

红利是连续支付的。设 q 为红利收益率，根据第 2 章远期合约定价的讨论，可得期货价格 F 为

$$F = S\mathrm{e}^{(r-q)(T-t)} \tag{3-1}$$

实际上，计算指数的股票组合的红利收益率在一年里每周都在变化。例如，纽约股票交易所的大部分股票是在每年 2 月、5 月、8 月和 11 月的第一周支付红利的。q 值应该代表合约有效期内的平均红利收益率，用来估计 q 的红利应是那些除息日在期货合约有效期之内的股票红利。

如果分析者对计算红利收益率不感兴趣，则可以估计指数中股票组合将要收到的红利金额及其时间分布。这时股票指数可视为支付已知现金收入的资产，用 I 表示现金收入的现值，则由式(2-3)可得期货价格 F 为

$$F = (S - I)\mathrm{e}^{r(T-t)}$$

这个公式对日本、法国、德国的指数很有效，因为这些国家所有的股票都在相同的日期支付红利。

例如，考虑一个 3 个月的 S&P 指数期货合约。假定构成股票指数的股票提供 1%的年红利收益率，股票指数的当前价格为 1300$，连续复利的无风险利率为 5%。这时，$r$=5%，$S$=1300，$T-t$=0.25，$q$=1%，因此期货价格 F 为

$$F = S\mathrm{e}^{(r-q)(T-t)} = 1300\mathrm{e}^{(5\%-1\%)\times 0.25} = 1313.07$$

上面的定价公式描述的只是理论上的价格关系，其中蕴含了市场无摩擦的关键假设。现实中的股票市场与股指期货市场当然存在着种种摩擦，它们都可能导致现实偏离理论的结果。在一般情况下，股指期货的价格与理论值的偏差很小。

经过8年多的研究酝酿和4年的筹备，中国金融期货交易所终于在2010年4月16日正式上市沪深300股指期货合约，首批挂盘交易IF1005、IF1006、IF1009、IF1012 4个合约。中国金融期货交易所2010年4月15日确定合约挂盘基准价为3399点，较15日收盘的沪深300指数高4.4点。按照3399点挂盘基准价格和15%的保证金比例计算，每手股指期货合约总面值为101.97万元，投资者交易1手的最低保证金为15.3万元。按照规定的沪深300股指期货上市当日涨跌停板幅度，5月、6月合约为挂盘基准价的±10%，9月、12月合约为挂盘基准价的±20%，据此计算5月和6月合约的涨停板价格为3738.8点、跌停板价格为3059.2点；9月和12月合约的涨停板价格为4078.8点，跌停板价格为2719.2点。沪深300股指期货合约交易手续费暂定为成交金额的万分之零点五，交割手续费标准为交割金额的万分之一；每个交易日结束后，交易所发布单边持仓到1万手以上和当月合约前20名结算会员的成交量、持仓量。

我国在中国金融期货交易所(上海)推出的沪深300股票指数期货，进一步推动了我国资本市场的发展。

3.7 外汇期货合约及其定价

外汇的持有人能获得货币发行国的无风险利率的收益(如持有人能将外汇投资于以该国货币标价的债券)，因此外汇与提供已知红利收益率的资产是一样的。这里的红利收益率就是外汇的无风险利率。

设r_f表示无风险利率且连续计复利，变量S表示以美元表示的一单位外汇的即期价格，则可得外汇期货价格为

$$F = S\mathrm{e}^{(r-r_f)(T-t)} \tag{3-2}$$

这就是国际金融学中的利率平价关系。当外汇的利率大于本国利率($r_f > r$)时，从式(3-2)可知F始终小于S，且随着合约到期日T的增加，F值减小，即远期外汇贴水；当外汇的利率小于本国利率($r_f < r$)时，F始终大于S，且随着合约到期日T的增加，F值也增加，即远期外汇升水。

3.8 商品期货合约及其定价

通常将商品区分为如下两类：以投资为目的而由相当多的投资者持有的商品(如黄金和白银)和以消费为目的所持有的商品。

对以投资为目的的商品来说，可以通过套利得出准确的期货价格。但是，对以消费为目的的商品来说，套利只能给出期货价格的上限。

3.8.1　黄金和白银期货

最典型的投资品是黄金和白银等贵金属，它们的市场交易量很大，因此以黄金和白银的期货价格为例来说明投资品的期货价格。具体分以下 3 种情况。

(1)　如果不考虑存储成本，黄金和白银类似于无收益的资产。S 代表黄金的现货价格，由远期合约的定价公式(2-1)可得：

$$F = S\mathrm{e}^{r(T-t)} \tag{3-3}$$

(2)　若考虑存储成本，则可将其视为负收益。设 U 为期货合约有效期间所有的存储成本的现值，由远期合约的定价公式(2-3)可得：

$$F = (S+U)\mathrm{e}^{r(T-t)} \tag{3-4}$$

注意：式(2-3)中用的是减号，这里用的是加号，是因为存储成本可视为负收益。

(3)　若任何时刻的存储成本与商品价格成一定的比例，存储成本也可视为负的红利收益率，由远期合约的定价公式(2-4)可得：

$$F = S\mathrm{e}^{(r+u)(T-t)} \tag{3-5}$$

式中：u——每年的存储成本与现货价格的比例。

3.8.2　普通消费商品的期货

个人或公司保留商品的库存是因为其有消费价值，而非投资价值，他们不会积极主动地出售商品购买期货合约，因为期货合约不能消费。因此，对于持有目的不是投资的商品来说，套利策略的假设将不再适用。只能得到普通消费商品的期货价格的上限：

$$F \leqslant (S+U)\mathrm{e}^{r(T-t)} \tag{3-6}$$

若存储成本用现货价格的比例 u 来表示，则有

$$F \leqslant S\mathrm{e}^{(r+u)(T-t)} \tag{3-7}$$

当 $F < S\mathrm{e}^{(r+u)(T-t)}$ 时，商品使用者一定会感到持有实实在在的商品比持有期货合约更有好处。这些好处包括：从暂时的当地商品短缺中获利，或者具有维持生产运行的能力。这些好处有时称为商品的便利收益。便利收益简单地衡量了式(3-6)或式(3-7)，该消费性商品的期货价格与无短缺状态下的理论价格有差距。便利收益反映了市场对商品未来可获得性的

期望。在期货合约的有效期间，商品短缺的可能性越大，则便利收益越高。对于投资性资产，由于不存在由消费性商品的短缺性带来的持有便利，其便利收益必为0，否则就会有套利机会。便利收益 y 可定义为

$$Fe^{y(T-t)} = Se^{(r+u)(T-t)}$$

因此，普通消费品的期货价格可表示为

$$F = Se^{(r+u-y)(T-t)}$$

3.9 利率期货合约及其定价

利率期货合约的定价比较特殊，因此单独进行分析。

期货合约实际上是在现在确定了将于未来发生的交易的价格和条件，对于利率期货而言，这一交易是一份名义上的定期存款，而交易的“价格”为适用于整个存款期的固定利率，并且这一存款期为未来的某个特定时期，利率期货合约的多头相当于贷款者，而合约的空头则相当于借款者。目前，国际金融市场上最常见的利率期货包括国债期货、欧洲美元期货等。

利率期货合约被定义为一种固定利率的存款。意图通过期货进行投机的人会希望以低利率借入资金(卖出期货)而以高利率贷出资金(买入期货)。这意味着一种“贵买贱卖”的策略，显然是不自然的。尤其是在瞬息万变的期货交易市场中，由于许多交易商凭直觉操作，这样一种策略容易使人们犯错。因此，利率期货的最初设计者将此类期货设计为按照一种指数“价值”交易，而不是以利率本身作为价格。这一指数价格被定义为

$$p = 100 - r_F$$

式中：p——指数价格；

r_F——以自然对数表示的期货利率。

由前面的分析可知，远期利率可以按照以下公式来计算：

$$r_F = \hat{r} = \frac{r^*T^* - rT}{T^* - T}$$

这种报价方式仅仅改变了当利率发生变动时，期货价格变动的方向。如果利率上升，则期货价格下降；如果利率下降，则期货价格上升。这样，只要交易商按照期货的报价而不是利率进行交易，就可以成功地遵守“贱买贵卖”的原则了。

各类资产的期货价格 F 与现货价格 S 之间的关系可用持有成本来描述总结。它等于融资购买资产所支付的利息加上存储成本，再减去资产的收益，具体内容如下。

(1) 对于无收益的资产，持有成本就是 r，因为既无存储成本又无收益。

(2) 对于已知收益率(或成本率，成本率可视为负的收益率)的资产，持有成本为 $r-q$，因为资产的收益率为 q。例如，股票指数的收益率为 q，外汇的收益率为 r_f，商品存储成本率为 u 等。

(3) 对于支付已知现金收益(或成本，同样可视为负收益)的资产，可按其现值与现货价格的比例折为收益率，持有成本的计算同下。

设持有成本为 c。对于投资性资产，期货价格为

$$F = S\mathrm{e}^{c(T-t)}$$

对于消费性资产，期货价格为

$$F = S\mathrm{e}^{(c-y)(T-t)}$$

式中：y——便利收益。

3.10　期货合约定价的进一步说明

与远期价格一样，期货价格的公式为

$$F = S_0(1+r_f)^T + \text{PC(持有成本)} - \text{PV(持有收益)}$$

式中：r_f——无风险利率。

金属或农产品的期货一般有持有成本，金融产品的期货一般没有持有成本。

金融产品的期货通常有持有收益，如利息、股息等，也叫货币性收益。

金属或农产品的期货通常没有货币性收益，其持有收益称为非货币性收益。

非货币性收益主要是指便利性收益。例如，持有标的资产(母鸡)比持有期货(母鸡)更方便，如果来了客人，可用母鸡招待，但母鸡期货却不能用来招待客人。

短期美国国债通常是零息债券，没有持有成本，也没有持有收益，所有其定价公式是

$$F = S_0(1+r_f)^T$$

以老母鸡的例子来说，B 花 20 元购买小母鸡来养，1 年以后交割给 A。若 B 没有和 A 签订协议，则不用花这 20 元，这 20 元可以用来做无风险投资，获取无风险收益率的利息，其利息也是机会成本。

由上面的期货定价公式可知，期货价格 F 与现货价格之间存在差异，定义基差为现货价格减去期货价格，即：

$$\text{基差} = S_0 - F$$

目前，主要的期货合约有国债期货合约、权益期货合约和外汇期货合约，其定价公式如下。

短期国债期货合约的定价公式为

$$F = S_0(1+r_f)^T$$

外汇期货合约的离散定价公式为

$$F = S_0\left(\frac{1+r_x}{1+r_y}\right)^T$$

外汇期货合约的连续定价公式为

$$F = S_0 \exp[(r_x - r_y)\times T]$$

思　考　题

1. 期货和远期的区别是什么？
2. 期货的多头头寸和空头头寸的区别是什么？

第 4 章　期货合约的套期保值策略

【本章精粹】

本章的内容包括：期货合约的套期保值(或对冲)；期货合约套期保值的计算方法；期货套期保值分类；期货套期保值的基差和基差风险；期货套期保值的利润和有效价格；直接套期保值比；交叉套期保值比；现货与期货方差和协方差计算；不考虑费用的最优套期保值策略；考虑费用的最优套期保值策略；期货合约的套利和投机策略。

4.1　期货合约的套期保值(或对冲)

4.1.1　套期保值的概念

套期保值就是利用远期、期货、期权、互换等金融衍生品的头寸对冲现货头寸来避免或减少风险，也叫对冲。本章主要讨论期货的套期保值策略及其优化模型的计算。

期货的套期保值就是买进(或卖出)与现货数量相等但交易方向相反的期货合约，以期在未来某一时间再通过平仓获利来抵偿因现货市场价格变动带来的实际价格风险。

4.1.2　商品期货的套期保值

例如，4 月 1 日小麦现货价格为 1 蒲式耳 2.00 美元，同时一张 5000 蒲式耳的 6 个月的期货合约(10 月 1 日交割)的期货价格为每蒲式耳 2.50 美元；到了 7 月 1 日，小麦现货价格跌为 1.60 美元，同时期货价格为 2.10 美元。这可能是由于市场上小麦供应较多，因而现货价格和期货价格同时下跌。

在这种情况下，生产者如果在现货市场先买后卖，就可以在期货市场上先卖后买，以后者的盈利弥补前者的损失。具体来说，面粉厂在买卖小麦现货的同时，在期货市场先卖 20 张小麦期货合约(共 100 000 蒲式耳)，3 个月后再买 20 张同样的合约，描述如表 4-1 所示。

表 4-1　面粉厂主的盈亏(a)

现货市场	期货市场
4 月 1 日，市单价 2.00 美元/蒲式耳 计划销售量：100 000 蒲式耳	4 月 1 日，卖出单价 2.50 美元/蒲式耳 合约数量：100 000 蒲式耳
7 月 1 日，实际销售量：100 000 蒲式耳 平均销售单价 1.60 美元/蒲式耳	7 月 1 日，买入平仓数量：100 000 蒲式耳 平仓单价 2.10 美元/蒲式耳
现货销售亏损：每蒲式耳 0.40 美元	期货平仓盈利：每蒲式耳 0.40 美元

这里盈亏相抵，叫作完全对冲。

假如现货市场价格与面粉厂预期的完全相反，如上涨到 2.40 美元；同时期货合约上涨到 2.80 美元，那么面粉厂的盈亏就不能完全抵消，如表 4-2 所示。

表 4-2　面粉厂主的盈亏(b)

现货市场	期货市场
4 月 1 日，卖 100 000 蒲式耳，单价 2.00 美元	4 月 1 日，买 100 000 蒲式耳，单价 2.50 美元
7 月 1 日，买 100 000 蒲式耳，单价 2.40 美元	7 月 1 日，卖 100 000 蒲式耳，单价 2.80 美元
现货亏损：每蒲式耳 0.40 美元	期货盈利：每蒲式耳 0.30 美元

这里面粉厂每蒲式耳亏损 0.10 美元，叫作不完全对冲。面粉厂若预见到期货价格的上涨而不做对冲，则可以盈利每蒲式耳 0.30 美元。但实际上这是很难的，因为不做对冲的生产者往往损失惨重。

卖对冲用来防止商品或金融资产的未来现货价格下跌。对冲者出售期货合约，可把价格风险转给期货合约的买主。上例中的面粉厂就是做卖对冲。相反，买对冲用来防止商品或金融资产的未来现货价格上涨，对冲者购买期货合约，可把价格风险转给期货合约的卖主。

做对冲，需要了解基差的变化。对冲的盈亏取决于现货价格和期货价格的关系，两者之差叫作基差，即现货价格减去期货价格的差。一般来说，越接近期货交割的月份，现货价格与期货价格之差越小。

基差的大小决定对冲者的盈亏。看下面的两个例子。假定 8 月 30 日小麦现货价格为每蒲式耳 2.00 美元，同时 12 月到期的小麦期货价格为每蒲式耳 2.10 美元(基差为−10)。到了 9 月 30 日，小麦现货价为 2.10 美元，期货价格上升为 2.15 美元。现在做一个卖对冲，对冲者的盈亏如表 4-3 所示。

表 4-3　对冲者厂主的盈亏(c)

现货市场	期货市场	基　差
买 100 000 蒲式耳，单价 2.00 美元	卖 100 000 蒲式耳，单价 2.10 美元	−10
卖 100 000 蒲式耳，单价 2.10 美元	买 100 000 蒲式耳，单价 2.15 美元	−5
盈利：每蒲式耳 0.10 美元	亏损：每蒲式耳 0.05 美元	

表 4-3 的基差绝对值缩小，由−10 变到−5，对冲者获利，每蒲式耳获利 0.05 美元。再假定 9 月 30 日期货价格是 2.25 美元，那么对冲者的盈亏如表 4-4 所示。

表 4-4　面粉厂主的盈亏(d)

现货市场	期货市场	基　差
卖 100 000 蒲式耳，单价 2.00 美元	买 100 000 蒲式耳，单价 2.10 美元	−10
买 100 000 蒲式耳，单价 2.10 美元	卖 100 000 蒲式耳，单价 2.25 美元	−15
亏损：每蒲式耳 0.10 美元	盈利：每蒲式耳 0.15 美元	

表4-4的基差绝对值扩大，由-10变到-15，对冲者亏损，每蒲式耳盈利0.05美元。

由此看出，基差绝对值缩小时，可以用卖对冲获取利润，而基差绝对值扩大时，可以用买对冲获取利润。人们可以根据现货价格和期货价格的记录计算出以往基差的变化，以作为对冲时的参考。

对不同交割期的期货合约的选择也会影响对冲者的结果，如表4-5所示。

表4-5　面粉厂主的盈亏(e)

现货市场	9月份期货合约	基　差
买100 000蒲式耳，单价2.00美元	卖100 000蒲式耳，单价2.10美元	-10
卖100 000蒲式耳，单价2.05美元	买100 000蒲式耳，单价2.20美元	-15
盈利：每蒲式耳0.05美元	亏损：每蒲式耳0.10美元	
现货市场	**12月份期货合约**	**基　差**
买100 000蒲式耳，单价2.00美元	卖100 000蒲式耳，单价2.20美元	-20
卖100 000蒲式耳，单价2.05美元	买100 000蒲式耳，单价2.25美元	-20
盈利：每蒲式耳0.05美元	亏损：每蒲式耳0.05美元	

可见，9月份做对冲不及12月份做对冲好，因此选择在12月份做对冲是正确的，这时盈亏正好相抵。所以做对冲时一定要把握好时机，选择合适的期货合约，认真研究基差的变化规律，只有这样才能达到降低风险的目的。

4.1.3　利率期货的套期保值

利率期货是指协议双方同意在约定的未来某日，按约定条件买卖一定数量的某种短期信用工具的可转让标准化合约，主要包括长期国债、中期国债、国库券、政府住宅抵押证券等。我们知道，债券的价值由市场利率决定，根据标的资产的期限长短，利率期货有短期利率期货和长期利率期货。在短期利率期货中，最具代表性的是3个月的美国短期国库券期货；在长期利率期货中，最具代表性的是美国长期国债期货和10年期美国中期国债期货。

下面通过一个例子来说明利率期货的套期保值。

美国的一家投资基金公司拥有总面值为1000万美元的美国长期国债，在9月的现货市场上，该债券每10万美元面值的市场价格为9.80万美元。该公司担心今后数月内利率可能大幅调高，受此影响债券的价格可能会下跌。于是，公司决定在期货市场上做卖出套期保值交易。假定公司以每张8.4万美元的价格卖出100张12月的长期国债期货合约。

正如所料，11 月由于利率上升，债券的现货价值下跌至 910 万美元。但是，由于公司已在期货市场做了卖出套期保值交易，因而得以按 770 万美元的价格水平对冲掉手中的空盘，并用期货获利部分弥补了因现货市场价格下跌对本公司造成的损失。损益的结果如表 4-6 所示。

表 4-6　利率期货的交易结果(卖出套期保值的损益情况)

时　间	现货市场	期货市场
9 月	持有 1000 万美元的长期国债，市场价格为 980 万美元	按总值 840 万美元卖出 100 张 12 月的长期国债期货合约
11 月	长期国债的市场价格跌至 910 万美元	按总值 770 万美元买进 100 张 12 月的长期国债期货合约
	亏损：70 万美元	获利：70 万美元

4.1.4　外汇期货的套期保值

外汇期货是指协议双方同意在未来某一时期，按照到期日外汇现货市场价格买卖一定标准数量的某种外汇的可转让标准化合约，主要有美元、英镑、日元、加拿大元等。

下面通过一个例子来说明外汇期货的套期保值。

5 月 7 日，一家位于美国的 A 公司向位于英国的 B 公司借款 10 000 万英镑，期限为 3 个月，借款与还款都用美元支付。B 公司考虑到 3 个月后英镑和美元汇率变化可能给本公司造成较大的损失，于是决定用买入套期保值的方法进行套期保值。

在外汇现货市场，B 公司先将 10 000 万英镑兑换成美元借给 A 公司，3 个月后的 8 月 7 日 A 公司用美元还款给 B 公司，B 公司再将美元换成英镑。在外汇期货市场，B 公司买入英镑期货合约，3 个月后卖出平仓。期货合约交易的具体过程如表 4-7 所示。

表 4-7　B 公司买入套期保值的损益

时　间	现货市场	期货市场
5 月 7 日	1 英镑=1.880 美元 卖出 10 000 万英镑得到 18 800 万美元	1 英镑=1.885 美元 买入英镑期货合约 10 000 万英镑，付出 18 850 万美元
8 月 7 日	1 英镑=1.900 美元 买入 10 000 万英镑付出 19 000 万美元	1 英镑=1.906 美元 卖出英镑期货合约 10 000 万英镑，得到 19 060 万美元
	亏损：200 万美元	获利：210 万美元
结果	净利润：210-200=10 万美元	

4.1.5 股票指数期货的套期保值

股票指数期货是指协议双方同意在将来某一时期，按约定的价格买卖股票指数的可转让标准化合约。最具有代表性的是美国的标准普尔 500 股票指数，我国的沪深 300 股票指数。标准化的股票指数期货主要包括交易地点、每份合约的金额、交割月份、最后交易日、报价、每日限价和价格形式 7 项内容。例如，标准普尔 500 股指期货的内容有：交易地点为芝加哥商品交易所；每份合约的金额为指数乘以 500；交割月份为 3、6、7、9、12 月；最后交易日为最终结算价确定日前的一个工作日；报价用标准普尔 500 指数每点价值 500 美元；最小变动价位为 0.05 个指数点，合 25 美元，最大价格波动不得高于或低于上一交易日结算 5 个指数点，合 2500 美元；按最终结算价进行现金交割，最终结算价为合约交割月份第三个星期五的标准普尔股指构成的股票市场的开盘价决定。

股票市场上存在系统风险和非系统风险，非系统风险可以通过建立投资组合加以分散，对于系统风险，则可以运用股票指数期货的套期保值功能来规避。

下面通过一个例子来说明股票指数期货的套期保值。

某投资基金主要在美国股市投资，9 月 2 日其收益率已经达到 17%。鉴于后市不明朗，股市下跌的可能性较大，为了将这个成绩(17%的收益率)保持到 12 月底，公司决定利用 S&P500 股票指数期货合约进行套期保值。

基金组合价值为 3.5 亿美元，与 S&P500 股票指数的贝塔值为 0.95。已知 9 月 2 日的 S&P500 股票指数为 1370 点，而 12 月到期的期货合约为 1400 点。

因此，需要卖出合约数为 $350\,000\,000 \times 0.95 \div (1400 \times 500) = 475$(份)。

到了 12 月 2 日，S&P500 股票指数跌到 1233 点，而指数期货跌到 1260 点，均为 10%，但组合价值跌了 9.5%，即损失 $3.5 \times 0.095 = 0.3325$ (亿元)。

基金经理买进 475 份合约进行平仓，获利 $(1400-1260) \times 500 \times 475 = 0.3325$ (亿元)。

这个策略保证了基金组合在市场下跌时基金的价值没有损失。

4.2 期货合约套期保值的计算方法

套期保值可分为空头套期保值、多头套期保值、直接套期保值和交叉套期保值等。

空头套期保值就是持有空头头寸的套期保值。例如，某公司现有 3 个月后到期的价值 100 万元的大豆期货，目前的大豆价格为 2500 元/吨。公司担心在 3 个月后大豆价格会下跌到 2400 元/吨，那么，该公司就可以在期货市场上安排协议价格为 2500 元/吨的总价值 100 万元的 3 个月期期货空头头寸，即该公司在 3 个月后期货合约到期日按 2500 元/吨的价格出售这批价值 100 万元的大豆。显然，如果到期日大豆的价格低于 2500 元/吨，公司就会获利，而如果到期日大豆的价格高于 2500 元/吨，公司就会亏损。

多头套期保值就是持有多头头寸的套期保值。例如，在上例中，公司担心在 3 个月后大豆价格会上涨到 2600 元/吨，那么，该公司就可以在期货市场上安排协议价格为 2500 元/吨的总价值 100 万元的 3 个月期期货多头头寸，即该公司在 3 个月后期货合约到期日按 2500 元/吨的价格购买这批价值 100 万元的大豆。显然，如果到期日大豆的价格高于 2500 元/吨，公司就会获利，而如果到期日大豆的价格低于 2500 元/吨，公司就会亏损。

直接套期保值就是用相同资产的期货对该资产的现货进行套期保值。

交叉套期保值就是用不同资产的期货对某资产的现货进行套期保值。

在表 4-1 中，讨论的是完全对冲，而在实际操作中，这种完全对冲是很难的，现实中的对冲策略并不一定完美。

(1) 想要对冲的资产与交易所期货合约中的资产并不一定完全相同，也就是说，无法在交易所找到与手中资产完全相同的合约时，往往会利用价格波动相近的资产合约进行对冲，然而这样做就会降低套期保值的有效性。

(2) 资产的到期日与合约的到期日难以精确匹配。资产的持有者可能不确定对冲策略的具体时限，从而难以选择合适的期货合约。对冲只能大体抵消现货市场中价格波动的风险，但不能使风险完全消失，主要原因是存在基差。

由前面可知：基差=现货价格−期货价格，基差可以是正数，也可以是负数。

在存在基差风险的情况下，一个公司或个人如何最大限度地对冲现货市场的价格风险呢？这与对冲的目标有关。

下面介绍风险最小化对冲策略。

假定 S_1 为 t_1 时刻的现货价格；S_2 为 t_2 时刻的现货价格；F_1 为 t_1 时刻的期货价格；F_2 为 t_2 时刻的期货价格；h 为套期保值比率(一个单位的现货资产需要的期货合约的数量)。

$$令\ \Delta S = S_2 - S_1；\ \Delta F = F_2 - F_1$$

对于一个空头对冲者来说，在 t_1 时刻持有现货多头(买进)和期货空头(卖出)，在 t_2 时刻出售现货资产，同时进行期货平仓。在此期间，对冲者头寸的价值变化为 $\Delta S - h\Delta F$；相反，对于一个多头对冲者来说，在此期间，对冲者头寸的价值变化为 $h\Delta F - \Delta S$。令 σ_S 是 ΔS 的标准差，σ_F 是 ΔF 的标准差，ρ 是 ΔS 和 ΔF 的相关系数，则：

$$\rho = \frac{\mathrm{cov}(\Delta S, \Delta F)}{\sigma_S \sigma_F}$$

式中：$\mathrm{cov}(\Delta S, \Delta F)$——$\Delta S$ 和 ΔF 的协方差。

若用 σ^2 表示对冲头寸价值变化的方差，则：

$$\begin{aligned}\sigma^2 &= E[(\Delta S - h\Delta F) - E(\Delta S - h\Delta F)]^2 \\ &= E[(\Delta S - E(\Delta S) - h(\Delta F - E(\Delta F))]^2 \\ &= E[\Delta S - E(\Delta S)]^2 + h^2 E[\Delta F - E(\Delta F)]^2 - 2hE[(\Delta S - E(\Delta S))(\Delta F - E(\Delta F))] \\ &= \sigma_S^2 + h^2\sigma_F^2 - 2h\rho\sigma_S\sigma_F\end{aligned}$$

上式中 ρ, σ_S, σ_F 是常数，因此 σ^2 是 h 的函数。

现在考虑当 h 为何值时，价格变化的方差最小？

对上式求 σ^2 关于 h 的导数，可得：

$$\frac{\mathrm{d}\sigma^2}{\mathrm{d}h} = 2h\sigma_F^2 - 2\rho\sigma_S\sigma_F$$

令 $\frac{\mathrm{d}\sigma^2}{\mathrm{d}h}$=0，可得：

$$h = \frac{\rho\sigma_S}{\sigma_F}$$

由上可见，最优对冲比率等于 ΔS 和 ΔF 之间的相关系数乘以 ΔS 的标准差与 ΔF 的标准差的比率。若 $\rho = 1$，$\sigma_F = \sigma_S$，则最佳的套期保值比率为 1。当 $\rho = 1$，$h = \sigma_S / \sigma_F$ 时，则有方差 σ^2=0。也就是说，这时完全消除了价格风险，做到了完全对冲。若 $\rho = 1$，$\sigma_F = 2\sigma_S$，则此时期货价格的变化幅度是现货价格变化幅度的 2 倍，最佳套期保值比率 h=0.5。这样的结果正是我们所预期的。在实践中，如果能通过历史数据估计出 ρ、σ_P 和 σ_S，则可求出基于历史数据的最佳套期保值比率 h。如果 $\rho > 0$，则 h>0，它表明投资者在期货市场持有的头寸与现货市场相反，否则相同。一般情况下，由于 S、F 变化方向基本一致，所以 h>0。

有了最佳套期保值比率，就可以计算出套期保值所采用的最优合约数量。设 Q_S 表示需要保值的资产大小，Q_F 表示合约的规模，N 表示用于套期保值的最优合约数量，则应采用的期货合约的面值为 hQ_S，所需要的期货合约数量为

$$N = \frac{hQ_S}{Q_F}$$

例如，假设某公司知道它将在 3 个月后购买 200 万加仑的航空燃料油。利用历史数据可知，在 3 个月后每加仑航空燃料油的价格变化的标准差为 0.032，公司选择购买燃料油期货合约的方法来进行套期保值。在 3 个月内燃料油期货变化的标准差为 0.040，且 3 个月内航空燃料油价格的变化与 3 个月内燃料期货价格变化之间的相关系数为 0.8。因此，最佳套

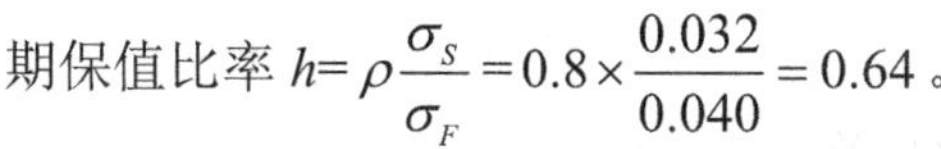

期保值比率 $h=\rho\dfrac{\sigma_S}{\sigma_F}=0.8\times\dfrac{0.032}{0.040}=0.64$。

一张燃料油期货合约是 42 000 加仑，则：

$$N=\frac{hQ_S}{Q_F}=0.64\times\frac{2\,000\,000}{42\,000}=30.4\,(\text{张})$$

省略小数后得知，公司应购买 30 张期货合约。

4.3　期货套期保值的基差和基差风险

基差是指需要套期保值资产的现货价格与用于套期保值的期货价格之差，即：

$$B_{t,T}=P_t-F_{t,T}$$

式中：$B_{t,T}$——期限为 T 的套期保值在时刻 $t(t<T)$的基差；

P_t——现货在时刻 t 的即期价格；

$F_{t,T}$——期限为 T 的期货在时刻 $t(t<T)$的价格。

基差是套期保值的一个非常重要的概念，它可以用来计算套期保值的利润和套期保值资产的有效价格。

由于在任意时刻 $t(t<T)$，套期保值的基差的变化具有不确定性，这种不确定性称为基差风险。它给出了现货风险经套期保值后残留的风险，用基差的方差来表示为

$$\operatorname{var}(B_{t,T})=(1-\rho^2)\operatorname{var}(P_t)$$

式中：$\operatorname{var}(B_{t,T})$——套期保值的基差风险(基差的方差)；

$\operatorname{var}(P_t)$——现货价格风险(现货价格变动的方差)；

ρ——现货价格与期货价格变动间的相关系数。

可见，由于基差的变化要小于现货价格的变化，即基差风险要小于现货价格风险，因此，进行套期保值可以降低投资的风险水平。当 $\rho=1$ 时，基差风险为零。

4.4　期货套期保值的利润和有效价格

根据套期保值种类的不同，套期保值的利润的计算公式如下。

空头套期保值利润：

$$R_t=B_{t,T}-B_{0,T}$$

多头套期保值利润：

$$R_t=B_{0,T}-B_{t,T}$$

式中：R_t ——套期保值在时刻 t 的利润；

$B_{0,T}$ ——期限为 T 的套期保值在期初 $t(t=0)$的基差。

套期保值的有效价格为资产出售或买入的价格加上期货做空头或做多头所获取的利润，所以套期保值的有效价格的计算公式如下。

空头套期保值的有效价格：

$$A_t = F_{0,T} + B_{t,T}$$

多头套期保值的有效价格：

$$A_t = -F_{0,T} - B_{t,T}$$

式中：A_t ——套期保值在时刻 t 的有效价格；

$F_{0,T}$ ——期限为 T 的期货在期初 $t(t=0)$的价格。

4.5 直接套期保值比

4.5.1 套期保值比的概念

套期保值比是指用于进行套期保值的期货头寸与被套期保值的现货头寸之间的比例。简单地说，就是对一个单位的现货头寸进行套期保值所需的金融衍生产品的头寸数量。一般情况下，套期保值的目的就是为了使期货头寸和现货头寸合在一起的利润波动的方差(风险)最小，因此套期保值比的一般计算公式为

$$h = \frac{\Delta S}{\Delta F}$$

式中：h——套期保值的套期保值比；

ΔS ——单位资产的现货价格的波动；

ΔF ——单位资产的期货价格的波动。

4.5.2 直接套期保值比的计算

直接套期保值，是指用于套期保值的期货合约的标的资产与需要套期保值的现货资产完全一致的套期保值。

对于可储存的商品期货，包括大多数的金融期货的价格一般等于现货价格加上全部持有成本，这里的持有成本可以是现货的利息成本、仓储成本等。把全部持有成本转换成年率，并按连续复利计算，则同种资产的期货价格与现货价格之间有如下关系：

$$F_{t,T} = S_t e^{y(T-t)}$$

式中：$F_{t,T}$ ——期限为 T 的期货在时刻 $t(t<T)$的价格；

S_t ——资产在时刻 t 的现货价格；

y——全部持有成本转换所得的年率。

分别对上述方程的两边取对数，并对序列$\left\{\ln\dfrac{S_t}{F_t}\right\}$关于时间$(T-t)$进行线性回归，并假设回归方程为

$$\ln\left(\frac{S_t}{F_{t,T}}\right) = a + b(T-t)$$

式中：a、b——回归方程的系数。

直接套期保值比为

$$h = e^{b(T-t)}$$

4.5.3　直接套期保值比的应用实例

例 4-1　已知某资产在过去 20 天内的现货价格和 3 个月到期的期货价格如表 4-8 所示，现用同种资产的期货对该资产进行套期保值，试计算直接套期保值比。

表 4-8　某资产的现货价格和期货价格

单位：元

日期	1	2	3	4	5	6	7	8	9	10
现货价格	40	39.82	40.17	40.59	40.77	40.99	40.8	40.3	40.03	40.01
期货价格	42	42.04	42.14	42.32	42.45	42.37	42.35	42.54	42.62	42.42
日期	11	12	13	14	15	16	17	18	19	20
现货价格	40.07	40.19	40.48	40.74	40.52	40.13	40.35	40.27	40.46	40.23
期货价格	42.27	42.34	42.22	42.39	42.42	42.33	42.27	42.23	42.34	42.46

解　计算过程如下。

(1) 对于直接套期保值比的计算，首先预置相关数据，如图 4-1 所示。

(2) 设定计算公式如图 4-2 所示。

(3) 根据图 4-2 的公式，得到如图 4-3 所示的计算结果。

(4) 打开【工具】栏中的【数据分析】对话框，选择【分析工具】列表框中的【回归】选项，如图 4-4 所示。

(5) 单击【确定】按钮，打开【回归】对话框，如图 4-5 所示。

	A	B	C	D
1	已知数据			
2				
3	历史数据个数			
4	即历史天数	20		
5				
6	期限	90		
10	期货期限（天）	现货价格	期货价格	
11	1	40	42	
12	2	39.82	42.04	
13	3	40.17	42.14	
14	4	40.59	42.32	
15	5	40.77	42.45	
16	6	40.99	42.37	
17	7	40.8	42.35	
18	8	40.3	42.54	
19	9	40.03	42.62	
20	10	40.01	42.42	
21	11	40.07	42.27	
22	12	40.19	42.34	
23	13	40.48	42.22	
24	14	40.74	42.39	
25	15	40.52	42.42	
26	16	40.13	42.33	
27	17	40.35	42.27	
28	18	40.27	42.23	
29	19	40.46	42.34	
30	20	40.23	42.46	

图 4-1　预置数据

	A	B	C	D	E	F
1	已知数据				计算结果	
2						
3	历史数据个数				回归系数（斜率）	
4	即历史天数	20			套期保值比h	
5						
6	期限	90				
10	期货期限（天）	现货价格	期货价格		剩余时间	对数计算
11	1	40	42		=($B$6-A11)/360	=LN(B11/C11)
12	=A11+1	39.82	42.04		=($B$6-A12)/360	=LN(B12/C12)
13	=A12+1	40.17	42.14		=($B$6-A13)/360	=LN(B13/C13)
14	=A13+1	40.59	42.32		=($B$6-A14)/360	=LN(B14/C14)
15	=A14+1	40.77	42.45		=($B$6-A15)/360	=LN(B15/C15)
16	=A15+1	40.99	42.37		=($B$6-A16)/360	=LN(B16/C16)
17	=A16+1	40.8	42.35		=($B$6-A17)/360	=LN(B17/C17)
18	=A17+1	40.3	42.54		=($B$6-A18)/360	=LN(B18/C18)
19	=A18+1	40.03	42.62		=($B$6-A19)/360	=LN(B19/C19)
20	=A19+1	40.01	42.42		=($B$6-A20)/360	=LN(B20/C20)
21	=A20+1	40.07	42.27		=($B$6-A21)/360	=LN(B21/C21)
22	=A21+1	40.19	42.34		=($B$6-A22)/360	=LN(B22/C22)
23	=A22+1	40.48	42.22		=($B$6-A23)/360	=LN(B23/C23)
24	=A23+1	40.74	42.39		=($B$6-A24)/360	=LN(B24/C24)
25	=A24+1	40.52	42.42		=($B$6-A25)/360	=LN(B25/C25)
26	=A25+1	40.13	42.33		=($B$6-A26)/360	=LN(B26/C26)
27	=A26+1	40.35	42.27		=($B$6-A27)/360	=LN(B27/C27)
28	=A27+1	40.27	42.23		=($B$6-A28)/360	=LN(B28/C28)
29	=A28+1	40.46	42.34		=($B$6-A29)/360	=LN(B29/C29)
30	=A29+1	40.23	42.46		=($B$6-A30)/360	=LN(B30/C30)

图 4-2　公式设置

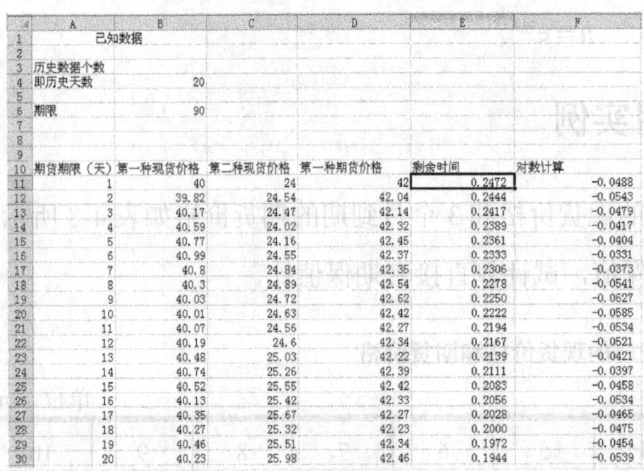

	A	B	C	D	E	F
1	已知数据					
2						
3	历史数据个数					
4	即历史天数	20				
5						
6	期限	90				
7						
8						
9						
10	期货期限（天）	第一种现货价格	第二种现货价格	第一种期货价格	剩余时间	对数计算
11	1	40	24	42	0.2472	-0.0488
12	2	39.82	24.54	42.04	0.2444	-0.0543
13	3	40.17	24.47	42.14	0.2417	-0.0479
14	4	40.59	24.02	42.32	0.2389	-0.0417
15	5	40.77	24.16	42.45	0.2361	-0.0404
16	6	40.99	24.55	42.37	0.2333	-0.0331
17	7	40.8	24.84	42.35	0.2306	-0.0373
18	8	40.3	24.89	42.54	0.2278	-0.0541
19	9	40.03	24.72	42.62	0.2250	-0.0627
20	10	40.01	24.63	42.42	0.2222	-0.0585
21	11	40.07	24.56	42.27	0.2194	-0.0534
22	12	40.19	24.6	42.34	0.2167	-0.0521
23	13	40.48	25.03	42.22	0.2139	-0.0421
24	14	40.74	25.26	42.39	0.2111	-0.0397
25	15	40.52	25.55	42.42	0.2083	-0.0458
26	16	40.13	25.42	42.33	0.2056	-0.0534
27	17	40.35	25.67	42.27	0.2028	-0.0465
28	18	40.27	25.32	42.23	0.2000	-0.0475
29	19	40.46	25.51	42.34	0.1972	-0.0454
30	20	40.23	25.98	42.46	0.1944	-0.0539

图 4-3　计算结果

图 4-4　【数据分析】对话框

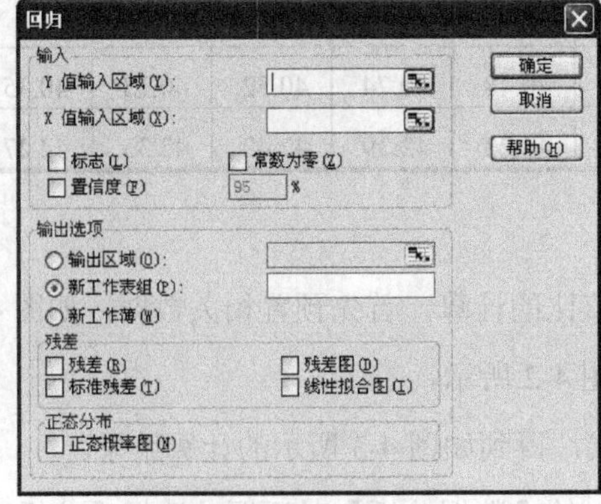

图 4-5　【回归】对话框

(6) 在【回归】对话框设置 Y 值输入区域和 X 值输入区域，如图 4-6 所示。

(7) 单击【确定】按钮，得到如图 4-7 所示的结果。

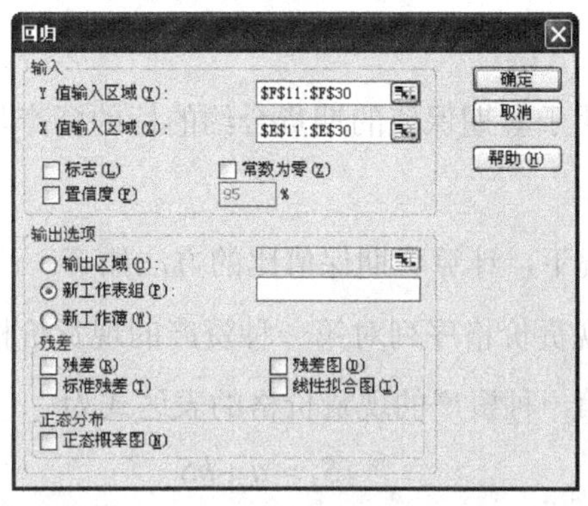

图 4-6　【回归】的数据设置

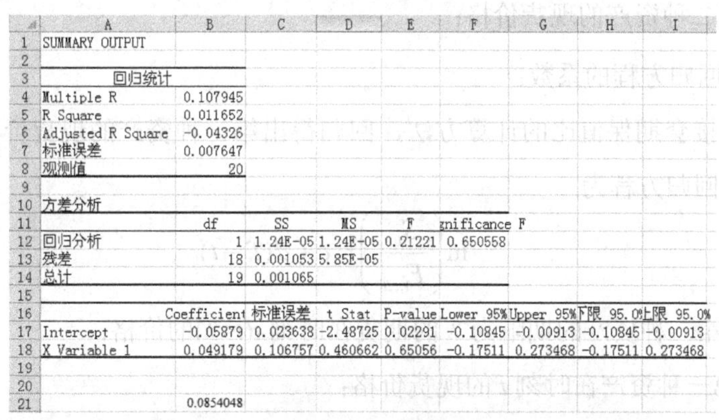

	A	B	C	D	E	F	G	H	I
1	SUMMARY OUTPUT								
2									
3	回归统计								
4	Multiple R	0.107945							
5	R Square	0.011652							
6	Adjusted R Square	-0.04326							
7	标准误差	0.007647							
8	观测值	20							
9									
10	方差分析								
11		df	SS	MS	F	gnificance F			
12	回归分析	1	1.24E-05	1.24E-05	0.21221	0.650558			
13	残差	18	0.001053	5.85E-05					
14	总计	19	0.001065						
15									
16		Coefficient	标准误差	t Stat	P-value	Lower 95%	Upper 95%	下限 95.0%	上限 95.0%
17	Intercept	-0.05879	0.023638	-2.48725	0.02291	-0.10845	-0.00913	-0.10845	-0.00913
18	X Variable 1	0.049179	0.106757	0.460662	0.65056	-0.17511	0.273468	-0.17511	0.273468
19									
20									
21		0.0854048							

图 4-7　回归结果

(8) 在 B21 单元格中输入“=EXP((90-20)/360*B18)”，得到如图 4-8 所示的结果。其中，1.009608 就是直接套期保值比的计算结果。

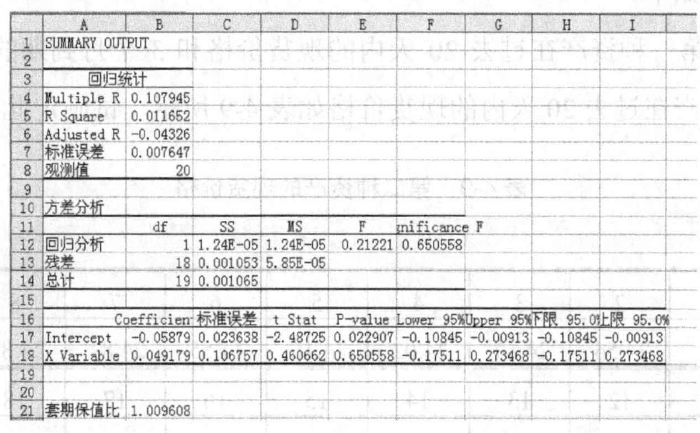

	A	B	C	D	E	F	G	H	I
1	SUMMARY OUTPUT								
2									
3	回归统计								
4	Multiple R	0.107945							
5	R Square	0.011652							
6	Adjusted R	-0.04326							
7	标准误差	0.007647							
8	观测值	20							
9									
10	方差分析								
11		df	SS	MS	F	gnificance F			
12	回归分析	1	1.24E-05	1.24E-05	0.21221	0.650558			
13	残差	18	0.001053	5.85E-05					
14	总计	19	0.001065						
15									
16		Coefficient	标准误差	t Stat	P-value	Lower 95%	Upper 95%	下限 95.0%	上限 95.0%
17	Intercept	-0.05879	0.023638	-2.48725	0.022907	-0.10845	-0.00913	-0.10845	-0.00913
18	X Variable	0.049179	0.106757	0.460662	0.650558	-0.17511	0.273468	-0.17511	0.273468
19									
20									
21	套期保值比	1.009608							

图 4-8　套期保值比的计算结果

4.6 交叉套期保值比

交叉套期保值，是指用于套期保值的期货合约的标的资产与需要套期保值的现货资产不一致的套期保值。

在交叉套期保值的情况下，计算套期保值比的方法如下。

(1) 将第二种资产的现货价格序列对第一种资产的现货价格进行线性回归，得到第二种资产的现货价格序列与第一种资产的现货价格的表达式为

$$S_2 = a + bS_1$$

式中：S_1——第一种资产的现货价格；

S_2——第二种资产的现货价格；

a、b——回归方程的系数。

(2) 采用直接套期保值比的计算方法，回归得出第一种资产的现货价格与期货价格比的对数和时间的回归方程为

$$\ln\left(\frac{S_{1,t}}{F_{1,t,T}}\right) = c + d(T - t)$$

式中：$F_{1,t,T}$——第一种资产的期限为 T 的期货在时刻 $t(t<T)$的价格；

$S_{1,t}$——第一种资产在时刻 t 的现货价格；

c、d——回归方程的系数。

(3) 按下面的公式计算交叉套期保值比：

$$h = be^{d(T-t)}$$

模型应用实例如下。

例 4-2 已知第一种资产在过去 20 天内的现货价格和 3 个月到期的期货价格如表 4-8 所示，而第二种资产在过去 20 天内的现货价格如表 4-9 所示，试确定此交叉套期保值比。

表 4-9 第二种资产的现货价格

单位：元

日期	1	2	3	4	5	6	7	8	9	10
现货价格	24	24.54	24.47	24.02	24.16	24.55	24.84	24.89	24.72	24.63
日期	11	12	13	14	15	16	17	18	19	20
现货价格	24.56	24.6	25.03	25.26	25.55	25.42	25.67	25.32	25.51	25.98

解　计算过程如下。

(1) 对于交叉套期保值比的计算，首先预置相关数据，如图 4-9 所示。

	A	B	C	D	E	F
1	已知数据					
2						
3	历史数据个数					
4	即历史天数	20				
5						
6	期限	90				
7						
8						
9						
10	期货期限（天）	第一种现货价格	第二种现货价格	第一种期货价格	剩余时间	对数计算
11	1	40	24	42		
12	2	39.82	24.54	42.04		
13	3	40.17	24.47	42.14		
14	4	40.59	24.02	42.32		
15	5	40.77	24.16	42.45		
16	6	40.99	24.55	42.37		
17	7	40.8	24.84	42.35		
18	8	40.3	24.89	42.54		
19	9	40.03	24.72	42.62		
20	10	40.01	24.63	42.42		
21	11	40.07	24.56	42.27		
22	12	40.19	24.6	42.34		
23	13	40.48	25.03	42.22		
24	14	40.74	25.26	42.39		
25	15	40.52	25.55	42.42		
26	16	40.13	25.42	42.33		
27	17	40.35	25.67	42.27		
28	18	40.27	25.32	42.23		
29	19	40.46	25.51	42.34		
30	20	40.23	25.98	42.46		

图 4-9　预置数据

(2) 根据公式 $S_2 = a + bS_1$ 和图 4-9 中的第一种现货价格和第二种现货价格的数据，可以得到 b 的值为 0.084592，如图 4-10 所示。

	A	B	C	D	E	F	G	H	I
1	SUMMARY OUTPUT								
2									
3	回归统计								
4	Multiple	0.047312							
5	R Square	0.002238							
6	Adjusted	-0.05319							
7	标准误差	0.577994							
8	观测值	20							
9									
10	方差分析								
11		df	SS	MS	F	gnificance F			
12	回归分析	1	0.013491	0.013491	0.040382	0.842988			
13	残差	18	6.013389	0.334077					
14	总计	19	6.02688						
15									
16		Coefficien	标准误差	t Stat	P-value	Lower 95%	Upper 95%	下限 95.0%	上限 95.0%
17	Intercept	21.47304	16.98433	1.264285	0.222254	-14.2097	57.15581	-14.2097	57.15581
18	X Variabl	0.084592	0.420955	0.200953	0.842988	-0.7998	0.968985	-0.7998	0.968985
19									

图 4-10　回归结果

注：图 4-10 中的 b 值也可用函数=SLOPE(C11:C30,B11:B30)直接得到。

(3) 根据图 4-9 的第 A 列、第 B 列及第 D 列，设置公式如图 4-11 所示，可得到如图 4-12 所示的计算结果。

(4) 根据方程 $\ln\left(\frac{S_{1,t}}{F_{1,t,T}}\right) = c + d(T - t)$ 和第 E 列、第 F 列的数据做回归分析，得到如

图 4-13 所示的结果。

	A	B	C	D	E	F
1	已知数据					
2						
3	历史数据个数					
4	即历史天数	20				
5						
6	期限	90				
7						
8						
9						
10	期货期限（天）	第一种现货价格	第二种现货价格	第一种期货价格	剩余时间	对数计算
11	1	40	24	42	=($B$6-A11)/360	=LN(B11/D11)
12	2	39.82	24.54	42.04	=($B$6-A12)/360	=LN(B12/D12)
13	3	40.17	24.47	42.14	=($B$6-A13)/360	=LN(B13/D13)
14	4	40.59	24.02	42.32	=($B$6-A14)/360	=LN(B14/D14)
15	5	40.77	24.16	42.45	=($B$6-A15)/360	=LN(B15/D15)
16	6	40.99	24.55	42.37	=($B$6-A16)/360	=LN(B16/D16)
17	7	40.8	24.84	42.35	=($B$6-A17)/360	=LN(B17/D17)
18	8	40.3	24.89	42.54	=($B$6-A18)/360	=LN(B18/D18)
19	9	40.03	24.72	42.62	=($B$6-A19)/360	=LN(B19/D19)
20	10	40.01	24.63	42.42	=($B$6-A20)/360	=LN(B20/D20)
21	11	40.07	24.56	42.27	=($B$6-A21)/360	=LN(B21/D21)
22	12	40.19	24.6	42.34	=($B$6-A22)/360	=LN(B22/D22)
23	13	40.48	25.03	42.22	=($B$6-A23)/360	=LN(B23/D23)
24	14	40.74	25.26	42.39	=($B$6-A24)/360	=LN(B24/D24)
25	15	40.52	25.55	42.42	=($B$6-A25)/360	=LN(B25/D25)
26	16	40.13	25.42	42.33	=($B$6-A26)/360	=LN(B26/D26)
27	17	40.35	25.67	42.27	=($B$6-A27)/360	=LN(B27/D27)
28	18	40.27	25.32	42.23	=($B$6-A28)/360	=LN(B28/D28)
29	19	40.46	25.51	42.34	=($B$6-A29)/360	=LN(B29/D29)
30	20	40.23	25.98	42.46	=($B$6-A30)/360	=LN(B30/D30)
31						

图 4-11　公式设置

	A	B	C	D	E	F
1	已知数据					
2						
3	历史数据个数					
4	即历史天数	20				
5						
6	期限	90				
7						
8						
9						
10	期货期限（天）	第一种现货价格	第二种现货价格	第一种期货价格	剩余时间	对数计算
11	1	40	24	42	0.2472	-0.0488
12	2	39.82	24.54	42.04	0.2444	-0.0543
13	3	40.17	24.47	42.14	0.2417	-0.0479
14	4	40.59	24.02	42.32	0.2389	-0.0417
15	5	40.77	24.16	42.45	0.2361	-0.0404
16	6	40.99	24.55	42.37	0.2333	-0.0331
17	7	40.8	24.84	42.35	0.2306	-0.0373
18	8	40.3	24.89	42.54	0.2278	-0.0541
19	9	40.03	24.72	42.62	0.2250	-0.0627
20	10	40.01	24.63	42.42	0.2222	-0.0585
21	11	40.07	24.56	42.27	0.2194	-0.0534
22	12	40.19	24.6	42.34	0.2167	-0.0521
23	13	40.48	25.03	42.22	0.2139	-0.0421
24	14	40.74	25.26	42.39	0.2111	-0.0397
25	15	40.52	25.55	42.42	0.2083	-0.0458
26	16	40.13	25.42	42.33	0.2056	-0.0534
27	17	40.35	25.67	42.27	0.2028	-0.0465
28	18	40.27	25.32	42.23	0.2000	-0.0475
29	19	40.46	25.51	42.34	0.1972	-0.0454
30	20	40.23	25.98	42.46	0.1944	-0.0539

图 4-12　计算结果

	A	B	C	D	E	F	G	H	I
1	SUMMARY OUTPUT								
2									
3	回归统计								
4	Multiple	0.107945							
5	R Square	0.011652							
6	Adjusted	-0.04326							
7	标准误差	0.007647							
8	观测值	20							
9									
10	方差分析								
11		df	SS	MS	F	gnificance F			
12	回归分析	1	1.24E-05	1.24E-05	0.21221	0.650558			
13	残差	18	0.001053	5.85E-05					
14	总计	19	0.001065						
15									
16		Coefficien	标准误差	t Stat	P-value	Lower 95%	Upper 95%	下限 95.0%	上限 95.0%
17	Intercept	-0.05879	0.023638	-2.48725	0.022907	-0.10845	-0.00913	-0.10845	-0.00913
18	X Variabl	0.049179	0.106757	0.460662	0.650558	-0.17511	0.273468	-0.17511	0.273468
19									

图 4-13　回归结果

从图 4-13 中可得回归结果 d 的值为 0.049179。

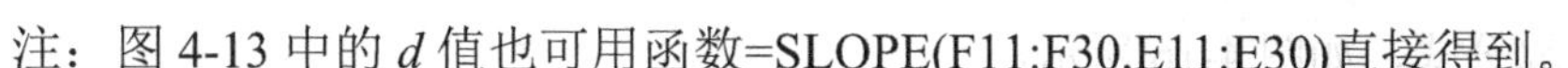

注：图 4-13 中的 d 值也可用函数=SLOPE(F11:F30,E11:E30)直接得到。

(5) 根据公式 $h = be^{d(T-t)}$ 可得交叉套期保值比的计算公式为：“=0.084592*EXP((90−20)/360*B18)”，得到如图 4-14 所示的结果，即 0.0854048。

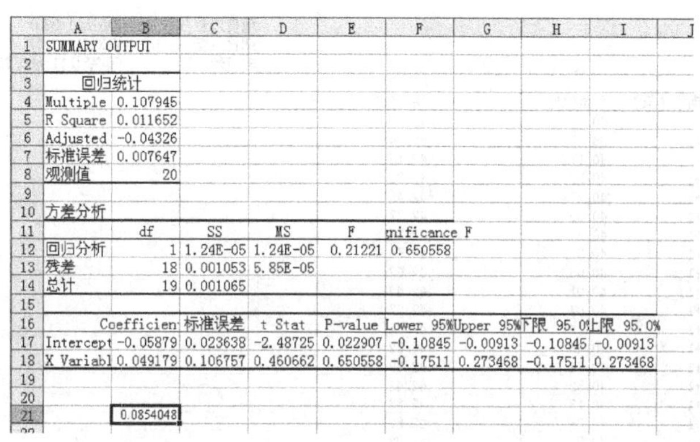

	A	B	C	D	E	F	G	H	I
1	SUMMARY OUTPUT								
2									
3	回归统计								
4	Multiple	0.107945							
5	R Square	0.011652							
6	Adjusted	-0.04326							
7	标准误差	0.007647							
8	观测值	20							
9									
10	方差分析								
11		df	SS	MS	F	nificance F			
12	回归分析	1	1.24E-05	1.24E-05	0.21221	0.650558			
13	残差	18	0.001053	5.85E-05					
14	总计	19	0.001065						
15									
16		Coefficien	标准误差	t Stat	P-value	Lower 95%	Upper 95%	下限 95.0%	上限 95.0%
17	Intercept	-0.05879	0.023638	-2.48725	0.022907	-0.10845	-0.00913	-0.10845	-0.00913
18	X Variabl	0.049179	0.106757	0.460662	0.650558	-0.17511	0.273468	-0.17511	0.273468
19									
20									
21		0.0854048							

图 4-14　套期保值比的计算结果

4.7　现货与期货方差、协方差的计算

在确定最优套期保值策略时，需要知道现货和期货的方差及它们之间的协方差。现货和期货的方差及它们之间的协方差可以通过现货价格和期货价格的历史数据进行统计分析得到。

例 4-3　承例 4-1，试计算现货与期货的方差及它们之间的协方差。

解　计算步骤如下。

(1) 输入已知数据，如图 4-15 所示。

	A	B	C	D
1		已知数据		
2				
3				现货方差
4				期货方差
5				协方差
6				
10	期货期限	现货价格	期货价格	
11	1	40	42.0000	
12	2	39.82	42.0400	
13	3	40.17	42.1400	
14	4	40.59	42.3200	
15	5	40.77	42.4500	
16	6	40.99	42.3700	
17	7	40.8	42.3500	
18	8	40.3	42.5400	
19	9	40.03	42.6200	
20	10	40.01	42.4200	
21	11	40.07	42.2700	
22	12	40.19	42.3400	
23	13	40.48	42.2200	
24	14	40.74	42.3900	
25	15	40.52	42.4200	
26	16	40.13	42.3300	
27	17	40.35	42.2700	
28	18	40.7	42.2300	
29	19	40.46	42.3400	
30	20	40.23	42.4600	
31				

图 4-15　输入已知数据

(2) 输入计算公式，如图 4-16 所示。

(3) 计算结果如图 4-17 所示。

	A	B	C	D	E
1		已知数据			
2					
3				现货方差	=VAR(B11:B30)
4				期货方差	=VAR(C11:C30)
5				协方差	=COVAR(B11:B30,C11:C30)
6					
10	期货期限（天）	现货价格	期货价格		
11	1	40	42		
12	=A11+1	39.82	42.04		
13	=A12+1	40.17	42.14		
14	=A13+1	40.59	42.32		
15	=A14+1	40.77	42.45		
16	=A15+1	40.99	42.37		
17	=A16+1	40.8	42.35		
18	=A17+1	40.3	42.54		
19	=A18+1	40.03	42.62		
20	=A19+1	40.01	42.42		
21	=A20+1	40.07	42.27		
22	=A21+1	40.19	42.34		
23	=A22+1	40.48	42.22		
24	=A23+1	40.74	42.39		
25	=A24+1	40.52	42.42		
26	=A25+1	40.13	42.33		
27	=A26+1	40.35	42.27		
28	=A27+1	40.7	42.23		
29	=A28+1	40.46	42.34		
30	=A29+1	40.23	42.46		
31					

图 4-16　输入计算公式

	A	B	C	D	E
1		已知数据			
2					
3				现货方差	0.1050
4				期货方差	0.0231
5				协方差	0.0122
6					
10	期货期限（天）	现货价格	期货价格		
11	1	40	42.0000		
12	2	39.82	42.0400		
13	3	40.17	42.1400		
14	4	40.59	42.3200		
15	5	40.77	42.4500		
16	6	40.99	42.3700		
17	7	40.8	42.3500		
18	8	40.3	42.5400		
19	9	40.03	42.6200		
20	10	40.01	42.4200		
21	11	40.07	42.2700		
22	12	40.19	42.3400		
23	13	40.48	42.2200		
24	14	40.74	42.3900		
25	15	40.52	42.4200		
26	16	40.13	42.3300		
27	17	40.35	42.2700		
28	18	40.7	42.2300		
29	19	40.46	42.3400		
30	20	40.23	42.4600		
31					

图 4-17　计算结果

4.8　不考虑费用的最优套期保值策略

4.8.1　不考虑费用的最优套期保值的利润和方差计算

最优套期保值策略就是要确定最优套头比。以下仅介绍直接套期保值，也就是采用同

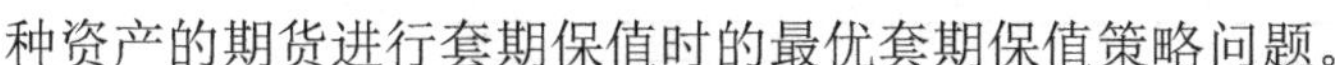

种资产的期货进行套期保值时的最优套期保值策略问题。

最优套期保值策略问题可以调用 Excel 中的规划求解工具 Solver 来求解。

1. 不考虑费用的空头套期保值的利润和方差

在空头套期保值的情况下，其利润的期望值和方差的计算公式分别为

$$R = (P_t - P_0) - h(F_{t,T} - F_{0,T})$$

$$\sigma^2 = \sigma_P^2 + h^2\sigma_F^2 - 2h\operatorname{cov}(P,F)$$

式中：R——空头套期保值情况下的投资的利润期望值；

σ^2——空头套期保值情况下的投资的方差；

h——空头套期保值情况下的套头比；

σ_P^2——现货价格变动的方差；

σ_F^2——期货价格变动的方差；

$\operatorname{cov}(P,F)$——现货价格变动与期货价格变动之比的协方差。

最优空头套期保值策略就是确定最优套头比，使套期保值的风险(方差)最小或利润最大。

2. 不考虑费用的多头套期保值的利润和方差

在多头套期保值的情况下，其方差的计算公式与空头情况下相同，而利润的期望值计算公式为

$$R = (P_0 - P_t) + h(F_{t,T} - F_{0,T})$$

4.8.2　最低风险情况下的最优套期保值策略

例 4-4　承例 4-1，试计算多头套期保值的最优套期保值比。

解　输入现货的方差为 0.105030263，期货的方差为 0.023141053，它们的协方差为 0.01218，现要计算现货的期初价格为 40 元、即期价格为 40.23 元，期货的期初价格为 42 元、即期价格为 42.46 元的多头套期保值的最优比，即最低风险(方差)下的套期保值比。

(1)　输入已知数据，如图 4-18 所示。

(2)　输入计算公式，如图 4-19 所示。

(3)　规划求解参数设置，如图 4-20 所示。选项的设置如图 4-21 所示。

(4)　计算结果如图 4-22 所示。

	A	B	D	E
1	已知数据			
2	现货方差	0.1050		最优比
3	现货期初价格	40		投资利润
4	现货即期价格	40.23		投资方差
5	期货方差	0.0231		
6	期货期初价格	42		
7	期货即期价格	42.46		
8	现货与期货的协方差	0.0122		
9				

图 4-18 输入已知数据

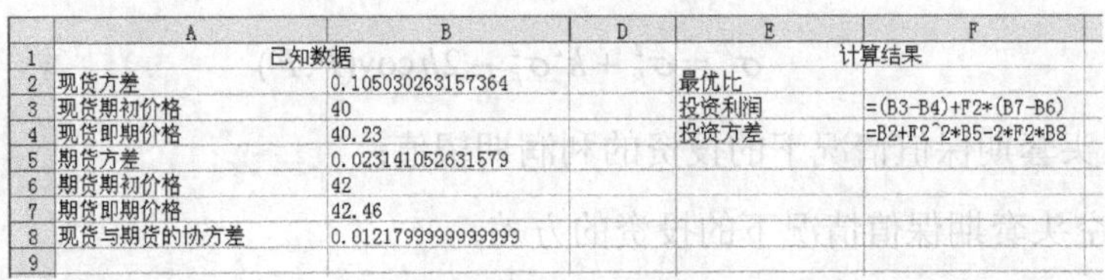

	A	B	D	E	F
1	已知数据			计算结果	
2	现货方差	0.105030263157364		最优比	
3	现货期初价格	40		投资利润	=(B3-B4)+F2*(B7-B6)
4	现货即期价格	40.23		投资方差	=B2+F2^2*B5-2*F2*B8
5	期货方差	0.023141052631579			
6	期货期初价格	42			
7	期货即期价格	42.46			
8	现货与期货的协方差	0.0121799999999999			
9					

图 4-19 输入计算公式

图 4-20 规划求解参数设置

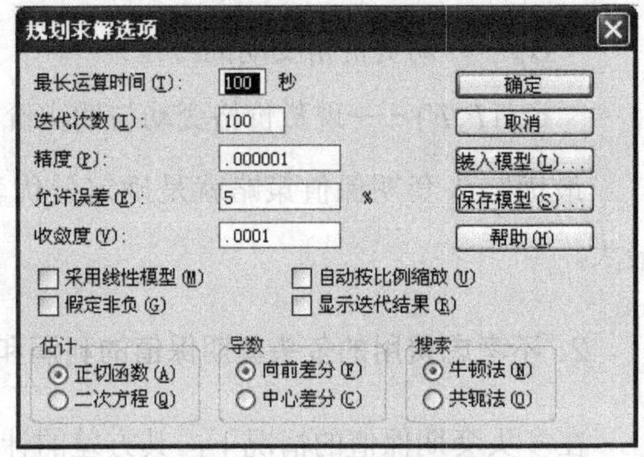

图 4-21 选项的设置

	A	B	D	E	F	G
1	已知数据			计算结果		
2	现货方差	0.1050		最优比	0.5263	
3	现货期初价格	40		投资利润	0.0121	
4	现货即期价格	40.23		投资方差	0.0986	
5	期货方差	0.0231				
6	期货期初价格	42				
7	期货即期价格	42.46				
8	现货与期货的协方差	0.0122				
9						

图 4-22 计算结果

4.8.3 给定最低收益情况下的最优套期保值策略

在很多情况下，投资者感兴趣的往往是在某种明确目标下的最优套期保值比。例如，给定了最低目标收益，这就是给定最低收益情况下的最优套期保值策略问题。

在这种情况下，仍可采用规划求解工具来求解最优套期保值策略问题，其输入数据和公式设置与“最低风险情况下的最优套期保值策略”基本相同，只是在规划求解的约束条件中增加了一个投资利润大于给定期望利润的约束条件。

这里要求输入的已知数据有：现货的期初价格、即期价格、方差；期货的期初价格、即期价格、方差；现货和期货之间的协方差；给定的最低利润。

例 4-5　承例 4-1，若给定的最低利润为 2 元，试计算多头套期保值的最优套期保值比。

解　计算步骤如下。

(1) 输入已知数据，如图 4-23 所示。

	A	B	D	E	F	G
1	已知数据			计算结果		
2	现货方差	0.1050		最优比		
3	现货期初价格	40		投资利润	-0.2300	
4	现货即期价格	40.23		投资方差	0.1050	
5	期货方差	0.0231				
6	期货期初价格	42				
7	期货即期价格	42.46				
8	现货与期货的协方差	0.0122				
9	最低利润	2				
10						

图 4-23　输入已知数据

(2) 输入计算公式，如图 4-24 所示。

	A	B	D	E	F
1	已知数据				计算结果
2	现货方差	0.105030263157364		最优比	
3	现货期初价格	40		投资利润	=(B3-B4)+F2*(B7-B6)
4	现货即期价格	40.23		投资方差	=B2+F2^2*B5-2*F2*B8
5	期货方差	0.023141052631579			
6	期货期初价格	42			
7	期货即期价格	42.46			
8	现货与期货的协方差	0.0121799999999999			
9	最低利润	2			
10					

图 4-24　输入计算公式

(3) 规划求解参数设置，如图 4-25 所示。

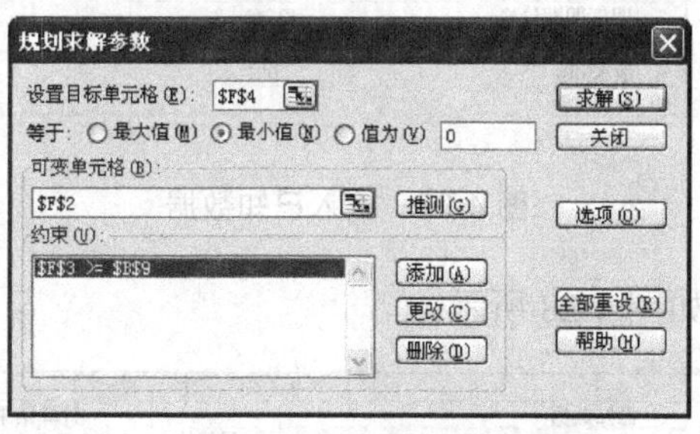

图 4-25　规划求解参数设置

(4) 选项的设置与例 4-4 相同，计算结果如图 4-26 所示。

	A	B	D	E	F	G
1	已知数据				计算结果	
2	现货方差	0.1050		最优比	4.8478	
3	现货期初价格	40		投资利润	2.0000	
4	现货即期价格	40.23		投资方差	0.5308	
5	期货方差	0.0231				
6	期货期初价格	42				
7	期货即期价格	42.46				
8	现货与期货的协方差	0.0122				
9	最低利润	2				
10						

图 4-26 计算结果

4.8.4 给定最高风险情况下的最优套期保值策略

在某些情况下，给定了允许的最高投资风险(方差)，这就是给定最高风险情况下的最优套期保值策略问题。

在这种情况下，仍可采用规划求解工具来求解最优套期保值策略问题，其输入数据和公式设置与“给定最低收益情况下的最优套期保值策略”基本相同，只是在规划求解的约束条件中增加了一个投资风险大于给定最高投资风险的约束条件。

例 4-6 承例 4-1，若给定的最高风险(方差)为 0.1，试计算多头套期保值的最优套期保值比。

解 计算步骤如下。

(1) 输入已知数据，如图 4-27 所示。

	A	B	D	E
1	已知数据			i
2	现货方差	0.1050		最优比
3	现货期初价格	40		投资利润
4	现货即期价格	40.23		投资方差
5	期货方差	0.0231		
6	期货期初价格	42		
7	期货即期价格	42.46		
8	现货与期货的协方差	0.0122		
9	最高风险	0.1		
10				

图 4-27 输入已知数据

(2) 输入计算公式，如图 4-28 所示。

	A	B	D	E	F
1	已知数据				计算结果
2	现货方差	0.105030263157364		最优比	
3	现货期初价格	40		投资利润	=(B3-B4)+F2*(B7-B6)
4	现货即期价格	40.23		投资方差	=B2+F2^2*B5-2*F2*B8
5	期货方差	0.023141052631579			
6	期货期初价格	42			
7	期货即期价格	42.46			
8	现货与期货的协方差	0.0121799999999999			
9	最高风险	0.1			
10					

图 4-28 输入计算公式

(3) 规划求解参数设置，如图 4-29 所示。

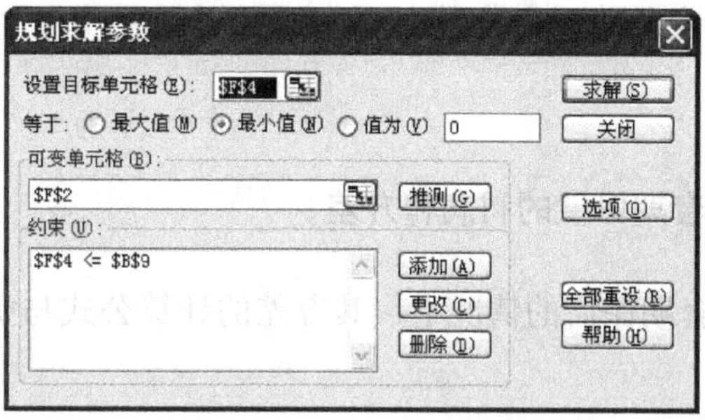

规划求解参数
设置目标单元格(E): $F$4
等于: ○最大值(M) ⊙最小值(N) ○值为(V) 0
可变单元格(B): $F$2
约束(U): $F$4 <= $B$9
求解(S)　关闭　推测(G)　选项(O)　添加(A)　更改(C)　删除(D)　全部重设(R)　帮助(H)

图 4-29　规划求解参数设置

(4) 选项的设置与例 4-4 相同，计算结果如图 4-30 所示。

	A	B	D	E	F
1	已知数据			计算结果	
2	现货方差	0.1050		最优比	0.5263
3	现货期初价格	40		投资利润	0.0121
4	现货即期价格	40.23		投资方差	0.0986
5	期货方差	0.0231			
6	期货期初价格	42			
7	期货即期价格	42.46			
8	现货与期货的协方差	0.0122			
9	最高风险	0.1			
10					

图 4-30　计算结果

4.9　考虑费用的最优套期保值策略

4.9.1　考虑费用的最优套期保值的利润和方差计算

尽管交易成本和各种费用只占很少的比例，但它们对最优套期保值套头比是有影响的。一般情况下，可以将期货市场上的交易成本和现货市场上的交易成本分为固定不变的基本费用和随交易量成正比的可变动费用两部分，并以此来计算最优套期保值套头比。

1. 考虑费用的空头套期保值的利润和方差

在考虑费用的空头套期保值的情况下，其利润的期望值和方差的计算公式分别为

$$R=(P_t-P_0)-h(F_{t,T}-F_{0,T})-[C_{S0}+(P_t+P_0)C_{S1}]-[C_{F0}+h(F_{t,T}+F_{0,T})C_{F1}]$$

$$\sigma^2=(1-C_{S1})^2\sigma_P^2+h^2(1+C_{F1})^2\sigma_F^2-2h(1-C_{S1})(1+C_{F1})\operatorname{cov}(P,F)$$

式中：C_{S0}——现货市场交易的基本费用；

C_{S1}——现货市场交易的可变费用；

C_{F0}——期货市场交易的基本费用；

C_{F1}——期货市场交易的可变费用。

其他符号同前。

2. 考虑费用的多头套期保值的利润和方差

在考虑费用的多头套期保值的情况下，其方差的计算公式与空头情况下相同，而利润的期望值计算公式为

$$R=(P_0-P_t)+h(F_{t,T}-F_{0,T})-[C_{S0}+(P_t+P_0)C_{S1}]-[C_{F0}+h(F_{t,T}+F_{0,T})C_{F1}]$$

4.9.2 最低风险情况下的最优套期保值策略

对于考虑费用的最低风险情况下的最优套期保值策略，要求输入的已知数据有：现货的期初价格、即期价格、方差，现货交易的基本费用和可变费用；期货的期初价格、即期价格、方差，期货交易的基本费用和可变费用；现货与期货之间的协方差。

例 4-7 已知现货的方差为 0.068、期初价格为 120 元、即期价格为 126.34 元，现货交易的基本费用为 0.00015 元、可变费用为 0.00002 元/元；期货的方差为 0.032、期初价格为 130 元、即期价格为 133.68 元，期货交易的基本费用为 0.00008 元、可变费用为 0.00003 元/元；现货价格与期货价格变化的协方差为 0.026。试计算空头套期保值的最优套期保值比。

解 计算步骤如下。

(1) 输入上述已知数据，如图 4-31 所示。

	A	B	C	D	E
1	已知数据				
2	现货方差	0.068			最优比
3	现货期初价格	120			投资利润
4	现货即期价格	126.34			投资方差
5	现货交易基本费用	0.00015			
6	现货交易可变费用	0.00002			
7	期货方差	0.032			
8	期货期初价格	130			
9	期货即期价格	133.68			
10	期货交易基本费用	0.00008			
11	期货交易可变费用	0.00003			
12	现货与期货的协方差	0.026			
13					

图 4-31　输入已知数据

(2) 输入计算公式，如图 4-32 所示。

(3) 规划求解参数设置，如图 4-33 所示。

(4) 计算结果如图 4-34 所示。

	A	B	C	D	E	F
1	已知数据				计算结果	
2	现货方差	0.068			最优比	
3	现货期初价格	120			投资利润	=(B4-B3)-F2*(B9-B8)-(B5+(B3+B4)*B6)-(B10+F2*(B8+B9)*B11)
4	现货即期价格	126.34			投资方差	=(1-B6)^2*B2+F2^2*(1+B11)^2*B7-2*F2*(1-B6)*(1+B11)*B12
5	现货交易基本费用	0.00015				
6	现货交易可变费用	0.00002				
7	期货方差	0.032				
8	期货期初价格	130				
9	期货即期价格	133.68				
10	期货交易基本费用	0.00008				
11	期货交易可变费用	0.00003				
12	现货与期货的协方差	0.026				
13						

图 4-32　输入计算公式

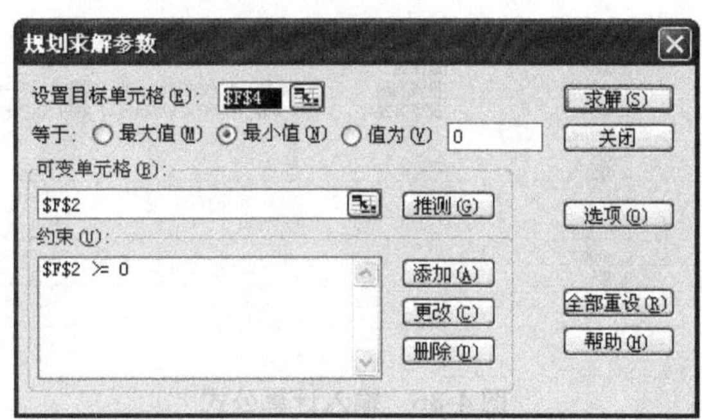

图 4-33　规划求解参数设置

	A	B	C	D	E	F
1	已知数据				计算结果	
2	现货方差	0.068			最优比	0.8125
3	现货期初价格	120			投资利润	3.3386
4	现货即期价格	126.34			投资方差	0.0469
5	现货交易基本费用	0.00015				
6	现货交易可变费用	0.00002				
7	期货方差	0.032				
8	期货期初价格	130				
9	期货即期价格	133.68				
10	期货交易基本费用	0.00008				
11	期货交易可变费用	0.00003				
12	现货与期货的协方差	0.026				
13						

图 4-34　计算结果

4.9.3　考虑费用的给定最低收益情况下的最优套期保值策略

例 4-8　承例 4-7，若投资者要求的最低利润为 5 元，试计算空头套期保值的最优套期保值比。

解　计算步骤如下。

(1) 输入已知数据，如图 4-35 所示。由于要求的投资利润提高，从而增大了投资风险。

(2) 输入计算公式，如图 4-36 所示。

(3) 规划求解参数设置，如图 4-37 所示。

(4) 计算结果如图 4-38 所示。

	A	B	C	D	E	F
1	已知数据				计算结果	
2	现货方差	0.068			最优比	
3	现货期初价格	120			投资利润	
4	现货即期价格	126.34			投资方差	
5	现货交易基本费用	0.00015				
6	现货交易可变费用	0.00002				
7	期货方差	0.032				
8	期货期初价格	130				
9	期货即期价格	133.68				
10	期货交易基本费用	0.00008				
11	期货交易可变费用	0.00003				
12	现货与期货的协方差	0.026				
13	最低利润	5				
14						

图 4-35　输入已知数据

	A	B	C	E	F
1	已知数据				计算结果
2	现货方差	0.068		最优比	
3	现货期初价格	120		投资利润	=(B4-B3)-F2*(B9-B8)-(B5+(B3+B4)*B6)-(B10+F2*(B8+B9)*B11)
4	现货即期价格	126.34		投资方差	=(1-B6)^2*B2+F2^2*(1+B11)^2*B7-2*F2*(1-B6)*(1+B11)*B12
5	现货交易基本费用	0.00015			
6	现货交易可变费用	0.00002			
7	期货方差	0.032			
8	期货期初价格	130			
9	期货即期价格	133.68			
10	期货交易基本费用	0.00008			
11	期货交易可变费用	0.00003			
12	现货与期货的协方差	0.026			
13	最低利润	5			
14					

图 4-36　输入计算公式

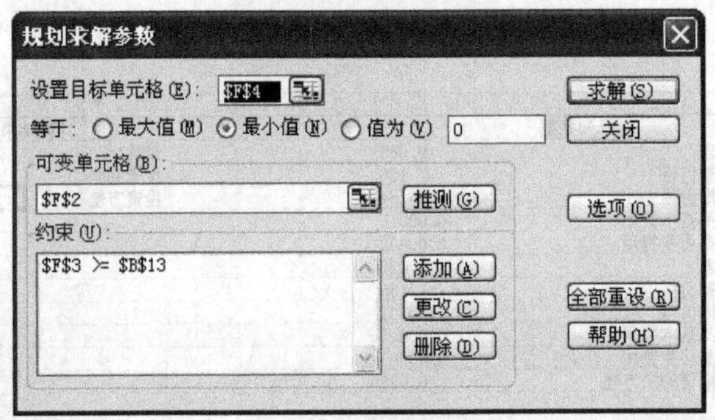

图 4-37　规划求解参数设置

	A	B	C	D	E	F
1	已知数据					计算结果
2	现货方差	0.068			最优比	0.3620
3	现货期初价格	120			投资利润	5.0000
4	现货即期价格	126.34			投资方差	0.0534
5	现货交易基本费用	0.00015				
6	现货交易可变费用	0.00002				
7	期货方差	0.032				
8	期货期初价格	130				
9	期货即期价格	133.68				
10	期货交易基本费用	0.00008				
11	期货交易可变费用	0.00003				
12	现货与期货的协方差	0.026				
13	最低利润	5				
14						

图 4-38　计算结果

4.9.4　考虑费用的给定最高风险情况下的最优套期保值策略

该策略与“考虑费用的给定最低收益情况下的最优套期保值策略”基本相同，但增加

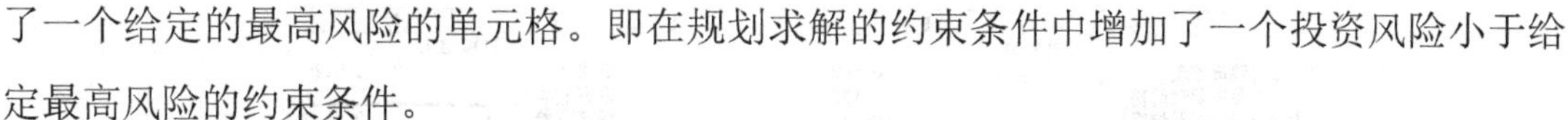

了一个给定的最高风险的单元格。即在规划求解的约束条件中增加了一个投资风险小于给定最高风险的约束条件。

例 4-9　承例 4-7，若投资者要求的最高投资风险(方差)为 0.05 元，试计算空头套期保值的最优套期保值比。

解　计算步骤如下。

(1) 输入已知数据，如图 4-39 所示。

	A	B	C	D	E
1	已知数据				
2	现货方差	0.068			最优比
3	现货期初价格	120			投资利润
4	现货即期价格	126.34			投资方差
5	现货交易基本费用	0.00015			
6	现货交易可变费用	0.00002			
7	期货方差	0.032			
8	期货期初价格	130			
9	期货即期价格	133.68			
10	期货交易基本费用	0.00008			
11	期货交易可变费用	0.00003			
12	现货与期货的协方差	0.026			
13	最高风险	0.05			
14					

图 4-39　输入已知数据

(2) 输入计算公式，如图 4-40 所示。

	A	B	C	E	F
1	已知数据				计算结果
2	现货方差	0.068		最优比	
3	现货期初价格	120		投资利润	=(B4-B3)-F2*(B9-B8)-(B5+(B3+B4)*B6)-(B10+F2*(B8+B9)*B11)
4	现货即期价格	126.34		投资方差	=(1-B6)^2*B2+F2^2*(1+B11)^2*B7-2*F2*(1-B6)*(1+B11)*B12
5	现货交易基本费用	0.00015			
6	现货交易可变费用	0.00002			
7	期货方差	0.032			
8	期货期初价格	130			
9	期货即期价格	133.68			
10	期货交易基本费用	0.00008			
11	期货交易可变费用	0.00003			
12	现货与期货的协方差	0.026			
13	最高风险	0.05			
14					

图 4-40　输入计算公式

(3) 规划求解参数设置，如图 4-41 所示。

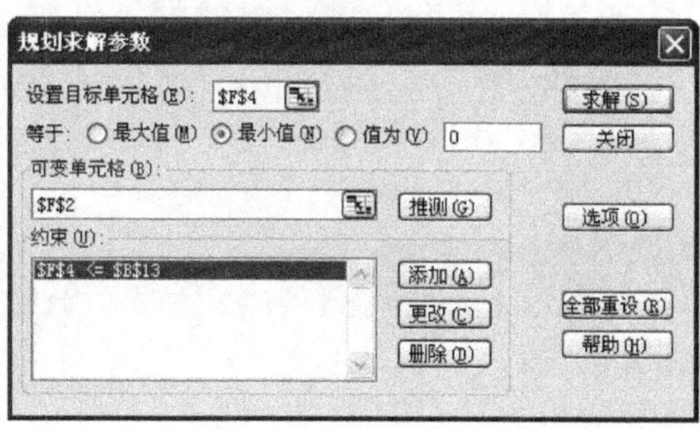

图 4-41　规划求解参数设置

(4) 计算结果如图 4-42 所示。

	A	B	C	D	E	F
1	已知数据				计算结果	
2	现货方差	0.068			最优比	0.8125
3	现货期初价格	120			投资利润	3.3386
4	现货即期价格	126.34			投资方差	0.0469
5	现货交易基本费用	0.00015				
6	现货交易可变费用	0.00002				
7	期货方差	0.032				
8	期货期初价格	130				
9	期货即期价格	133.68				
10	期货交易基本费用	0.00008				
11	期货交易可变费用	0.00003				
12	现货与期货的协方差	0.026				
13	最高风险	0.05				
14						

图 4-42　计算结果

4.10　期货合约的套利和投机策略

期货投资者除了使用前面最常用的套期保值策略外，还可以使用套利和投机策略。套利策略就是同时买进和卖出两张不同种类的期货合约，即交易者买进自认为价格被市场低估的合约，同时卖出价格被市场高估的合约。如果价格的变动方向与当初的预测一致，那么交易者就可以从两张合约价格间的关系变动中获利；反之，交易者就会有损失。套利策略的收益稳定，风险相对小。该策略有利于将扭曲的市场价格拉回到正常水平，增强了市场的流动性。投机就是交易者根据市场动向的判断，利用市场价格的波动进行买卖，并从中获得利润的交易行为。投资的目的就是获得价差利润，但是有风险，主要有长线投资者和短线投机者。投机交易增强了市场的流动性，承担了套期保值交易转移的风险。

思　考　题

已知某资产在过去 20 天内的现货价格和 3 个月到期的期货价格如表 4-8 所示，现用同种资产的期货对该资产进行套期保值。以表 4-8 中的数据为例，试计算空头套期保值的最优套期保值的套头比。

第5章　互换合约及其定价

【本章精粹】

互换是比较优势理论在金融领域最生动的应用。互换可以用于管理资产负债组合中的利率风险和汇率风险，使投资者在全球各市场之间进行套利，一方面可以降低筹资者的融资成本或提高投资者的资产收益，另一方面可以促进全球金融市场的一体化。另外，作为表外业务，互换可以逃避外汇管制、利率管制及税收限制。

5.1 互换合约的起源与发展

5.1.1 互换合约的起源

互换业务起源于 20 世纪 70 年代发展起来的平行贷款或背靠背贷款。当时许多国家实行外汇管制，限制资本的自由流动，使得直接对外融通资金变得很困难，一些企业为了逃避外汇管制便采取了平行贷款或背靠背贷款的政策。

假设有这样两家跨国公司，一家本部在英国，另一家在美国。这两家公司分别在对方所在国拥有一家子公司，并且两家子公司都需要融资。最直接的解决办法是由两家母公司分别向各自的子公司提供贷款。但是，在 20 世纪 70 年代初，英国实行了外汇管制，并采取了对对外投资进行征税的办法，以惩罚资金外流，这就使得母公司向各自的子公司提供贷款很困难，代价很高甚至完全不可能。为了逃避外汇监管，平行贷款或背靠背贷款的融资方式就发展起来了，如图 5-1 所示。

平行贷款是分别由两个不同的母公司给对方设在本国境内的子公司提供相同金额的贷款。贷款一般由银行作为中介进行，两家子公司的贷款分别由其母公司提供担保。这种贷款包含两个独立的贷款协议，它们分别具有法律效力，其权利、义务不相联系，由双方直接向对方子公司提供贷款，当一方出现违约时，另一方仍不能解除履行义务。于是，为了降低违约风险，背靠背贷款应运而生。

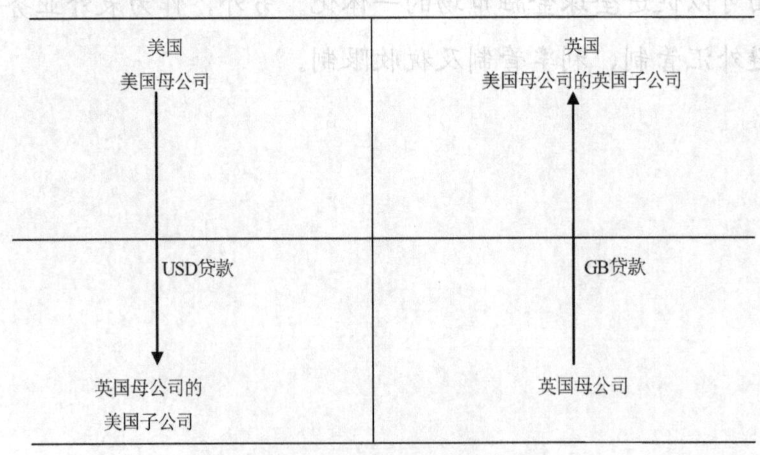

图 5-1　平行贷款或背靠背贷款的结构

背靠背贷款是指由两个国家的母公司相互直接提供贷款，贷款的币种不同但币值相等，并且贷款的到期日相同，双方按期支付利息，到期偿还本金的贷款形式。背靠背贷款尽管也有两笔贷款，但只签订一个贷款协议，协议中明确规定若一方违约，另一方有权抵消应尽的义务。这就极大地降低了违约风险，向伙伴互换迈进了一步。

由图 5-1 可知，背靠背贷款和平行贷款具有相似的结构和现金流。二者的区别在于背靠背贷款给予协议双方在对方违约时的冲抵权，相当于为双方的贷款提供交叉担保；而平行贷款则无此类权利，也不存在任何交叉担保。

这种融资结构的主要优点在于能够避开外汇管制的限制，因为不需要跨国界转移资金；缺点是这种融资结构类似于“物物交换”，难以找到正好匹配的交易对手。要使这种贷款安排成功，必须要有两家公司在对方国家均有子公司，并且两家子公司均需要数额相近的资金，而且都愿意接受有关的信用风险。事实上，即使找到正好匹配的交易对手，双方也未必都能接受对方的信用风险。

幸运的是，随着各国政府和中央银行逐渐接受浮动汇率的新环境，外汇管制得以放松，并且各主要货币最终都完全取消了外汇管制。这意味着跨国公司能够更容易地向海外子公司提供贷款。但是，这并不能消除汇率风险。例如，一家向其英国子公司提供英镑贷款的美国母公司，将会收到一系列的利息支付及最终偿付的本金，而所有这些均将为英镑款项。

这个问题在 20 世纪 80 年代初期得到了解决，即货币互换。虽然前面所述的背靠背贷款已经非常接近现代货币互换，但二者仍有本质区别。前者是一种借贷行为，在法律上会产生新的资产和负债(双方互为对方的债权人和债务人)；后者则是不同货币间负债或资产的互换，是一种表外业务，并不产生新的资产和负债，因而也不改变一个公司原有的资产负债结构。这也是互换交易受到人们青睐并得以飞速发展的重要原因。

5.1.2　互换合约的发展

最著名的首次货币互换协议发生在 1981 年世界银行和国际商业机器公司(IBM)之间。当时，由于美元兑瑞士法郎、德国马克急剧升值，货币之间出现了一定的汇兑差额，为了进行负债管理，世界银行希望筹集瑞士法郎或德国马克这类绝对利率水平较低的货币，但它无法通过直接发行债券来筹集德国马克和瑞士法郎，而世界银行在欧洲债券市场上信誉卓著，能够从市场上筹措到最优惠的美元借款利率；与此同时，IBM 公司则希望筹集美元资金以便同其美元资产相匹配，避免汇率风险，但由于数额较大，集中于任何一个资本市场都不妥，于是才有多种货币筹资的方法，它们运用本身的优势筹集了德国马克和瑞士法郎。在这种情况下，所罗门兄弟公司利用外汇市场中的汇差以及世界银行与 IBM 公司的不同需求，通过协商达成互换协议。世界银行将其 2.9 亿美元的固定利率负债与 IBM 公司已有的德国马克和瑞士法郎的债务进行了互换。

第一笔利率互换交易也产生于 1981 年，是由美国花旗银行和大陆伊利诺斯公司安排的美国 7 年期债券固定利率与浮动利率的互换，1983 年年初，利率互换开始作为一种标准的“国际性”交易，在美国市场得到了进一步的发展。

1986 年，大通曼哈顿银行又率先组织了商品互换，但由于商品期货交易委员会(CFTC)对这些法律合约的有效性提出了疑问，此类商品互换的机制并未很快实现。直到 1989 年 7 月 CFTC 宣布只要商品互换合约符合一定的评判标准，就对此类合约给予保护。到 1989 年年底，商品互换未清偿余额的规模接近 80 亿元，与利率互换、货币互换相比，虽然规模还比较小，但已经显示出这一市场的巨大潜力。

从那以后，金融互换市场发展迅速，全球利率互换和货币互换名义本金金额从 1987 年年底的 8656 亿美元猛增到 2006 年中的 2 857 281.4 亿美元，20 年增长了约 330 倍。可以说，这是增长速度较快的金融产品市场之一。尤其是利率互换，已经成为所有互换交易乃至所有金融衍生品中交易量最大的一种，影响巨大。

5.1.3 互换合约产生的理论基础

金融互换产生的理论基础是比较优势理论。该理论是英国著名经济学家大卫·李嘉图提出的。他认为，在两国都能生产两种产品，并且一国在这两种产品的生产上均处于有利地位，而另一国均处于不利地位的条件下，如果前者专门生产优势较大的产品，后者专门生产劣势较小(即具有比较优势)的产品，那么通过专业化分工和国际贸易，双方均能从中获益。

李嘉图的比较优势理论不仅适用于国际贸易，而且适用于所有的经济活动。只要存在比较优势，双方就可以通过适当的分工和交换来共同获利。而比较优势理论在金融领域最生动的运用就是金融互换协议的产生。在金融领域中，不同企业由于存在经营规模大小、信用等级高低等问题，使其在金融市场上的融资成本不同，而且即使同一企业在不同的融资领域也会因信息差异出现融资成本的不同，这就形成了金融领域的比较优势，也就出现了互换的基础。根据比较优势理论，只要满足以下两个条件，就可以进行互换：一是双方对对方的资产或负债均有需求，二是双方在两种资产或负债上存在比较优势。

在上述世界银行和 IBM 公司的货币互换中，世界银行在美元融资上具有比较优势，但它想要的是德国马克或瑞士法郎；而 IBM 公司在德国马克和瑞士法郎融资上具有比较优势，但它却想要美元负债。正因为世界银行和 IBM 公司的情况满足互换的两个条件，所罗门兄

弟公司才能最终促成了它们之间的互换协议，从而也开创了一个快速发展的新兴衍生产品市场。

5.2　互换合约的概念和特点

金融互换是两个或两个以上当事人按照商定条件，在约定的时间内交换一系列现金流的合约。

和远期合约一样，互换合约也是一种按需定制的交易方式。互换合约的交易双方既可以选择交易额的大小，也可以选择期限的长短。只要双方愿意，从互换内容到互换形式上都可以完全按需要来设计，由此而形成的互换交易可以完全满足客户的特点需求。因此互换在本质上就是一种远期合约，只是远期合约可以被看成仅交换一次现金流的互换，而互换可以看成一系列远期合约的组合，因为在大多数情况下，互换合约的双方通常会约定在未来多次交换现金流。因而，对互换合约的研究很自然地成为对远期和期货合约的扩展。

与远期、期货合约相比，互换合约具有以下几个特点。

(1) 互换是一种建立在平等基础之上的合约。合约双方具有相应的权利和义务，是一种平等的关系，而且它们的行为首先受一国合同法律的调节。

(2) 互换所载明的内容是同类商品之间的交换，但同类商品必须有某些品质方面的差别。例如，在货币互换中互换币种之间的差别，利率互换中利率期限和大小之间的差别等，否则互换没有任何意义。

(3) 互换是以交易双方互利为目的的，是一种“非零和博弈”。通过互换，交易双方要么降低了融资成本，要么提高了资产收益。根据经济学的原理，交换可以产生剩余，对剩余的瓜分不仅可以增加交换双方的收益，而且提高了社会福利。

互换合约的要素包括以下几个方面。

(1) 交易双方，即相互交换货币或利率的双方交易者。

(2) 合约金额，互换合约所涉及的金额，可能是名义上的，一般金额较大。

(3) 互换币种，一般是可以自由兑换的货币。

(4) 互换利率，是指互换合约规定的利率品种。

(5) 合约交易日，是指互换双方就互换交易达成的日期。

(6) 合约生效日，是指互换双方开始计息的日期，通常是交易日后两个营业日。

(7) 支付日，即整个互换由若干个互换阶段组成，每个阶段末支付一次利息。

(8) 合约到期日，即最后一笔利息支付完成的日期。

(9) 互换价格。利率互换价格由固定利率、浮动利率和信用级别相关的市场条件所决定；货币互换价格由交易双方协商确定，通常能反映两国货币的利率水平，主要以政府债券利率作为参考依据。

(10) 权利和义务，即在合约有效期内承担相互交换的利息或货币的义务，同时也获得收到对方支付的利息或货币的权利。

(11) 价差，即中介买卖价的差额。

(12) 费用，如法律费、交换费、咨询费等。

5.3 互换合约的作用

互换合约的作用如下。

(1) 互换为表外业务，可以借以逃避外汇管制、利率管制及税收的限制。这是互换合约产生的根源之一。

(2) 降低融资成本或提高资产收益。互换交易是基于比较优势成立的，融资者通过互换交易，可以充分利用双方的比较优势，大幅度降低融资成本。同理，投资者也可以通过资产互换来提高资产收益。交易双方最终分配由比较优势而产生的全部利益是互换交易的主要动机。

(3) 规避利率风险和汇率风险。使用利率互换可以固定利率支付浮动利率，也可以浮动利率支付固定利率。因此，当预期利率上升时，可将浮动利率互换成固定利率，而预期利率下降时，可将固定利率互换成浮动利率，这样通过互换就能规避利率风险。同样的道理，通过货币互换也能规避汇率波动带来的风险。

(4) 灵活地进行资产负债管理。当要改变资产或债务类型的组合，以配合投资组合管理或对利率未来动向进行锁定时，可以利用互换交易进行调整，而无须卖出资产或偿还债务。

5.4 利率互换合约

金融互换主要分为利率互换和货币互换。

利率互换是指双方同意在未来的一定期限内根据同种货币同样的名义本金交换现金流。其中，一方的现金流根据浮动利率计算，另一方的现金流根据固定利率计算。互换的

期限通常在 2 年以上，有时甚至在 15 年以上。

双方进行利率互换的主要原因是双方分别在固定利率市场和浮动利率市场上具有比较优势。假定 A、B 公司都想借入 5 年期的 1000 万美元的贷款，A 公司想借入与 6 个月期相关的浮动利率贷款，B 公司想借入固定利率贷款，但两家公司的信用等级不同，因此市场向它们提供的利率也不同，如表 5-1 所示。

表 5-1　A、B 公司在不同市场上的借款利率

项目名称	信用等级	固定利率/%	浮动利率
A 公司	AAA	10.00	6 个月期 LIBOR+0.30%
B 公司	BBB	11.20	6 个月期 LIBOR+1.00%
借款成本差额		1.20	0.70%

从表 5-1 中可以看出，A 公司的借款利率均比 B 公司低，即 A 公司在两个市场上都具有绝对优势。但在固定利率市场上，A 公司对 B 公司的绝对优势为 1.20 个百分比，而在浮动利率市场上，A 公司对 B 公司的绝对优势为 0.70 个百分比。换言之，A 公司在固定利率市场上具有比较优势，而 B 公司在浮动利率市场上具有比较优势。因而，双方就可以利用各自的比较优势为对方借款，然后互换，从而达到共同降低筹资成本的目的。即 A 公司以 10.00%的固定利率借入 1000 万美元，而 B 公司以 LIBOR+1.00%的浮动利率借入 1000 万美元，由于本金相同，故双方不必交换本金，只需交换利息的现金流，即 A 公司向 B 公司支付浮动利息，B 公司向 A 公司支付固定利息。

通过发挥各自的比较优势并互换，双方总的筹资成本降低了 0.50 个百分点(即 11.20%+6 个月期 LIBOR+0.30%−10.00%−6 个月期 LIBOR−1.00%)，这就是互换利益。互换利益是双方合作的结果，理应由双方分享，具体的分享比例由双方谈判决定。假定双方各分享一半，则双方的筹资成本分别降低 0.25 个百分点，即双方最终的实际筹资成本分别为：A 公司——LIBOR+0.05%的浮动利率；B 公司——9.95%的固定利率。

这样，双方就可以根据借款成本与实际筹资成本的差异计算各自向对方支付的现金流，即 A 公司向 B 公司支付按 LIBOR 计算的利息，B 公司向 A 公司支付按 9.95%计算的利息。

在上述互换中，每隔 6 个月为利息支付日，因此互换协议的条款应规定每 6 个月一方向另一方支付固定利息与浮动利息的差额。假定某一支付日的 LIBOR 为 11%，则 A 公司应付给 B 公司 5.25(即 1000×0.50×(11.00%−9.95%))万美元。利率互换的流程如图 5-2 所示。

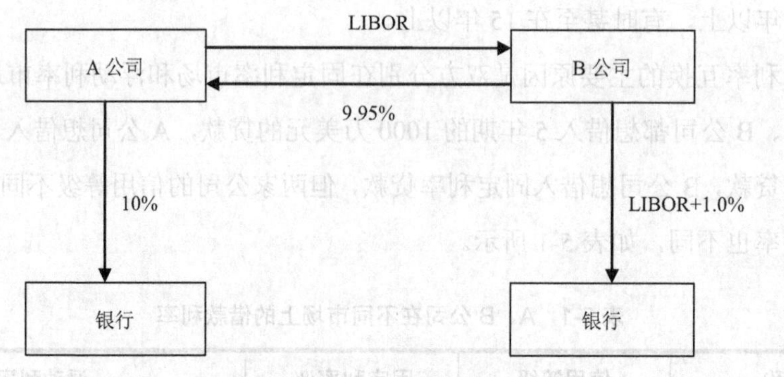

图 5-2 利率互换的流程

由于利率互换只交换利息差额，所以信用风险很小。

在实务中，由于互换合约固有的局限性，两个非金融机构的公司A和B并不是以图5-2所示的方式直接接触并安排互换，它们分别与互换银行或做市商等金融中介机构联系，根据中介结构的报价来寻找自己满意的利率互换合约。金融中介由于自身业务往来的关系，接近利率的供需双方有很多，容易找到潜在的互换者。此外，金融机构本身也可凭其信用来降低交易双方的信用风险。金融中介与互换双方分别签订利率互换协议，金融中介并不收取额外的资金，而是仅仅从中赚取服务费用或差价。图5-3说明了金融中介可能起到的作用。

从图5-3可以看到，金融中介分别与A公司和B公司签订了两个相互抵消的互换协议。假设A公司和B公司都不违约，在互换交易中A、B公司的收益各为0.2%，金融中介的收益是0.1%，加总后，三方的收益之和仍是0.5%，即图5-2所示的互换总收益。只不过此时A公司的实际借款成本为LIBOR+0.1%，B公司的实际借款成本为11%，但企业为了避免交易对象的风险，是愿意接受的。

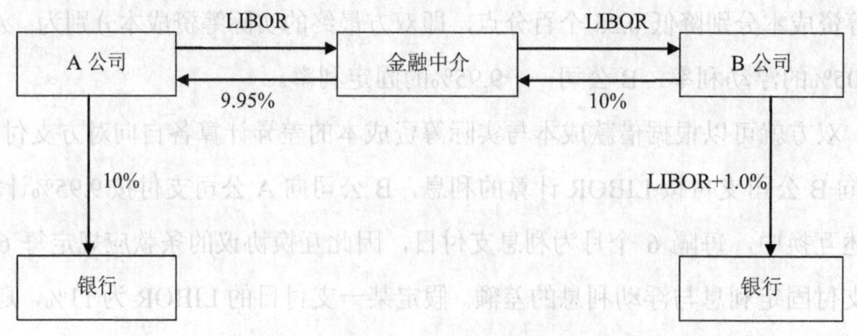

图 5-3 金融中介参与时的利率互换

注意在这种情况下，金融中介有两个分开的合约，一个是与A公司签订的合约，另一

个是与 B 公司签订的合约。在大多数情况下，A 公司甚至不知道金融中介与 B 公司签署了一个抵消性的互换合约，反之亦然。如果一个公司违约，金融中介还必须履行与另一方的协议。金融中介所挣的 0.1%就是对它承担这种违约风险的补偿。

在实际中，两个公司不可能同时与一家金融机构接触，也不可能在同一互换中头寸状态正好相反。基于这一原因，许多大的金融中介准备储存利率互换。这包括与一方进行互换，然后对冲利率风险，直至找到处于互换中相反头寸的另一方。

下面再来看一个利率互换的例子。

B 银行的贷款利率如表 5-2 所示。

表 5-2　B 银行的贷款利率

企业信用等级	固定利率/%	浮动利率/%	备　注
AAA	7	6(市场基准利率)	两种利率对银行的预期收益相同、对企业的预期融资成本相同
BBB	8	6+0.25	
CCC	9	6+0.5	

甲公司为 AAA 级企业，向 B 银行借款 5000 万元，固定贷款利率为 7%；

乙公司为 CCC 级企业，向 B 银行借款 5000 万元，浮动贷款利率为 6.5%；

中介机构是 M 投资银行，按贷款金额分别向双方收取 0.1%的费用。

互换过程如下。

在中介机构的协调下，双方约定：由乙公司承担甲公司的 1.75%，然后双方交换利息支付义务，即互相为对方支付利息。每次付息由中介担保、转交对方，同时中介机构一次性收取 0.1%的服务费。

互换结果(假定市场利率不变)如下。

(1)　甲公司支付浮动利率和中介服务费为

$$7\%-1.75\%+0.1\%=5.25\%+0.1\%=5.35\%$$

(当初如果借浮动利率贷款，付 6%)

(2)　乙公司支付固定利率和中介服务费为

$$6.5\%+1.75\%+0.1\%=8.25\%+0.1\%=8.35\%$$

(当初如果借固定利率贷款，付 9%)

通过利率互换，双方各取得了比当初贷款条件低 0.65%的贷款，有效地满足了各自的融资方式，并降低了融资成本。

5.5 货币互换合约

货币互换是将一种货币的本金和固定利息与另一种货币的等价本金和固定利息进行交换。

货币交换的主要原因是双方在各自国家的金融市场上具有比较优势。假定英镑兑美元的汇率为 1 英镑=1.5000 美元。A 公司想借入 5 年期的 1000 万英镑，B 公司想借入 5 年期的 1500 万美元。但由于 A 公司的信用等级高于 B 公司，两国金融市场对 A、B 两公司的熟悉状况不同，因此市场向它们提供的固定利率也不同，如表 5-3 所示。

表 5-3　市场向 A、B 公司提供的借款利率

单位：%

项目名称	美　元	英　镑
A 公司	8.0	11.6
B 公司	10.0	12.0
借款成本差额	2.0	0.4

从表 5-3 中可以看出，A 公司的借款利率均比 B 公司低，即 A 公司在两个市场上都具有绝对优势，但优势大小不同。A 公司在美元市场上的绝对优势为 2.0 个百分点，在英镑市场上具有比较优势，而 B 公司在英镑市场上具有比较优势。因此，双方就可利用各自的比较优势借款，然后通过互换得到自己想要的资金，并通过分享互换收益(1.6 个百分点)降低筹资成本。

于是，A 公司以 8.0%的利率借入 5 年期的 1500 万美元，B 公司以 12.0%的利率借入 5 年期的 1000 万英镑，然后双方先进行本金的交换，即 A 公司向 B 公司支付 1500 万美元，B 公司向 A 公司支付 1000 万英镑。

假定 A、B 公司商定双方平分互换利益，则 A、B 公司各自的筹资成本均降低 0.8 个百分点，即双方最终的实际筹资成本分析为：A——10.8%的英镑利率；B——9.2%的美元利率。

这样双方就可以根据借款成本与实际筹资成本的差异计算各自向对方支付的现金流，并进行利息互换。即 A 公司向 B 公司支付 10.8%的英镑借款的利息 108 万英镑，B 公司向 A 公司支付 8.0%的美元借款的利息 120 万美元。经过互换后，A 公司的最终实际筹资成本降为 10.8%的英镑借款利率，而 B 公司的最终实际筹资成本变为 8.0%的美元借款利率加 1.2%的英镑借款利率。若汇率水平不变，B 公司最终的实际筹资成本相当于 9.2%的美元借款利率。若担心未来汇率水平变动，则 B 公司可以通过购买美元远期或期货来规避汇率

风险。

在贷款期满后，双方要再次进行借款本金的互换，即 A 公司向 B 公司支付 1000 万英镑，B 公司向 A 公司支付 1500 万美元。到此，货币互换结束。若不考虑本金问题，上述货币互换的流程如图 5-4 所示。

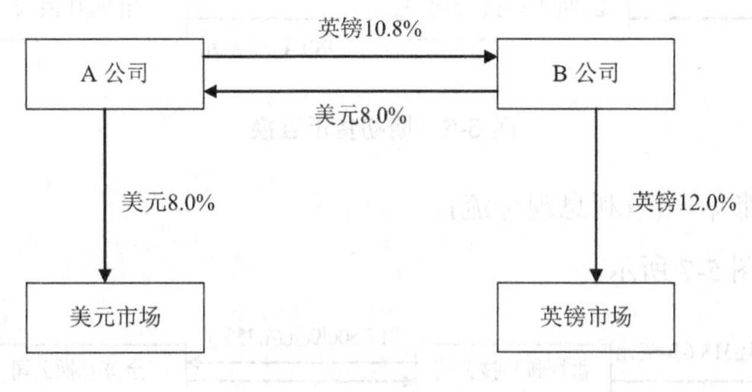

图 5-4　货币互换的流程

互换的结果既使得交易双方获得了自己所需的货币，又分别降低了贷款的实际成本，从而达到了互利的目的。

若考虑到金融中介的参与，在金融中介作为交易主体的货币互换中，A、B 公司的互换收益各为 0.6%，金融中介的收益是 0.4%，三者加总仍为 1.6%，如图 5-5 所示。

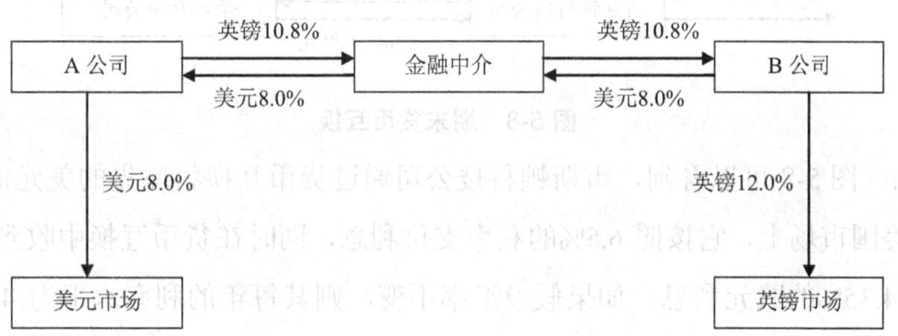

图 5-5　通过金融中介的货币互换

由于货币互换涉及本金互换，所以当汇率变动很大时，双方将面临一定的信用风险。但这种风险仍比单纯的贷款风险小得多。

下面再来看一个货币互换的例子。

雷斯顿科技公司是成立于弗吉尼亚州科技开发区的一家互联网公司，由于计划到欧洲拓展业务，该公司需要借入 1000 万欧元，当时汇率是 0.09804 美元/欧元。雷斯顿科技公司因此需要借入 2 年期的 980.4 万美元的借款，利率为 6.5%，并需将其转换为欧元。但由于其业务拓展所产生的现金流是欧元现金流，它希望用欧元支付利息，因此雷斯顿科技公司转向其开户行的一家分支机构——全球互换公司进行货币互换交易。该笔货币互换的主要流程如下。

(1) 期初。

期初货币互换如图 5-6 所示。

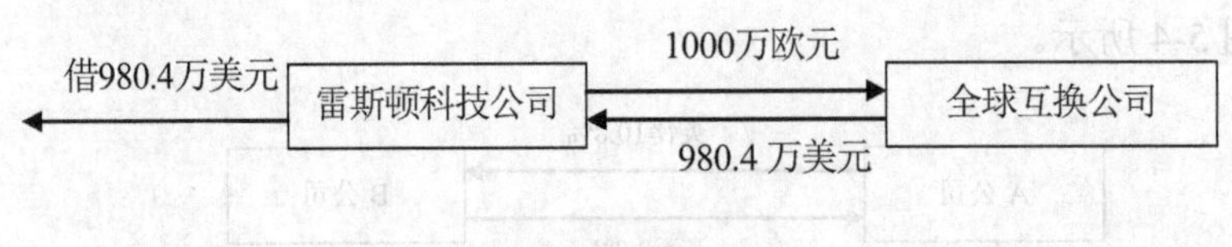

图 5-6 期初货币互换

(2) 两年中每半年一次(利息现金流)。

利息现金流如图 5-7 所示。

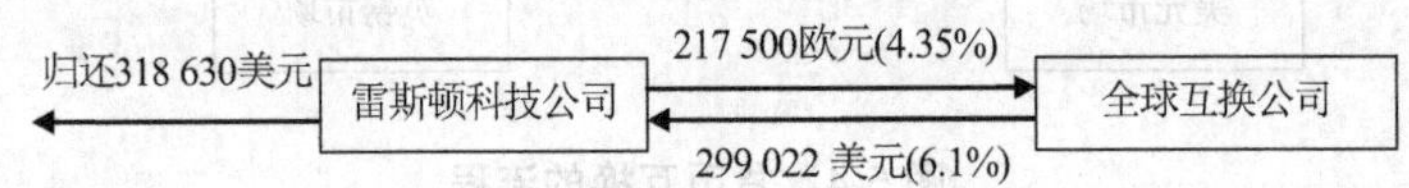

图 5-7 利息现金流

(3) 期末。

期末货币互换如图 5-8 所示。

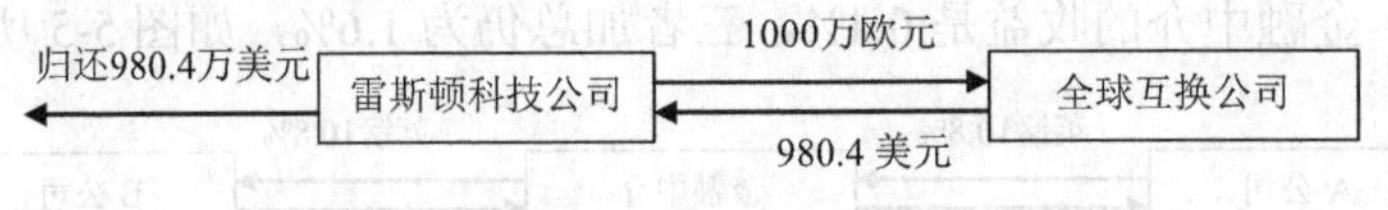

图 5-8 期末货币互换

从图 5-6～图 5-8 可以看到，雷斯顿科技公司通过货币互换将原先的美元借款转换成欧元借款。在美国市场上，它按照 6.5%的利率支付利息，同时在货币互换中收到 6.1%的美元利息，支付 4.35%的欧元利息。如果假设汇率不变，则其每年的利率水平为 4.75%(4.35%+6.5%−6.1%)。

5.6 商品互换合约

商品互换合约是指交易双方中，一方为一定数量的某种商品以每单位固定价格定期向交易的另一方支付款项；另一方则为特定数量的某种商品以每单位浮动价格定期向前一方支付款项。这里的浮动价格通常是在周期性观察即期价格基础上的平均价格。互换的商品通常情况下是相同的，但也可以不同。如果它们是相同的，就不必交换名义商品，反之则要求交换名义商品。但作为一般规律，并不发生名义商品的交换——所有实际发生的交易都是在现货市场进行。利用商品互换可以规避未来某种商品的价格风险。

现举例说明如下。

某石油生产商想在未来 5 年内固定自己出售石油的价格，它每月的平均产量是 4000 桶。同时，有一石油精炼商想在未来 5 年内固定自己购买石油的价格，他每月的用量是 5000 桶。为了达到目的，它们分别与互换做市商进行商品互换，同时继续在现货市场上进行实际货物交易。作为最终用户，它们在进行商品互换交易时，现货市场相应等级石油的价格是每桶 22.80 美元。石油精炼商同意以每桶 22.40 美元的价格每月支付给做市商，做市商则按前一个月石油日平均价格支付给石油精炼商；同时，石油生产商同意按前一个月石油日平均价格支付给做市商，而做市商同意以每桶 22.20 美元的价格每月支付给石油生产商，如图 5-9 所示。从图 5-9 中可以看出，如此支付款项有助于生产商和精炼商将石油的交易价格固定下来，而做市商作为中介从中赚取每桶 0.2 美元的利润。

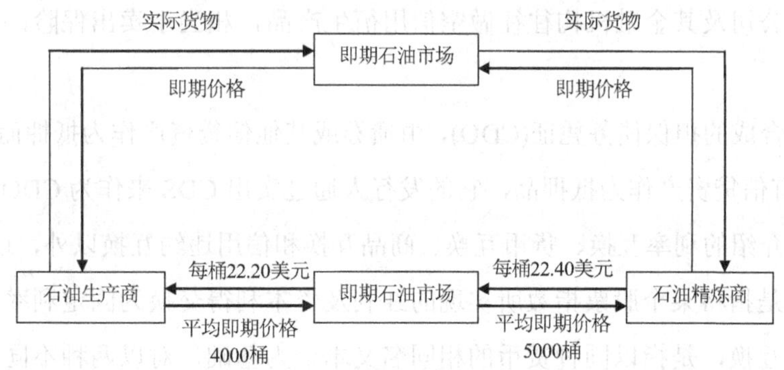

图 5-9　商品互换示意图

5.7　信用违约互换

信用违约互换(Credit Default Swap，CDS)是最常见的信用衍生产品，其标的资产通常为债券或贷款。

信用违约互换是指一方(买方)定期向另一方(卖方)支付费用(称为信用违约互换点差)，一旦出现事先约定的信用事件，买方将有权从卖方手中获得补偿，并终止互换。

有了信用违约互换，银行可以集中贷款给少量的企业，然后通过购买这些企业的信用违约互换把大部分信用风险转嫁出去，卖出其他企业的信用违约互换来承担这些企业的信用风险，从而实现信用风险的多样化。由于贷款对象少了，银行可以集中精力管好这些贷款，既可以大大节约贷款成本，又可以体现专业化的好处。

信用违约互换本质上是一种保险。CDS 是对债券信用风险的保险，将标的资产(债券或贷款)的信用风险从 CDS 买方转移给 CDS 卖方的交易。CDS 买方定期支付保险费，以获得 CDS 卖方的承诺，当标的资产违约时，CDS 卖方向 CDS 买方赔付违约的损失。需要注意的是：只有当标的资产因发生违约而导致价格下降时，CDS 卖方才会赔付损失。赔付主要有实物交割和现金结算。

CDS 的作用主要包括以下内容。

(1) 商业银行购买信用衍生产品，以对冲贷款的信用风险，它们是最主要的市场参与者。

(2) 投资银行信用衍生产品的做市商为整个市场提供流动性，同样也使用信用衍生产品对冲自己的信用风险。

(3) 对冲基金主要使用信用衍生产品来投机信用风险的变化，或者追求套利机会。

(4) 保险公司及其金融机构往往做空信用衍生产品，相当于卖出保险，为市场提供信用保护。

(5) 构建合成的担保债务凭证(CDO)，由债券或其他信贷资产作为抵押而发行债券。合成的 CDO 没有信贷资产作为抵押品，它的发行人通过卖出 CDS 来作为 CDO 的抵押品。

除了前面介绍的利率互换、货币互换、商品互换和信用违约互换以外，还有一些互换：①股权互换，是指将某个股票指数所实现的红利及资本利得交换为固定利率或浮动利率的协议；②差额互换，是指以同种货币的相同名义本金为基础，对以两种不同货币的浮动利率计息的现金流量进行交换的协议。

5.8 利率互换合约定价

对于互换多头(即固定利率的支付者)，利率互换的价值可以用下式来表示：

$$V = B_{fl} - B_{fix}$$

式中：V——利率互换的价值(收到固定利率、支出浮动利息的一方)；

B_{fix}——利率互换中与固定利率对应的利息流入的现值；

B_{fl}——利率互换中与浮动利率对应的利息流出的现值。

对于互换空头，也就是浮动利率的支付者，利率互换的价值为

$$V = B_{fix} - B_{fl}$$

这里的固定利率债券的定价公式为

$$B_{fix} = \sum_{i=1}^{n} k\mathrm{e}^{-r_i t_i} + A\mathrm{e}^{-r_n t_n}$$

式中：A——利率互换中的名义本金额；

k——现金流交换日交换的固定利息额；

n——交换次数；

t_i——距离第 i 次现金流交换的时间长度($1 \leqslant i \leqslant n$)；

r_i——到期日 t_i 的 LIBOR 连续复利即期利率。

固定利率债券的价值就是未来现金流的贴现和。

浮动利率债券的定价公式为

$$B_{fl} = (A + k^*)e^{-r_1 t_1}$$

式中：k^*——下一交换日应交换的浮动利息额，距下一次利息支付日时间为 t_i。

例 5-1　假设在一笔利率互换协议中，某一金融机构支付 3 个月期的 LIBOR，同时收取 4.8%的年利率(3 个月计一次复利)，名义本金为 1 亿美元，互换还有 9 个月的期限。目前 3 个月、6 个月和 9 个月的 LIBOR(连续复利)分别为 4.8%、5%和 5.1%。设 k=120 万美元，k^*=115 万美元，计算此笔利率互换对该金融机构的价值。

解　$B_{fix} = 120 \times e^{-0.048 \times 0.25} + 120 \times e^{-0.05 \times 0.5} + 10\,120 \times e^{-0.048 \times 0.75} = 9975.825$ (万美元)

$B_{fl} = (10\,000 + 115) \times e^{-0.048 \times 0.25} = 9994.345$ (万美元)

因此对于该金融机构而言，此利率互换的价值为 18.52(9994.345—9975.825)万美元。

5.8.1　影响利率互换价值的因素

影响利率互换价值的因素主要包括以下两个方面。

1. 固定利率和浮动利率的选取

对于收到固定利率、支出浮动利率的企业来说，在互换中收到的固定利率越高，支出的浮动利率越低，互换的价值也就越高。对于另一方而言，结论恰恰相反。

在这里，应该指出的是，企业最终的净收益不仅受互换中固定利率与浮动利率选取的影响，还受企业从金融市场上为获得融资而付出的利率高低的影响。例如，就表 5-1 中的 B 公司而言，它从市场上获得浮动利率贷款的方式有两种：一种是直接与银行签订协议，以获取 LIBOR 为参照的浮动利率贷款；另一种是通过发行商业票据(Commercial Paper，CP)获取以 CP 为参照的浮动利率贷款。如果企业采取后一种贷款方式，那么面临着 CP 与 LIBOR 间利率差变化的风险，并且要考虑发行新票据的成本(因为商业票据是短期的，要不断发行新的票据来偿付旧的票据)。在极端的情况下，B 公司可能会由于信用评级下降，难以从商业票据市场继续获得融资而出现违约风险。

2. 中介机构的存在

在现实中，要寻找两家借款金额和借款期限相同的公司是十分困难的，这就要求有金融机构介入，发挥中介的作用。这就意味着总的潜在收益(表 5-1 中为 5%)要在 A、B 公司和金融中介之间分配。

此时，尽管 A 公司与 B 公司得到的现金收益之和下降了，但由于金融机构分别与 A 公司和 B 公司签订了两份合约，如果其中一家公司违约，金融机构仍要履行与另一家的协议，所以，通过金融中介的安排，A 公司和 B 公司将信用风险转移给了中介机构。

5.8.2 利率互换的定价

当利率互换的浮动利率方式一旦确定，互换的定价问题就是怎样计算互换的固定利率，从而使互换的价值为 0。这里，假定 LIBOR 为 6 个月期的浮动利率，则利息每 6 个月交换一次。

假定利率的期限结构以一系列不付息债券半年复利一次的收益率表示为

$$r_1, r_2, \cdots, r_i, \cdots, r_n$$

式中：i——第 i 个半年；

r_i——第 i 个半年后到期的不付息债券半年复利一次的收益率。

以 $f_{i+1,i}$ 代表远期利率，下标 i+1 代表远期利率的结束时间，下标 i 代表远期利率的开始时间，则

$$\left(1+\frac{r_i}{2}\right)^i\left(1+\frac{f_{i+1,i}}{2}\right)=\left(1+\frac{r_{i+1}}{2}\right)^{i+1} \tag{5-1}$$

由此，可以计算出各期的远期利率为

$$f_{2,1}, f_{3,2}, f_{4,3}, \cdots, f_{i+1,i}, \cdots, f_{n,n-1}$$

一个 n/2 年到期的以 6 个月期 LIBOR 为浮动利率的利率互换，其固定利率 x 由下面的方程确定：

$$\begin{aligned}&A\times\left[\frac{f_{1,0}}{\left(1+\frac{r_1}{2}\right)}+\frac{f_{2,1}}{\left(1+\frac{r_2}{2}\right)^2}+\frac{f_{3,2}}{\left(1+\frac{r_3}{2}\right)^3}+\cdots+\frac{f_{i,i-1}}{\left(1+\frac{r_i}{2}\right)^i}+\cdots+\frac{f_{n,n-1}}{\left(1+\frac{r_n}{2}\right)^n}\right]\\&=A\times\left[\frac{\frac{x}{2}}{\left(1+\frac{r_1}{2}\right)}+\frac{\frac{x}{2}}{\left(1+\frac{r_2}{2}\right)^2}+\frac{\frac{x}{2}}{\left(1+\frac{r_3}{2}\right)^3}+\cdots+\frac{\frac{x}{2}}{\left(1+\frac{r_i}{2}\right)^i}+\cdots+\frac{\frac{x}{2}}{\left(1+\frac{r_n}{2}\right)^n}\right]\end{aligned} \tag{5-2}$$

式中：A——互换名义本金；

$f_{1,0}$ 等于 r_1。

例如，利率的期限结构(以不付息债券的收益率表示)如表 5-4 所示。由此确定一个 5 年期的名义本金为100万元的原始型利率互换(浮动利率与固定利率之间的单纯利率互换)的固定利率。

首先，根据式(5-1)可以计算出远期利率，如表 5-4 所示。

表 5-4　利率的期限结构和远期利率

单位：%

到 期 日	不付息债券的收益率	远期利率
1	6.14	6.14
2	6.42	6.70
3	6.60	6.96
4	6.84	7.56
5	7.02	7.74
6	7.26	8.46
7	7.54	9.23
8	7.95	10.84
9	8.27	10.85
10	8.68	12.41

然后，将表 5-4 中的数据代入式(5-2)，得到：

$$100\times\frac{1}{2}\times\left[\frac{6.14\%}{\left(1+\frac{6.14\%}{2}\right)}+\frac{6.70\%}{\left(1+\frac{6.70\%}{2}\right)^2}+\frac{6.96\%}{\left(1+\frac{6.96\%}{2}\right)^3}+\cdots+\frac{12.41\%}{\left(1+\frac{12.41\%}{2}\right)^n}\right]$$

$$=100\times\frac{1}{2}\times\left[\frac{x}{\left(1+\frac{6.14\%}{2}\right)}+\frac{x}{\left(1+\frac{6.70\%}{2}\right)^2}+\frac{x}{\left(1+\frac{6.96\%}{2}\right)^3}+\cdots+\frac{x}{\left(1+\frac{12.41\%}{2}\right)^n}\right]$$

最终求得：x=8.45%。

即利率互换中的固定利率是 8.45%。

5.9　货币互换合约定价

与利率互换不同的是，货币互换交换的是本金。

在不考虑违约风险的情况下，与利率互换的方式相似，货币互换也可以分为用两种债券表示的情况。考虑图 5-2 中 B 公司的情况，一个是支付 10.8%年利率英镑债券的多头，另一个是支付 8.0%年利率美元债券的空头。如果用 V 表示图 5-2 中互换的价值，对支付美元利率的一方而言：

$$V = S \times B_F - B_D$$

式中：B_F ——在互换中以外币形式衡量的外币债券价值；

B_D ——互换中美元债券的价值；

S——即期汇率(以每单位外币等于若干本国货币数量来表示)。

因此，互换的价值可以由本国货币的利率期限结构、外币的利率期限结构及即期汇率来确定。

例 5-2 假设美元和日元的 LIBOR 的期限结构是平的，在日本是 2%，在美国是 6%。某一金融机构在一笔货币互换中每年收入日元，利率为 3%，同时付出美元，利率为 6.5%。两种货币的本金分别为 1000 万美元和 120 000 万日元，如何确定这笔货币互换的价值？

解 如果以美元为本币，那么

$$B_D = 65 \times e^{-0.06\times 1} + 65 \times e^{-0.06\times 2} + 106\,565 \times e^{-0.06\times 3} = 1008.427\ (\text{万美元})$$

$$B_F = 3600 \times e^{-0.02\times 1} + 3600 \times e^{-0.02\times 2} + 123\,600 \times e^{-0.02\times 3} = 123\,389.7\ (\text{万日元})$$

货币互换的价值为

$$123\,389.7 \div 110 - 1008.427 = 113.30\ (\text{万美元})$$

互换定价的另一种方法是将货币互换分解为一系列远期合约。假如图 5-2 中每年有一个支付日，B 公司同意在每一个支付日收取 108 万英镑，并支付 120 万美元(1500 万美元的 8.0%)，在最后支付日收取 1000 万英镑并支付 1500 万美元。这些交换的每一项都代表一份远期合约。假如 $t_i(1 \leqslant i \leqslant n)$ 为第 i 个清偿日，$r_i(1 \leqslant i \leqslant n)$ 为对应时间长度为 t_i 的美元连续复利利率，$F_i(1 \leqslant i \leqslant n)$ 为对应时间长度为 t_i 的远期汇率，那么，根据远期合约多头的价值等于远期价格超过交割价格的现值，对应时刻 t_i 的利息交换，B 公司的远期合约价值为 $(108F_i - 120)e^{-r_i t_i}$；对应时间 t_n 的本金交换，B 公司的远期合约价值为 $(1000F_n - 1500)e^{-r_n t_n}$。

假设用两种货币表示的本金数量在货币互换开始时完全相等，这时互换的总价值为 0。然而，正如利率互换一样，这并不意味着互换合约中每一远期合约的价值都为 0。因为当两种货币利率明显不同时，低利率货币的支付者处于这样的情形：对应于早期利息交换的远期合约价值为正，而对应于最后本金交换的远期合约价值为负。高利率货币的支付者的情形可能正相反。

因此，对于低利率货币的支付者，互换期内大多数时候其持有的互换合约价值为负。

这是因为对应于早期支付交换的远期合约价值为正，一旦这些交换发生，其余远期合约总体价值为负。而高利率货币支付者的情况正好相反，互换期内大多数时候其持有的互换合约价值为正。

思　考　题

1. 简述互换的概念，并举例说明。
2. 解释利率互换与货币互换的区别。

第6章　期权合约及其策略

【本章精粹】

本章的内容包括：期权合约的概念与分类；期权合约的价格；影响期权价格的因素；到期期权的定价与盈亏；期权合约的交易策略。

6.1 期权合约的概念与分类

6.1.1 期权合约的概念

期权又称为选择权，是指投资者(持有者)在未来特定时间内，按某一事先约定的价格(执行价格)买进或卖出一定数量的特定标的资产的权利。在期权交易时，购买期权的一方称作买方，出售期权的一方称作卖方；买方就是权利的受让人，卖方则是必须履行买方行使权利的义务人。

(1) 期权的这种权利对买方是一种权利，对卖方是一种义务，权利和义务不对等。

(2) 期权买方赋予买进或卖出标的资产的权利，但不负有必须买进或卖出的义务。

(3) 期权卖方只有义务，无不履行的权利。

6.1.2 期权的分类

1. 按标的资产的买卖不同划分

按标的资产的买卖不同，可将期权分为看涨期权和看跌期权。

看涨期权是指赋予期权合约的买方在未来某一特定时期以交易双方约定的价格买入标的资产的权利，简称买权。例如，ABC 公司的股票 9 月份的看涨期权赋予其持有者在到期日或之前的任何时间以 90 元的价格购买一股 ABC 股票的权利。期权持有者不一定要行使期权，只有当购买的标的资产的市场价格超过执行价格时才会执行期权合约。当市值确实超过执行价格时，期权持有者要么卖掉该期权，要么执行该期权，从而获得利润，否则利润为零，不再有价值。

看跌期权是指赋予期权合约的买方在未来某一特定时期以交易双方约定的价格卖出标的资产的权利，简称卖权。

2. 按期权行使的有效期不同划分

按期权行使的有效期不同，可将期权分为欧式期权和美式期权。

欧式期权是指期权买方只能在期权到期日才能执行的期权(即行使买进或卖出标的资产的权利)。

美式期权是指期权买方可以在期权到期日之前的任意时刻执行的期权，这样就增加了执行的灵活性。

此外，还有亚式期权、百慕大期权和障碍期权等。

亚式期权是指可以按到期日之前的平均价格进行清算的期权。这是一种路径依赖型期权，由于执行价是平均价，不容易受到操纵，所以受到投资者的青睐。

百慕大期权是指期权买方可以在到期日之前所规定的一系列时间执行的期权。它是美式期权和欧式期权的混合体，与美式期权的区别在于美式期权的行权日不固定，是任意时刻。

障碍期权是指期权回报依赖于在一特定时间内，标的资产的价格是否达到了某个特定水平，这个水平就叫作障碍水平。例如，确定一个障碍值S_b，在期权的存续期内有可能超过该价格，也有可能低于该价格，对于敲出期权而言，如果在期权的存续期内标的资产的价格触及障碍值S_b，期权合同可以提前终止执行；相反，对于敲入期权而言，如果标的资产的价格触及障碍值S_b，期权合同开始生效。注意，障碍值S_b既可以低于标的资产现在的价格S_0，也可以高于S_0。如果$S_b > S_0$，称为上涨期权；反之，称为下跌期权。如果对于下跌敲出看跌期权，该期权首先是看跌期权，股票价格是S_0，执行价格是 K，买入看跌期权就首先保证以执行价 K 卖掉股票，下跌敲出障碍期权相当于在看跌期权的基础上附加提前终止执行的条款，内容是当股票价格触及障碍值S_b时看跌期权就提前终止执行，因为该期权对于卖方有利，所以其价格应低于看跌期权的价格。

这些期权都叫“第二代期权”，主要是金融机构为满足市场需求而设计的，多在场外交易。

6.2 期权价格

由于期权买卖双方权利和义务不平等，于是产生了期权价格。期权价格简称权价，也称权利金、权酬、期权手续费等，是期权买卖双方在达成期权交易时，由买方向卖方支付的购买该项期权的金额。

期权的购买价格称为期权金，它表示如果执行期权有利，买方为获得执行的权利而付出的代价。

当投资者执行期权能产生利润时，称此期权为实值期权；当执行期权无利可图时，称为虚值期权；当执行价格等于标的资产市场价格时，称为两平期权。

期权的购买价格由内在价值和时间价值组成。

内在价值是指如果立即行权获得的收益。看涨期权内在价值是标的资产现价和执行价之差。例如，如果某看涨期权执行价为 100 元，股票价格为 107 元，那么内在价值就是 7 元。看跌期权内在价值是执行价和标的资产现价之差。

时间价值是指期权价格高于内在价值的部分。期权时间价值就是期权价格减去内在价值之差。如前例，如果期权价值为 8 元，那么该期权时间价值为 1 元。

6.3 影响期权价格的因素

影响期权价格的因素主要有以下几点。

1. 标的资产价格

标的资产价格是指期权合约所涉及的标的资产价格。在期权敲定价格一定时，期权价格的高低很大程度上由标的物价格决定。对于权证而言，权证对应的股票价格即为标的资产的价格。

2. 执行价格

对于看涨期权，敲定价格越低，则期权被执行的可能性越大，期权价格越高；反之，期权价格越低，但不可能为负值。对于看跌期权，敲定价格越高，则期权被执行的可能性越大，期权价格也越高。

3. 标的资产的价格波动率

无论是多头期权还是空头期权，期货价格的波动性越大，则被执行的可能性就越大，期权价格也越高；反之，期权价格就越低。

4. 到期时间

到期时间越长，无论是空头期权还是多头期权，被执行的可能性越大，期权价格就越高，期权时间价值也越大；反之，被执行的可能性越小，期权的时间价值就越小。

5. 无风险利率

对于看涨期权而言，利率越高，期权被执行的可能性就越大，期权价格也越高；反之，利率越低，期权价格就越低。

另外，公司股息支付政策也会影响期权价值。高额股息会减缓股价的增长，股价的抑制降低了看涨期权的潜在收益，从而降低了其价值。

上面的描述可总结为如表 6-1 所示。

表 6-1　5+1 个因素对期权价格的影响

因　素	看涨期权价值的变化	看跌期权价值的变化	特　征
标的资产价格	+	−	标的资产的价格越高，看涨期权的内在价值就越大；标的资产的价格越高，看跌期权的内在价值就越小
执行价格	−	+	执行价格越低，则看涨期权被执行的可能性就越大，期权价格也越高；执行价格越高，则看跌期权被执行的可能性就越大，期权价格也越高
到期时间	+	+	到期时间越长，期权被执行的可能性越大，期权价格就越高，期权的时间价值也越大
标的资产的价格波动率	+	+	期货价格的波动性越大，则期权被执行的可能性就越大，期权价格也越高
无风险利率	+	−	利率越高，期权被执行的可能性就越大，期权价格也越高
股利(对股票期权而言)	−	+	分红付息等将使基础资产的价格下降，而协定价格并不进行相应调整。因此，在期权有效期内，基础资产产生的收益将使看涨期权价格下降

6.4 到期期权定价

为了讨论期权的价格，我们使用股票期权。一个标准的股票期权合约给购买者在到期日之前任何以执行价格购买或出售 100 股基本股票的权利。假设在时期 t，股票价格为 S_t，现价为 $S_0\,(t=0)$，执行价格为 X，到期时间为 $T\,(t\leqslant T)$，买权的今天价格为 C_0，则买权的到期真实值(固有值、内在价值)为

$$C_T=\max(S_T-X,0)$$

例如，买权的执行价格为 100 美元，如果股票在买权到期时的价格小于 100 美元，如 80 美元，那么

$$C_T=\max(80-100,0)=0\,(\text{美元})$$

如果这时股价超过 100 美元，如 130 美元，那么

$$C_T=\max(130-100,0)=30\,(\text{美元})$$

类似地，卖权的到期真实值(固有值)为

$$P_T = \max(X - S_T, 0)$$

这两种情形可用图 6-1 表示。

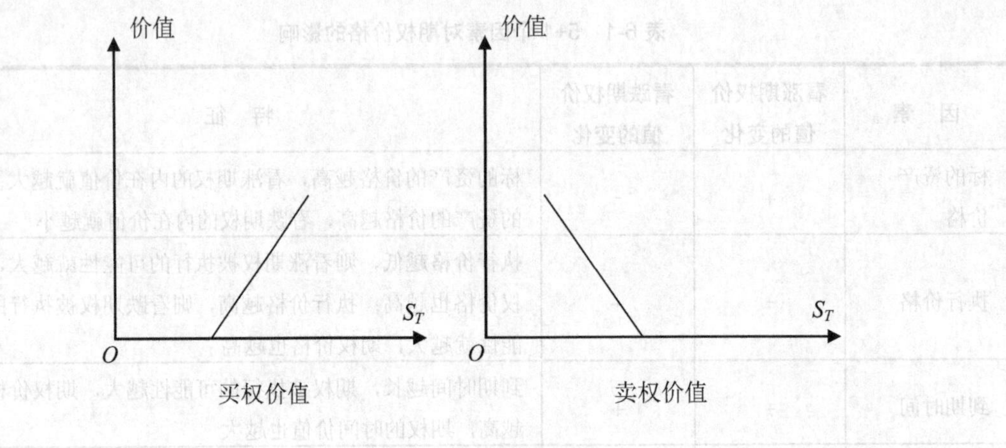

图 6-1　到期期权价值

从图 6-1 中可见，期权价格几乎不会比固有值小，总是超过其固有值。理由是市场的套利者(企图寻求证券价格的差异赚取无风险收益的投资者)持续地以差异控制期权价格——购买期权或执行期权，以此赚取无风险收益。

6.5　到期期权的盈亏

由于期权价格在到期时会发生变动，所以购买期权的买方和出售期权的卖方都需要研究期权的盈亏。

假设在初期买权和卖权的价格分别为C_0、P_0，到期盈亏分别为π_C、π_P，那么买权和卖权的到期盈亏(见图 6-2)分别为

$$\pi_C = C_T - C_0 = \max(S_T - X - C_0, -C_0)$$

$$\pi_P = P_T - P_0 = \max(X - S_T - P_0, -P_0)$$

例如，买权的执行价格为 100 美元，初期买权价格为 10 美元，如果到期股价为 115 美元，那么

$$\pi_C = \max(S_T - X - C_0, -C_0) = \max(115 - 100 - 10, -10) = 5\,(\text{美元})$$

图 6-2 中(a)和(c)、(b)和(d)两组分别是购入和出售买权、购入和出售卖权的情况。

从图 6-2(a)中可以看出，股价S_T在小于执行价格 X 时，投资者最多损失买权最初的购买价格C_0；当股价超过执行价格时损失开始减少，直到超过执行价格与买权的最初价格C_0之和时开始有盈余，超过越多，盈余越大。

从图 6-2(b)中可以看出，股价 S_T 在小于执行价格 X 与最初卖权价格 P_0 之差时，投资者有盈余；当股价超过执行价格 X 与最初卖权价格 P_0 之差时，投资者遭到损失。当股价超过执行价格时，损失达到最初的卖权价格 P_0，而且投资者最多损失 P_0。

图 6-2(c)和图 6-2(d)可分别视为图 6-2(a)和图 6-2(b)的镜像，图 6-2(c)中当股价超过执行价格后的损失是无限的，图 6-2(d)中当股价超过执行价格后的盈余是有限的。

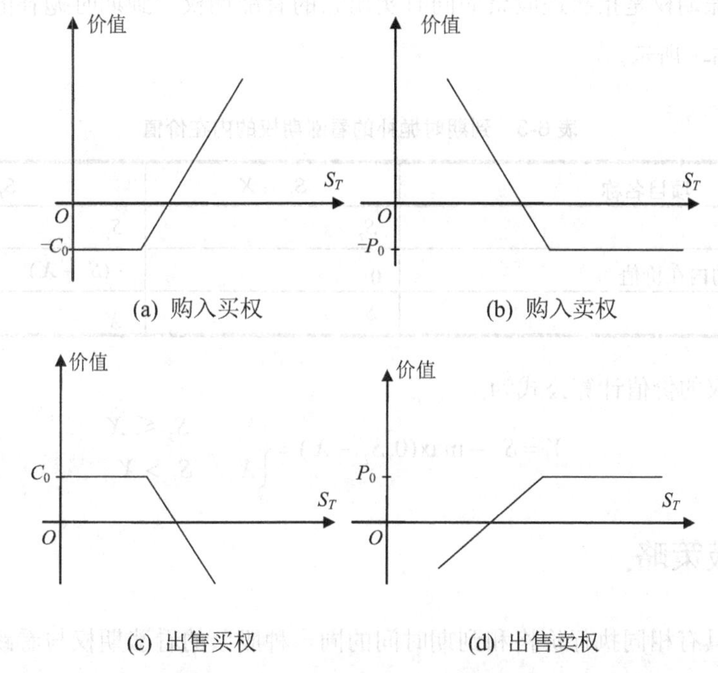

图 6-2　买权和卖权的到期盈亏

6.6　期 权 策 略

6.6.1　保护性看跌期权

假如你想投资某种股票，却不愿承担超过一定水平的潜在风险，那么可以考虑既投资股票，又购买该股票的看跌期权，如表 6-2 所示。

表 6-2　到期时保护性看跌期权的内在价值

项目名称	$S_T \leqslant X$	$S_T > X$
投资股票	S_T	S_T
购买看跌期权的内在价值	$X - S_T$	0
总计	X	S_T

到期时期权的价值计算公式为

$$Y = S_T + \max(0, X - S_T) = \begin{cases} X & S_T \leqslant X \\ S_T & S_T > X \end{cases}$$

6.6.2 抛补的看涨期权

抛补的看涨期权是指买进股票的同时卖出它的看涨期权。到期时抛补的看涨期权的内在价值，如表 6-3 所示。

表 6-3　到期时抛补的看涨期权的内在价值

项目名称	$S_T \leqslant X$	$S_T > X$
买进股票	S_T	S_T
出售看涨期权的内在价值	0	$-(S_T - X)$
总计	S_T	X

到期时期权的价值计算公式为

$$Y = S_T - \max(0, S_T - X) = \begin{cases} S_T & S_T \leqslant X \\ X & S_T > X \end{cases}$$

6.6.3 对敲策略

同时买进具有相同执行价格和到期时间的同一种股票的看涨期权与看跌期权，就可以建立一个对敲策略，到期时对敲的内在价值如表 6-4 所示。

表 6-4　到期时对敲的内在价值

项目名称	$S_T \leqslant X$	$S_T > X$
买进看涨期权的收益	0	$S_T - X$
买进看跌期权的收益	$X - S_T$	0
总计	$X - S_T$	$S_T - X$

对敲的内在价值计算公式为

$$Y = \max(0, S_T - X) + \max(0, X - S_T) = \begin{cases} S_T - X & S_T > X \\ X - S_T & S_T \leqslant X \end{cases}$$

6.6.4 期权价差策略

期权价差策略是指不同执行价格或到期时间的两个或两个以上看涨期权(或看跌期权)的组合。有些期权是多头，有些期权是空头。货币期权价差是同时买入和卖出具有不同执

行价格的期权，而时间价差是同时买入和卖出不同到期日的期权。

考虑一种货币期权价差，其中买入的看涨期权的执行价格为 X_1，而同时卖出相同时间而执行价格为 X_2 的看涨期权，到期时其内在价值如表 6-5 所示。

表 6-5　到期时牛市期权价差的内在价值

项目名称	$S_T \leqslant X_1$	$X_1 < S_T \leqslant X_2$	$S_T > X_2$
买进执行价格为 X_1 的看涨期权的收益	0	$S_T - X_1$	$S_T - X_1$
卖出执行价格为 X_2 的看涨期权的收益	0	0	$-(S_T - X_2)$
总计	0	$S_T - X_1$	$X_2 - X_1$

这里需要区别 3 种情况：①低价区，即 S_T 比 X_1 和 X_2 都低；②中间区，即 S_T 在 X_1 和 X_2 之间；③高价区，即 S_T 比 X_1 和 X_2 都高。这种策略被称为牛市期权价差，因为当股票价格升高时，其收益要么增加要么不受影响，牛市期权价差的投资者从股价升高中获利。牛市期权价差产生的一个原因是投资者认为某一期权的价值相对于其他期权来说被高估了。例如，如果某投资者认为，与 $X=110$ 美元的看涨期权相比，另一个 $X=100$ 美元的看涨期权很便宜，那么即便他不看好这种股票，也可能做期权价差。这种期权价差策略用公式表示为

$$Y = \max(0, S_T - X_1) - \max(0, S_T - X_2) = \begin{cases} X_2 - X_1 & S_T \geqslant X_2 \\ S_T - X & X_1 < S_T < X_2 \\ 0 & S_T \leqslant X_1 \end{cases}$$

6.6.5　双限期权策略

双限期权策略是指把资产组合的价值限定在上下两个界限内。它适合于一定财富目标但不愿承担一定限度风险的投资者。

例如，你想购买价值 220 000 美元的房子，但你只有 200 000 美元，你也不愿承担超过 20 000 美元的损失，那么你可以通过如下步骤建立双限期权：①购买 2000 股股票，每股 100 美元；②购买 2000 个看跌期权(20 份期权合约)，执行价格为 90 美元；③卖出 2000 个看涨期权，执行价格为 110 美元。这样你就不必承担大于 20 000 美元的损失，却得到了获得 200 000 美元的资本利得的机会。

以每股为基础的收益表如表 6-6 所示。

表 6-6　以每股为基础的收益表

项目名称	$S_T \leqslant 90$	$90 < S_T \leqslant 110$	$S_T > 110$
买入股份	S_T	S_T	S_T
买进执行价格为 90 美元的看跌期权的收益	$90 - S_T$	0	0
卖出执行价格为 110 美元的看涨期权的收益	0	0	$-(S_T - 110)$
总计	90	S_T	110

双限期权提供了一个 180 000(90×2000)美元的最小支付额(代表最大损失为 20 000 美元)，以及一个 220 000 美元的最大支付额(即房屋成本)。

思　考　题

1. 简述期权的策略。

2. 假设执行价格为 30 美元和 40 美元的股票看跌期权的价格分别为 4 美元和 10 美元，怎样使用这两种期权构建牛市价差期权和熊市价差期权？并用表格表示两个价差期权的利润额收益。

第 7 章　期权定价的二项式方法

【本章精粹】

二项式定价方法的基本原理是：假设变量运动只有向上和向下两个方向，且假设在整个考察期内，标的变量每次向上或向下的概率和幅度不变。将考察期分为若干阶段，根据标的变量的历史波动率模拟标的变量在整个考察期内所有可能的发展路径，并由后向前以倒推的形式走过所有节点，同时用贴现法得到在 0 时刻的价格。如果存在提前行权的问题，必须在二项式定价的每个节点处检查在这一点行权是否比下一个节点上更有利，然后重复上述过程。

7.1 单期的二项式期权定价模型

假设市场环境如下。

(1) 市场为无摩擦的完美市场，即市场投资没有交易成本。这意味着不支付税负，没有买卖价差(Bid-ask Spread)，没有经纪商佣金(Brokerage Commission)，信息对称等。

(2) 投资者是价格的接受者，投资者的交易行为不能显著地影响价格。

(3) 允许以无风险利率借入和贷出资金。

(4) 允许完全使用卖空所得款项。

(5) 未来股票的价格将是两种可能值中的一种。

为了建立好二项式期权定价模型，先假定存在一个时期，在此期间股票价格能够从现行价格上升或下降。

下面用例子来说明二项式期权定价模型的定价方法。

7.1.1 单一时期内的买权定价

假设股票今天(t=0)的价格是 100 美元，1 年后(t=1)将分别以 120 美元或 90 美元出售，也就是 1 年后股价上升 20%或下降 10%，期权的执行价格为 110 美元，年无风险利率为 8%，则投资者可以以这个利率放款(购买利率 8%的债券)或借款(卖空利率 8%的债券)，如图 7-1 所示。

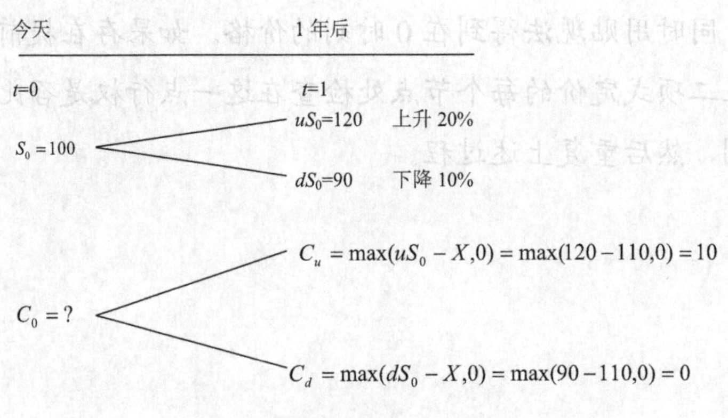

图 7-1 买权价格

图 7-1 表示的是股票买权的二项式期权定价模型。现在股价为 100 美元，1 年后股价有两种状态：上升 20%后，股价记作 uS_0 为 120 美元；下降 10%后，股价记作 dS_0 为 90 美元，执行价格为 110 美元，根据前面的介绍，股票买权的到期价格分别为 10 美元和 0，那么在

t=0 时买权的真实值(内在价值) C_0 是多少？

为了给这个买权定价，可以用该股票和无风险债券的投资组合来模拟买权的价值。该投资组合在没有套利机会时等于买权的价格；相反，如果存在套利机会，投资者可以购买两种资产中较便宜的一种，出售较贵的另一种而得到获利的机会。这只能在很短的时间出现。这个投资组合不仅给出了买权的定价方法，而且提供了一种对冲(套期保值)的方法。

假设投资者购买 N 股股票且投资 B_0 在无风险债券上，那么投资组合今天的值为

$$C_0 = N \times S_0 + B_0 \tag{7-1}$$

等式左边表示组合今天的值模拟买权的值，两边相等。

1 年后上升 20%，股价为 120 美元，买权价格为 10 美元；下降 10%，股价为 90 美元，买权价格为 0。无风险债券为 $B(1+8\%)$，因此可得：

$$120N + 1.08B_0 = 10 \tag{7-2}$$

$$90N + 1.08B_0 = 0 \tag{7-3}$$

从以上两式可以看出，1 年后，无论股价如何变动并影响无风险资产的投资，它都是 $1.08B$。由式(7-2)、式(7-3)可得：

$$N = 10 \div (120 - 90) = 0.3333$$

$$B_0 = -0.3333 \times 90 \div 1.08 = -27.78\ (\text{美元})$$

B_0 的负值表示以无风险利率借 27.78 美元或卖空这种债券。代入式(7-1)，今天(t=0)的买权值为

$$C_0 = N \times S_0 + B_0 = 0.3333 \times 100 - 27.78 = 5.55\ (\text{美元})$$

如果今天的买权价格高于或低于 5.55 美元，即买权价格被高估或低估，这时投资者会采取什么行动呢？假设现在的买权价格为 10 美元，投资者将以 10 美元出售这个买权，同时购买 0.3333 股股票且以无风险利率借 27.78 美元，那么在 t =0 时，投资者有净盈利，具体为

$$10 - (0.3333 \times 100 - 27.78) = 4.45\ (\text{美元})$$

在年底，即 t=T=1，投资者的净盈余如表 7-1 所示。

表 7-1　投资者的净盈余(1)

单位：美元

组合成分	上升状态利润	下降状态利润
出售买权	−10	0
股票投资	0.3333 × 120=40	0.3333 × 90=30
贷款偿付	−27.78 × 1.08= −30	−27.08 × 1.08=−30
净盈余	0	0

这就是说，无论股票的最终价格如何，净利润都是零，投资者使用这种策略没有风险损失。只要买权定价为 10 美元，投资者现在都能得到不用付任何成本的盈利 4.45 美元。显然，这不是均衡状态，买权价格最终要调整到已知现在股价为 100 美元时的 5.55 美元。

如果买权以 3 美元出售，这时它被低估，投资者将购买一个买权，卖空 0.3333 股股票且以无风险利率借 27.78 美元，那么在 t=0 时投资者有净盈利为

$$0.3333\times100-27.78-3=2.55\text{(美元)}$$

在年底，即 $t=T=1$，投资者的净盈余如表 7-2 所示。

表 7-2　投资者的净盈余(2)

单位：美元

组合成分	上升状态利润	下降状态利润
买权投资	10	0
偿付卖空股票	−0.3333 × 120=−40	−0.3333 × 90=−30
无风险投资	27.78 × 1.08= 30	27.08 × 1.08=30
净盈余	0	0

因此，净利润是零。投资者使用这种策略，无论股价最终是多少都没有风险损失。只要买权价格为 3 美元，投资者就可以获得不需付任何成本的盈利 2.55 美元。因为这不是均衡状态，买权价格最终要调整到 5.55 美元。

7.1.2　对冲比

用股票和无风险债券的投资组合来模拟股票的买权，如前所述，借 27.78 美元且购买 0.3333 股股票，现在考虑股价变化的影响。因为 0.3333 股股票包含在投资组合中，那么股票每变化 1 美元，投资组合变化 0.3333 美元。由于买权和投资组合以相同的价格出售，所以价格也随股价每变化 1 美元变化 0.3333 美元。这里的 0.3333 是股票股份额 N，把它定义为期权对冲比，即：

$$0.3333=\frac{10-0}{120-90}$$

一般地，期权对冲比 h 可定义为

$$h=\frac{C_u-C_d}{uS_0-dS_0} \tag{7-4}$$

式中：C_u、C_d——分别表示期权上升和下降状态的最终价格；

uS_0、dS_0——分别表示股票上升和下降状态的最终价格。

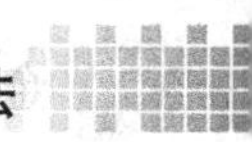

因此，对冲比是期权与股票的上升状态和下降状态的最终价格之差的比，即基本资产变化 1 美元时期权的改变量。

用投资组合模拟买权，必须是购买 h 股股票，同时卖空债券或无风险借款。这个金额的现值为

$$B_0 = \frac{C_d - h \times dS_0}{1+r} \tag{7-5}$$

式中：r——年无风险利率。

因此，t=0 时的买权值是

$$C_0 = hS_0 + B_0 \tag{7-6}$$

即对冲比与现在股价的乘积与无风险借款之和。它是式(7-1)的另一种解释。

将式(7-4)、式(7-5)代入式(7-6)，整理可得：

$$C_0 = \frac{(1+r_f-d)C_u + (u-(1+r_f))C_d}{(1+r_f)(u-d)}$$

令 $p = \dfrac{1+r_f-d}{u-d}$，则 $1-p = \dfrac{u-(1+r_f)}{u-d}$

所以，$C_0 = \dfrac{pC_u + (1-p)C_d}{1+r_f}$

7.2　两期与多期的二项式看涨期权定价

股票价格在 1 年后不可能只有两个价格，可推广到多个价格的情形。现在，把 1 年分成两个时期，各 6 个月，如图 7-2 所示。在第 1 个时期(t=0.5T)，假设价格可能上涨 20%或下跌 10%，两个价格分别为 120 美元或 90 美元；在第二个时期(t=T)价格可能还上涨 20%或下跌 10%，因此，价格分别为 144 美元、108 美元和 81 美元。仍假设买权的执行价格为 110 美元，年无风险利率为 8%，那么今天的期权价格是多少？

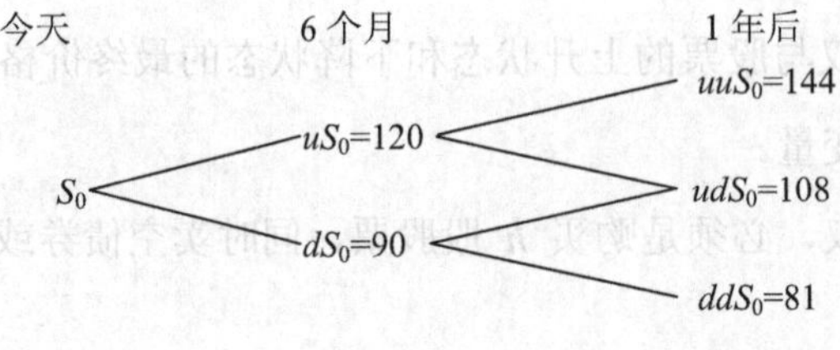

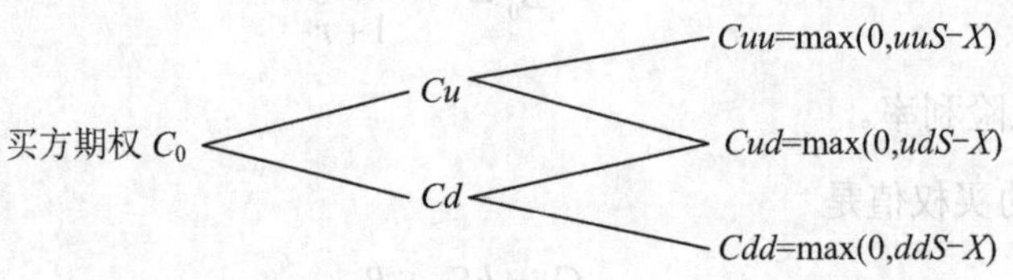

图 7-2　两个时期的买权价格

从图 7-2 中可知，只要能得到 t=0.5T 的买权价格 C_u 就可推出 C_0，可根据式(7-4)、式(7-5)、式(7-6)按顺序倒推出来。

首次，$C_d = 0$，因为年底股票价格低于 6 个月后的价格，或者 6 个月后的价格低于现在的价格，投资者认为没有价值，所以不愿付任何价格购买。

其次，6 个月后，C_u 的对冲比为

$$h_{0.5T} = \frac{34-0}{144-108} = 0.9444$$

$$B_{0.5T} = -0.9444 \times 108 \div 1.04 = -98.08(\text{美元})$$

那么，6 个月后的买权值为

$$C_u = 0.9444 \times 120 - 98.08 = 15.25(\text{美元})$$

最后，今天(t=0)的对冲比为

$$h_0 = \frac{15.25-0}{120-90} = 0.5083$$

$$B_0 = -0.5083 \times 100 \div 1.04 = -48.88(\text{美元})$$

那么，今天的买权值为

$$C_0 = 0.5083 \times 100 - 48.88 = 1.95(\text{美元})$$

对于上面的计算过程，可以得到更为一般的式子，从第 2 期末到第 1 期末，有

$$C_u = \frac{pC_{uu} + (1-p)C_{ud}}{1+r_f}，\quad C_d = \frac{pC_{ud} + (1-p)C_{dd}}{1+r_f}$$

再从第 1 期末倒推到期初，可得：

$$C_0 = \frac{p^2 C_{uu} + 2p(1-p)C_{ud} + (1-p)^2 C_{dd}}{(1+r_f)^2}$$

这些步骤可以推广到可能有 $n(n \geqslant 2)$个股票价格的情形，只要把时期细分即可。多期买权价格，如图 7-3 所示。

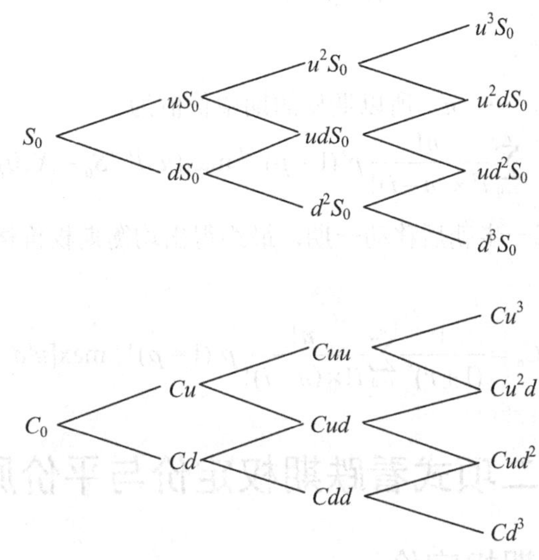

图 7-3　多期买权价格

例如，初始价格为 100 美元，股票价格上涨或下跌的可能性相同，3 个时期内股票价格可能增加 20%或减少 10%，我们能从以下的计算中得出股票价格的概率分布。3 个时期内股票价格的变动有 8 种组合：*uuu*、*uud*、*udu*、*duu*、*udd*、*dud*、*ddu*、*ddd*。每种都有 1/8 的可能性。因此，股价在最后期末的概率分布如表 7-3 所示。

表 7-3　期末的概率分布

单位：美元

事　件	概　率	股票价格
3 升	1/8	100×1.2^3
2 升 1 降	3/8	$100 \times 1.2^2 \times 0.9$
1 升 2 降	3/8	$100 \times 1.2 \times 0.9^2$
3 降	1/8	100×0.9^3

多次利用前面介绍的对冲比，二项式看涨期权价格就是所有这些概率与到期期权价格的加权和。

一般来说，设在 n 期内股价上升 i 次(即下降 $n-i$ 次)，则最终股价为 $S_n = u^i d^{n-i} S_0$，从而在 $i=n$ 的期权价值为

$$\max(u^i d^{n-i} S_0 - X, 0)$$

一个有二项式分布的随机变量，取 u 的概率为 p，取 d 的概率为 $1-p$，则取值 $u^i d^{n-i} S_0$ 的

概率为

$$\frac{n!}{i!\times(n-i)!}p^i(1-p)^{n-i}$$

式中：p——风险中性概率。

由于 n 可取 0，1，2，…，n，所以期权的期望价值为

$$\sum_{i=0}^{n}\frac{n!}{i!\times(n-i)!}p^i(1-p)^{n-i}\max(u^i d^{n-i}S_0-X,0)$$

在 n 期的情形下，每一步朝后移动一期，最终得出均衡期权价格 C_0。因此，多期二项式定价模型为

$$C_0=\frac{1}{(1+r)^n}\sum_{i=0}^{n}\frac{n!}{i!\times(n-i)!}p^i(1-p)^{n-i}\max[u^i d^{n-i}S_0-X,0] \tag{7-7}$$

7.3 二项式看跌期权定价与平价原理

7.3.1 二项式看跌期权定价

同样，可以使用二项式来评估卖权的真实值，如图 7-4 所示，图中股票的执行价格为 110 美元，年无风险利率为 8%，那么今天的卖权值是多少呢？可以用式(7-4)、式(7-5)、式(7-6)来解决。

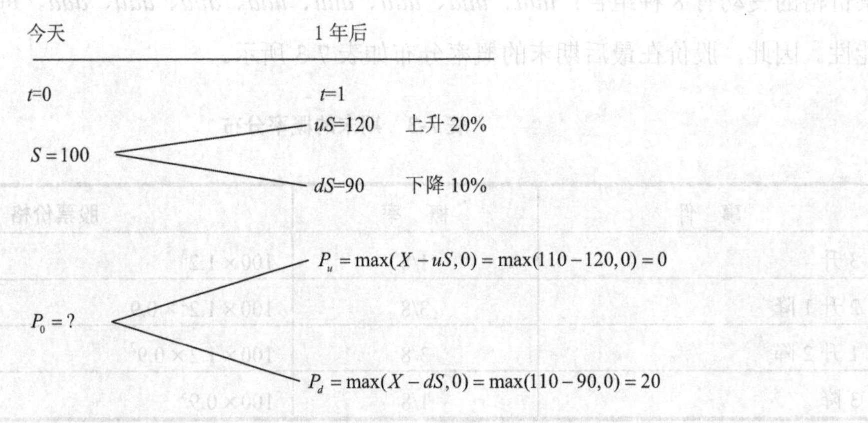

图 7-4 看跌期权定价

卖权的对冲比为

$$h_P=\frac{0-20}{120-90}=-0.6667$$

这个负值表示股价上升时卖权有较低的价格。

无风险投资额为

$$B_0 = (20 + 0.6667 \times 90) \div 1.08 = 74.08(\text{美元})$$

因此今天的卖权值为

$$P_0 = -0.6667 \times 100 + 74.08 = 7.41(\text{美元})$$

它可以看作是卖空 0.6667 股股票且投资无风险债券 74.08 美元的净成本。

7.3.2 平价原理

有相同执行价格和到期日的欧式买权和卖权的对冲比有下列关系：

$$h_C - 1 = h_P$$

式中：h_C, h_P——买权和卖权的对冲比。

从上面的例子可以看到买权、卖权的执行价格为 110 美元，到期期限为 1 年，买权对冲比为 0.3333，卖权对冲比为-0.6667，即

$$0.3333-1=-0.6667$$

现在使用上面的例子，比较两种买权和卖权的投资期权策略，如表 7-4 所示。

策略 1：购买一个卖权和一股股票，这种策略叫作保护性策略的卖权购入。

策略 2：购买一个买权并且以执行价格的现值金额投资无风险资产。

表 7-4　期权策略

单位：美元

期权策略	最初成本(t=0)	到期值(t=1)	
购买一个卖权和一股股票	$P_0 + S_0 = 7.40 + 100 = 107.40$	$S_T \leqslant X$ 执行卖权的 110 美元	$S_T > X$ 放弃卖权，投资者的股票价值为 S_T
购买一个买权且投资无风险资产的现值	$C_0 + X/(1+r) = 5.55 + 110/1.08 = 107.40$	放弃买权，由无风险投资得 110 美元	执行买权，投资者的股票价值为 S_T

如果股票在到期日出售，价格低于执行价格，两种策略都有现金利润 X；相反，如果价格高于执行价格，投资者在两种策略中都持有一股股票，价格都超过 X，且有相同的盈利。均衡中，它们有相同的成本为

$$P_0 + S_0 = C_0 + X / e^{rT} \tag{7-8}$$

式中：P_0，S_0，C_0 —— t=0 时的股价、卖权值和买权值；

X / e^{rT} —— 执行价格的现值(使用复利)。

这个等式叫作卖权买权平价原理。在表 7-4 中这两种策略的成本都是 107.40 美元。

7.4 二项式期权定价模型的计算程序及应用

由公式 $C_0=\frac{1}{(1+r)^n}\sum_{i=0}^{n}\frac{n!}{i!\times(n-i)!}p^i(1-p)^{n-i}\max[u^i d^{n-i}S_0-X,0]$ 和平价公式 $P_0+S_0=C_0+X/\mathrm{e}^{rT}$ 可知，n 期欧式看涨、看跌期权价格的二项式计算公式为

$$\text{买权价格}=\sum_{i=0}^{n}\binom{n}{i}q_u^i q_d^{n-i}\max[S_0u^i d^{n-i}-X,0] \tag{7-9}$$

$$\text{卖权价格}=\sum_{i=0}^{n}\binom{n}{i}q_u^i q_d^{n-i}\max[X-S_0u^i d^{n-i},0] \tag{7-10}$$

为了定义式(7-9)的 VBA 语言，应考虑更一般的情形：假设股票的当前价格为 S，股票在 1 年内的价格波动率为 σ，无风险债券的年利率为 r(VBA 语言中表示为 r_f)，股票期权的执行期限为 T，执行价格为 X，将时间区间平分为 n 份，看作 n 个时间周期，在每个时间周期内股票可能上涨也可能下跌，幅度分别记为 u 和 d，则结合二项式期权定价公式，在每个阶段中上涨和下降的状态价格描述为

$$\Delta t=T/n, R=\mathrm{e}^{r\Delta t}$$

$$u=\mathrm{e}^{\sigma\sqrt{\Delta t}}, d=\mathrm{e}^{-\sigma\sqrt{\Delta t}}$$

$$q_u=\frac{R-d}{R(u-d)}, q_d=1/R-q_u$$

为什么 $u=\mathrm{e}^{\sigma\sqrt{\Delta t}}, d=\mathrm{e}^{-\sigma\sqrt{\Delta t}}$ ？

设股价初期价格为 S，如果投资无风险资产，经过 Δt 时间后价值为 $S\mathrm{e}^{r\Delta t}$，股票收益期望应为

$$S\mathrm{e}^{r\Delta t}=pSu+(1-p)Sd$$

即

$$\mathrm{e}^{r\Delta t}=pu+(1-p)d \tag{7-11}$$

如果标的资产服从一般的布朗运动，即 $\Delta S=S\mu\Delta t+S\sigma\sqrt{\Delta t}\times\varepsilon$，$\varepsilon$ 是服从标准正态分布的一个随机变量。

经过 Δt 后，其方差为 $S^2\sigma^2\Delta t$，必须和离散模型中的资产方差相等，离散资产方差根据公式 $D(X)=E(X^2)-(E(X))^2$，这样就有：

$$S^2\sigma^2\Delta t=pS^2u^2+(1-p)S^2d^2-S^2[pu+(1-p)d]^2$$

$$\sigma^2\Delta t=pu^2+(1-p)d^2-[pu+(1-p)d]^2 \tag{7-12}$$

选择 u、d 时满足下面的关系：

$$u = 1/d \tag{7-13}$$

由式(7-11)可以解出：$p = \dfrac{e^{r\Delta t} - d}{u - d}$

根据式(7-13)，令 $u = e^{\sigma\sqrt{\Delta t}}$，$d = e^{-\sigma\sqrt{\Delta t}}$

将上面三个式子代入式(7-12)的右边，可得：

$$pu^2 + (1-p)d^2 - [pu + (1-p)d]^2 = e^{r\Delta t}(e^{\sigma\sqrt{\Delta t}} + e^{-\sigma\sqrt{\Delta t}}) - 1 - e^{2r\Delta t} \tag{7-14}$$

当 $\Delta t \to 0$ 时，有

$$e^{\sigma\sqrt{\Delta t}} \approx 1 + \sigma\sqrt{\Delta t} + 1/2\sigma^2\Delta t$$

$$e^{-\sigma\sqrt{\Delta t}} \approx 1 - \sigma\sqrt{\Delta t} + 1/2\sigma^2\Delta t$$

$$e^{r\Delta t} \approx 1 + r\Delta t$$

$$e^{2r\Delta t} \approx 1 + 2r\Delta t$$

将上面四个式子代入式(7-14)的右边，得：

$$\sigma^2\Delta t + r\sigma^2(\Delta t)^2$$

当 $\Delta t \to 0$ 时，$r\sigma^2(\Delta t)^2 \to 0$，所以有式(7-12)左边等于右边。

这种表达方法保证了当 $\Delta t \to 0(n \to \infty)$ 时，股票收益的分布接近于正态分布。

欧式二项式期权定价公式的 VBAoption 程序如下。

```
Function Eurcall(S, X, T, rf, sigma, n)
  delta_t = T / n
  r = Exp(rf * delta_t)
Up = Exp(sigma * Sqr(delta_t))
  down = Exp(-sigma * Sqr(delta_t))
  q_up = (r - down) / (r * (Up - down))
  q_down = 1 / r - q_up
  Eurcall = 0
  For i = 0 To n
    Eurcall = Eurcall + Application.Combin(n, I) * q_up ^ i * q_down ^ (n -
i) * Application.Max(S * Up ^ i * down ^ (n - i) - X, 0)
  Next i
End Function

Function EurPut(S, X, T, rf, sigma, n)
  delta_t = T / n
  Up = Exp(sigma * delta_t)
  r = Exp(rf * delta_t)
  q_up = 1 / r - q_up
  EurPut = 0
  For i = 0 To n
    EurPut = EurPut + Application.Combin(n, i) * q_up ^ i * q_down ^ (n - i)
* Application.Max(X - Up ^ i * down ^ (n - i) * S, 0)
```

```
    Next i
End Function
```

注意：当直接定义欧式看跌期权公式时，也可用看跌期权-看涨期权平价公式。

例 7-1　假设某股票当前价格 S 为 60 元，股票在一年中价格的波动率 σ 为 30%，r_f 为 8%，运用上面定义的 Eurcall 函数计算执行价格 X 为 60 元，有效期 T 为 0.5 年，n 为 20 的欧式看涨期权的价格。

解　具体步骤如下。

(1) 建立一个 Excel 工作表，将已知数据输入，如图 7-5 所示。

B10　=Eurcall(B3,B4,B5,B6,B7,B8)

	A	B	C	D	E
1					
2					
3	S	60			
4	X	60			
5	T	0.5			
6	r	8%			
7	σ	30%			
8	n	20			
9					
10		6.170139			

Sheet1 / Sheet2 / Sheet3

图 7-5　输入数据

(2) 选择 B10 单元格，单击【工具】菜单或按 Alt+F11 组合键，进入 Microsoft Basic 窗口。

(3) 选择【插入】|【模块】命令，弹出一个空白编辑框，在窗口左下角的【属性-vbabs】下的名称后的文本框内输入将要编辑的模块名称，然后输入上面的程序，如图 7-6 所示。

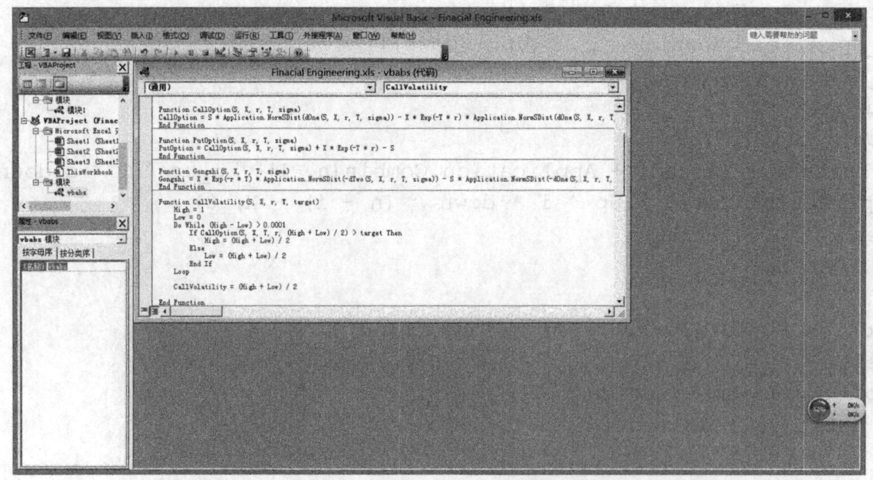

图 7-6　Eurcall 和 EurPut 函数的 VBA 程序代码窗口

(4) 选择【调试】|【编译 VBAproject(L)】命令，查找程序是否有错误。

(5) 若编译通过，则单击工具栏中的 Excel 图标，返回 Excel 工作表。

(6) 选择【插入】|【函数】命令，系统弹出【插入函数】对话框。

(7) 在【选择类别】下拉列表框中选择【用户定义】选项，在【选择函数】列表框中选择 Eurcall 函数，如图 7-7 所示，单击【确定】按钮即可。

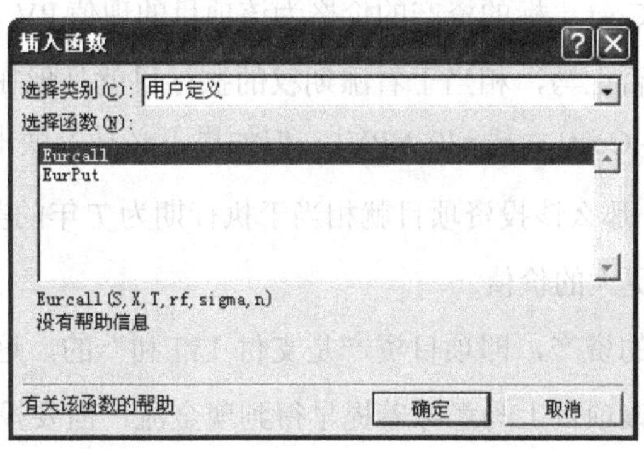

图 7-7　调用 Eurcall 函数

(8) 弹出【函数参数】对话框，输入如图 7-8 所示的参数，然后单击【确定】按钮。

计算结果如图 7-5 中的 B10 单元格所示。欧式看跌期权的价格计算步骤与看涨期权相同，在此不再详述。

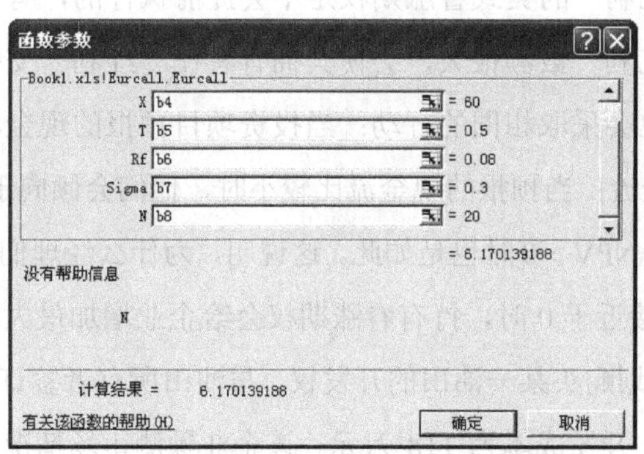

图 7-8　Eurcall 函数参数设置

7.5　应用二项式期权定价进行投资项目决策

企业进行实物资产投资时，最基本的分析方法是净现值法。这要求先预报投资后各年 z 的现金流序列 $\hat{C}_1,\hat{C}_2,\cdots,\hat{C}_N$，然后确定适当的资本机会成本，即折现率 r，计算该项目的现

值 $PV=\sum_{i=1}^{N}\frac{\hat{C}_i}{(1+r)^i}$，如果资本支出的现值为 Cost，那么该项目的净现值 NPV 为

$$NPV=-Cost+PV$$

净现值准则告诉我们：若 $NPV>0$，则该项目上马；若 $NPV\leqslant 0$，则该项目不上马。

现在提出一个投资项目，相当于创造了一个以项目资产为标的资产的看涨期权，执行价格为资本投入的现值 Cost，标的资产的价格为该项目的现值 PV，PV 具有不确定性。如果现在就决定该项目是否上马，相当于看涨期权的执行日就是现在，因此该看涨期权的价值为：$V_{CT}=\max\{0, PV-Cost\}=\max\{0, NPV\}$。但如果不必马上做出投资决策，而是在今后 T 年内再做出投资决策，那么该投资项目就相当于执行期为 T 年的美式看涨期权，这显然比现在就做出项目决策有更大的价值。

这个看涨期权的标的资产，即项目资产是支付“红利”的，这里的“红利”就是项目上马后产生的现金流。该项目上马意味着提早得到现金流，但要投入资本 Cost；晚上马则意味着损失现金流，但可赢得投入资本 Cost 的利息。如果是好项目，晚上马会造成损失；如果是坏项目，晚上马或不上马会带来收益。权衡利弊得失，求出最优上马时间(或不上马)是管理者的任务，因为可以等待，管理者就有机会捕捉最有利的时机来增加收益，避免损失。

一般说来，无“红利”的美式看涨期权是不会提前执行的，有“红利”的也不会总是提前执行。但如果“红利”数额很大，会使其拥有者在“红利”支付前执行看涨期权。财务经理在投资决策时也会采取相同的行动：当投资项目预报的现金流充分大时，他们会马上投资，抓住这些现金流；当预报的现金流比较小时，他们会倾向于继续保持其看涨期权，而不是马上投资，甚至 $NPV>0$ 时也是如此。这说明，为什么经理们有时对 $NPV>0$ 的项目也犹豫不决，在 NPV 接近于 0 时，持有看涨期权会给企业增加最大的价值。

例 7-2 某企业计划购买某一油田的开发权，与油田所有者签订协议，既可以现在开发也可以推迟 1 年开发，开发成本为 118 万元。该企业预测市场情况有好与坏两种：好的情况下的现金流是 200 万元，坏的情况下的现金流是 80 万元，概率各为 50%。设折现率为 25%，无风险利率为 8%，问企业是否应购买该油田的开发权？

解 企业的投资中获得了一个推迟开发期权，如果不考虑这一期权价值，应用现金流评估其价值，则：

$$NPV_1=\frac{200\times 0.5+80\times 0.5}{1+0.25}-118=-6<0$$

显然，这是一个不可接受的投资。但如果考虑期权的价值，情况就有所变化。考虑期

权后，该投资分如图 7-9 所示的 3 种情况。

前面两种情况很明显，第 3 种情况需要进行说明。企业推迟 1 年开发，可确知市场情况，其收入分两种情况：好的情况下收入为 $\max[200-118\times1.08,0]=72.56$；坏的情况下为 $\max[80-118\times1.08,0]=0$。

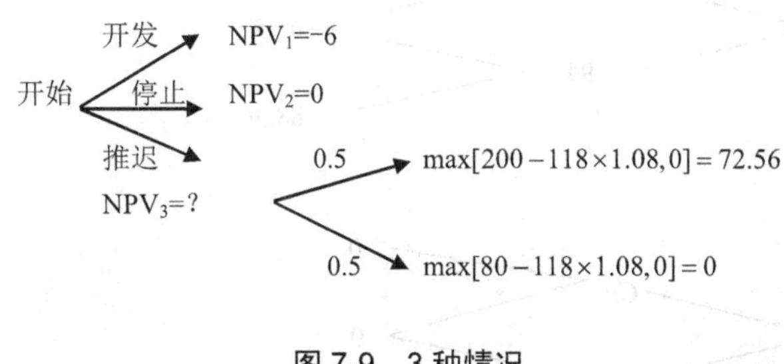

图 7-9　3 种情况

要估算期权价值，需要构造可观测证券的投资组合，利用可比证券的投资组合，计算推迟期权的价值。本例中可以设想为 h 股 S 股票和 B 现金的组合，组合满足以下要求：

$$h\times uS+(1+r_f)B=72.56$$

$$h\times dS+(1+r_f)B=0$$

式中：uS ——股票最高价；

dS ——股票最低价。

假设 uS =50 元，dS =20 元，现价 S = 28 元，r_f =0.08，则：

B=−44.79 元，h=2.418667

也就是说，可用 2.418667 股股票和借入 44.79 元的投资组合模拟期权，二者的价值是一样的，所以项目延迟期权的价值为 22.93 万元($2.418667\times28-44.79=22.93$)。

项目扩展的 NPV= $-6+22.93=16.93$>0，故该创业投资项目不能拒绝，它是有投资价值的，应保留该项目的投资权，因为期末进行投资的净现值大于现在进行投资的净现值，或者应该以 22.93 元的价值购买该项目的投资权。

从上例可以看出，期权应用于投资项目决策要求掌握潜在风险资产的数据，找到可用于模拟的证券组合，这在实践中是一项复杂的工作，经常需要计算机程序来完成，当复杂的时候，还要咨询有关专家的意见。

为了加深理解，下面再举一个例子来说明。

例 7-3　假设一个项目当前的现值为 100 万元，它每年的经营存在两种可能，一是按当年的现值以 8%增长，二是按当年的现值以 6%负增长。如果允许在项目投资 2 年后，投资者可以以 90 万元的价格卖掉这个项目。假设无风险利率为 5%。那么卖掉这个项目的权利价值是多少？

解 这是一个典型的实物期权，2年后项目的计算如图7-10所示。

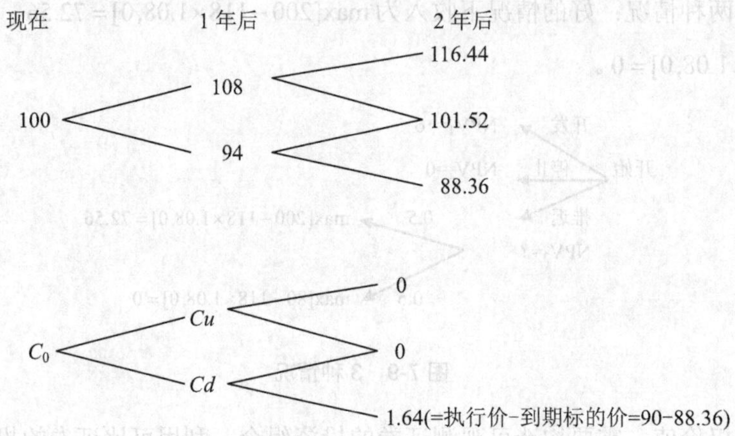

图7-10 二项式定价方法对实物期权的图解

其中，风险中性概率的计算为

$$p=\frac{e^{r(T-t)}-d}{u-d}=\frac{e^{0.05\times1}-0.94}{1.08-0.94}=0.786，1-p=1-0.786=0.214$$

则权利价值为

$$Cu=[pCuu+(1-p)Cud]e^{-r\Delta t}=0$$

$$Cd=[pCud+(1-p)Cdd]e^{-r\Delta t}=(0.786\times0+0.214\times1.64)e^{-0.05\times1}=0.334(万元)$$

$$C=[pCu+(1-p)Cd]e^{-r\Delta t}=(0.786\times0+0.214\times0.334)e^{-0.05\times1}=0.068(万元)$$

所以，卖掉这个项目的权利价值为0.068万元。

思 考 题

1. 股票当前价格 S=25元，执行价格 X=25元，无风险年利率 r=8%，股票的波动率 σ=30%，期权到期期限 T=0.5年。用二项式期权定价模型计算对应的欧式看涨期权和看跌期权的价格。

2. 你要估计一下看涨期权的价值：执行价为100美元，为期1年；标的股票不支付股息，现价为100美元。你认为价格涨至120美元或跌至80美元的可能性均为50%，无风险利率为10%。用两状态股价模型计算该看涨期权的价值。

第 8 章　期权定价的 Black-Scholes 公式

【本章精粹】

本章将讨论欧式看涨-看跌期权定价的 Black-Scholes 模型的导出及其计算过程，运用 VBA 简化其计算技巧，并进一步研究 Black-Scholes 期权定价公式在股票风险度量中的应用，即根据期权的定价反过来对股票价格的波动性进行度量。

8.1 Black-Scholes 期权定价公式的导出

首先，本节将介绍 Black-Scholes 期权定价模型的推导过程。

8.1.1 标准布朗运动

$\{z_t\}$标准布朗(Brown)运动必须满足以下两个条件。

(1) 在某一小时段Δt内，它的变动与白噪声(分布均匀的随机数)相关，可用下列公式表示：

$$\Delta z_t = \varepsilon\sqrt{\Delta t} \tag{8-1}$$

式中：$\Delta z_t = z_t - z_{t-1}$，$\varepsilon \sim N(0,1)$

(2) 在两个不重叠时段Δt和Δs内，z_t的增量Δz_t和Δz_s是独立的，即：

$$\operatorname{cov}(\Delta z_t, \Delta z_s) = 0 \tag{8-2}$$

$$\Delta z_t = z_t - z_{t-1}，\Delta z_s = z_s - z_{s-1}，z_{t-1} < z_t < z_{s-1} < z_s$$

条件(1)表示标准布朗运动的增量服从正态分布，条件(2)表示标准正态布朗运动是一个独立增量过程。

根据上面的条件，有随机增量Δz_t的概率分布性质为

$$E(\Delta z_t) = 0$$

$$\operatorname{var}(\Delta z_t) = \operatorname{var}(\varepsilon\sqrt{\Delta t}) = \Delta t$$

当时段的长度放大至T时(即从现在 0 到未来T)时，随机增量Δz_t的概率分布为

$$E(\Delta z_T) = 0(\Delta z_T = z_T - z_0)$$

$$\operatorname{var}(\Delta z_T) = T$$

在连续时间下，式(8-1)及式(8-2)分别转化成

$$\mathrm{d}z_t = \varepsilon\sqrt{\mathrm{d}t} \tag{8-3}$$

$$\operatorname{cov}(\mathrm{d}z_t, \mathrm{d}z_s) = 0 \tag{8-4}$$

8.1.2 一般布朗运动

当增量的期望不为 0，且方差不是 1 时，这种随机过程称为一般布朗运动，其数学方程定义如下：

$$\mathrm{d}X_t = a\mathrm{d}t + b\mathrm{d}z_t \tag{8-5}$$

式中：$\mathrm{d}X_t$——随机变量 X_t 的瞬间变量；

a——随机变量 X_t 的瞬间变量期望值(每单位时间 Δt)；

b——随机变量 X_t 的瞬间变量标准差(每单位时间 Δt)。

根据式(8-5)，随机变量 X_t 的瞬间变量 $\mathrm{d}X_t$ 的概率分布性质为

$$E(\mathrm{d}X_t) = a\mathrm{d}t \tag{8-6}$$

$$\mathrm{var}(\Delta X_t) = b^2\mathrm{d}t, \sqrt{\mathrm{var}(\mathrm{d}X_t)} = b\sqrt{\mathrm{d}t}$$

因此，$\mathrm{d}X_t \sim N(a\mathrm{d}t, b^2\mathrm{d}t)$ 。

8.1.3　*Itô* 公式的推导

首先，给出如下一个结论。

若令 $\mathrm{d}t \to 0(\Delta \to 0)$，记$\mathrm{d}X_t$是$D_k = X_{t_{k+1}} - X_{t_k}$ 的极限(X_t 为布朗运动)，有 $E(\mathrm{d}X_t^2) = \mathrm{d}t$，$\mathrm{var}(\mathrm{d}X_t^2) = E(\mathrm{d}X_t^4) - [E(\mathrm{d}X_t^2)]^2 = 3\mathrm{d}t^2 - \mathrm{d}t^2 = 2\mathrm{d}t^2$ 。因此，忽略 $\mathrm{d}t$ 的高阶小量，近似地认为

$$\mathrm{d}X_t^2 = \mathrm{d}t \tag{8-7}$$

即不计高阶小量，随机变量 $\mathrm{d}W_t$ 的平方是一个与 $\mathrm{d}t$ 等价的确定的无穷小量。

设 $Y_t = f(X_t, t)$ ，其中 X_t 是一个随机过程，问 $\mathrm{d}Y_t = \mathrm{d}f(X_t, t) = ?$

这就是本节要讨论的 *Itô* 公式。*Itô* 公式是随机分析中复合函数求微分的法则。

定理(*Itô* 公式)设 $V_t = V(S_t, t)$ ，V 是二元可微函数。若随机过程 S_t 适合随机微分方程 $\mathrm{d}S_t = \mu(S_t, t)\mathrm{d}t + \sigma(S_t, t)\mathrm{d}X_t$ ，则：

$$\begin{aligned} \mathrm{d}V_t &= \left[\frac{\partial V}{\partial t}\mathrm{d}t + \frac{1}{2}\sigma^2(S_t, t)\frac{\partial^2 V}{\partial S^2}\right]\mathrm{d}t + \frac{\partial V}{\partial S}\mathrm{d}S_t \\ &= \left[\frac{\partial V}{\partial t}\mathrm{d}t + \mu(S_t, t)\frac{\partial V}{\partial S} + \frac{1}{2}\sigma^2(S_t, t)\frac{\partial^2 V}{\partial S^2}\right]\mathrm{d}t + \sigma(S_t, t)\frac{\partial V}{\partial S}\mathrm{d}X_t \end{aligned} \tag{8-8}$$

证明：由 Taylor 展式

$$\mathrm{d}V_t = \frac{\partial V}{\partial t}\mathrm{d}t + \frac{\partial V}{\partial S}\mathrm{d}S_t + \frac{1}{2}\frac{\partial^2 V}{\partial S^2}(\mathrm{d}S_t)^2 + o(\mathrm{d}t\mathrm{d}S_t) \tag{8-9}$$

由于式(8-5)，所以有

$$\begin{aligned} (\mathrm{d}S_t)^2 &= [\mu(S_t, t)\mathrm{d}t + \sigma(S_t, t)\mathrm{d}X_t]^2 = \sigma^2(\mathrm{d}X_t)^2 + 2\mu\sigma\mathrm{d}t\mathrm{d}X_t + \mu^2\mathrm{d}t^2 \\ &= \sigma^2\mathrm{d}t + o(\mathrm{d}t) \end{aligned}$$

把它代回式(8-8)，得到

$$\mathrm{d}V_t = \left(\frac{\partial V}{\partial t}\mathrm{d}t + \frac{1}{2}\sigma^2\frac{\partial^2 V}{\partial S^2}\right)\mathrm{d}t + \frac{\partial V}{\partial S}[\mu\mathrm{d}t + \sigma\mathrm{d}X_t] + o(\mathrm{d}t)$$

即式(8-8)成立。

8.1.4 股票价格过程

股票价格 S_t 被认为是一个几何布朗运动：

$$S_t = f(x_T) = S_0 e^{x_T} = S_0 \exp(aT + bX_T)$$

其中，$x_T = aT + bX_T$ 是一个几何布朗运动。因为 $f(x) = S_0 e^x$，所以

$$\partial f / \partial t = 0, \partial f / \partial x = S_0 e^x = S_t, \partial^2 f / \partial x^2 = S_0 e^x = S_t$$

应用上面的 *Itô* 公式：

$$\begin{aligned} dS_t &= (\partial f / \partial t + a \times \partial f / \partial x + 1/2 b^2 \partial^2 f / \partial x^2) dt + b \times \partial f / \partial x \times dX_t \\ &= (a + 0.5b^2) S_t dt + bS_t dX_t \end{aligned}$$

对上式两端积分，得到

$$\ln \frac{S_T}{S_0} = (a + 0.5b^2)T + bX_t$$

设 $a = \mu S_T, b = \sigma S_T$，上式变为

$$\ln \frac{S_T}{S_0} = (\mu S_T + 0.5\sigma^2 S_T^2)T + \sigma S_T X_t$$

对于 $f(x) = \ln S_T$，有

$$\partial f / \partial t = 0, \partial f / \partial x = 1 / S_T, \partial^2 f / \partial x^2 = -1 / S_T^2$$

再次利用上面的 *Itô* 公式：

$$\begin{aligned} d\ln S_t &= (\partial f / \partial t + \mu S_T \times \partial f / \partial x + 1/2 \sigma^2 S_T^2 \times \partial^2 f / \partial x^2) dt + \sigma S_T \times \partial f / \partial x \times dX_t \\ &= \left(\frac{1}{S_T} \mu S_T - \frac{1}{S_T^2} \sigma^2 S_T^2 \right) dt + \frac{1}{S_T} \sigma S_T dX_t \\ &= (\mu - 0.5\sigma^2) dt + \sigma dX_t \end{aligned}$$

对上式两端积分，得

$$S_T = S_0 \exp(\mu T - 0.5\sigma^2 T + \sigma X_T)$$

上式即为股票价格过程。

把上式改为

$$S_T = S_t \exp(\mu\tau - 0.5\sigma^2\tau + \sigma X_\tau), \tau = T - t$$

利用 $z = dX_\tau / \sqrt{\tau}$，将 dX_τ 转化为标准正态变量，其中 $z \sim N(0,1)$，上式变为

$$S_T = S_t \exp(\mu\tau - 0.5\sigma^2\tau + \sigma \times z\sqrt{\tau}) \qquad (8\text{-}10)$$

上式的离散形式为

$$S_{t+\Delta t} = S_t \exp(\mu\tau - 0.5\sigma^2\tau + \sigma \times z\sqrt{\Delta t})$$

8.1.5　Black-Scholes 欧式看涨期权定价公式的导出

期望价值定价方法又称风险中性定价方法，风险中性是指投资者是风险中性的，他们认为股票的预期收益率或漂移率等于无风险利率，即 $\mu = r$。在这样的风险中性的假设下，股票的几何布朗运动模型，由式(8-10)变为

$$S_T = S_0 \exp[(r - 0.5\sigma^2)T + \sigma \times z\sqrt{T}]$$

上述方程被称为修正的几何布朗运动。下面将利用修正的股票价格的几何布朗运动对欧式看涨期权定价，其中，到期时间为 T，执行价格为 X，期权多头的最终报酬是 $(S_T - X)^+ = \max\{S_T - X, 0\}$，因此

$$V = \mathrm{e}^{-rT} E[(S_T - X)^+]$$

$$V = \mathrm{e}^{-rT} E[(S_0 \exp[(r - 0.5\sigma^2)T + \sigma \times z\sqrt{T}] - X)^+]$$

从而

$$V = \frac{\mathrm{e}^{-rT}}{\sqrt{2\pi}} \int_{-\infty}^{+\infty} (S_0 \exp[(r - 0.5\sigma^2)T + \sigma \times x\sqrt{T} - X)^+ \mathrm{e}^{-x^2/2} \mathrm{d}x \qquad (8\text{-}11)$$

通过积分的一些基本规则，将计算期望值。推导过程如下。

首先计算式(8-11)括号中的表达式。当 $S_0 \exp[(r - 0.5\sigma^2)T + \sigma \times x\sqrt{T}] - X > 0$ 成立时，括号中的表达式非零。那么，通过解 $S_0 \exp[(r - 0.5\sigma^2)T + \sigma \times a\sqrt{T}] - X = 0$，可得 a 值为

$$a = \frac{\ln(X / S_0) - (r - 0.5\sigma^2)T}{\sigma\sqrt{T}}$$

把积分 $V = \frac{\mathrm{e}^{-rT}}{\sqrt{2\pi}} \int_a^{+\infty} (S_0 \exp[(r - 0.5\sigma^2)T + \sigma \times x\sqrt{T}] - X)^+ \mathrm{e}^{-x^2/2} \mathrm{d}x$ 分为两部分。

第一部分为

$$\frac{1}{\sqrt{2\pi}} \int_a^{\infty} -X\mathrm{e}^{-x^2/2} \mathrm{d}x = -X(1 - N(a)) = -XN(-a)$$

第二部分为

$$V = \frac{1}{\sqrt{2\pi}} \int_a^{+\infty} S_0 \exp[(r - 0.5\sigma^2)T + \sigma \times x\sqrt{T})\, \mathrm{e}^{-x^2/2} \mathrm{d}x$$

$$= \frac{1}{\sqrt{2\pi}} S_0 \exp[(r - 0.5\sigma^2)T]] \int_a^{\infty} \exp[-(x^2/2 - \sigma\sqrt{T}x)] \mathrm{d}x$$

为得到最终的积分，采用凑平方的数学方法：

$$x^2/2 - \sigma\sqrt{T}x = x^2/2 - \sigma\sqrt{T}x + \sigma^2 T/2 - \sigma^2 T/2 = (x - \sigma\sqrt{T})^2/2 - \sigma^2 T/2$$

则

$$\frac{1}{\sqrt{2\pi}}\int_a^{\infty}\exp[-(x^2/2-\sigma\sqrt{T}x)]\mathrm{d}x=\frac{1}{\sqrt{2\pi}}\int_a^{\infty}\exp[-(x-\sigma\sqrt{T})^2/2+\sigma^2T/2)]\mathrm{d}x$$

下面进行变量替换，令 $y=x-\sigma\sqrt{T}$ ，积分变为

$$\exp(\sigma^2T/2)\frac{1}{\sqrt{2\pi}}\int_{a-\sigma\sqrt{T}}^{\infty}\exp(-y^2/2)\mathrm{d}y=\exp(\sigma^2T/2)(1-N(a-\sigma\sqrt{T}))$$

将第二部分中的 $\exp(\sigma^2T/2)$ 简约，经过进一步变化，得

$$S_0\exp(rT)N(-(a-\sigma\sqrt{T}))$$

根据上面的推导，将第一部分和第二部分的结果代入，得

$$\begin{aligned}V&=\exp(-rT)E[(S_T-X)^+]=\exp(-rT)S_0N(-(a-\sigma\sqrt{T}))-\exp(-rT)XN(-a)\\&=S_0N(-(a-\sigma\sqrt{T}))-X\exp(-rT)N(-a)\end{aligned}$$

由于 $a=\dfrac{\ln(X/S_0)-(r-0.5\sigma^2)T}{\sigma\sqrt{T}}$，即：

$$-a=\frac{\ln(S_0/X)+(r-0.5\sigma^2)T}{\sigma\sqrt{T}}$$

同时

$$-(a-\sigma\sqrt{T})==\frac{\ln(S_0/X)+(r+0.5\sigma^2)T}{\sigma\sqrt{T}}$$

令 $d_2=-a, d_1=-(a-\sigma\sqrt{T})$

则

$$V=S_0N(d_1)-\exp(-rT)XN(d_2)$$

式中：S——股票的当前价格；

X——期权执行价格；

T——(看涨或看跌)期权的到期期限；

r——无风险利率(与期权执行期限相同的无风险资产的连续复利的年收益率)；

σ——股票连续复利的年收益率的标准差；

$N(d)$——对应的标准正态分布值(即标准正态分布 d 的概率)；

e——自然对数的底；

ln——自然对数函数。

股票在到期日之前不支付股息。收益率服从正态分布。

利用平价公式即可得到看跌期权的定价公式。要注意的是，上面的 Black-Scholes 期权定价公式是建立在下面假设的基础之上的。

(1) 股票价格行为服从对数正态分布模式。

(2) 在期权有效期内，无风险利率和金融资产收益变量是恒定的。

(3) 市场无摩擦，即不存在税收和交易成本。

(4) 金融资产在期权有效期内无红利及其他所得(该假设后被放弃)。

(5) 该期权是欧式期权，即在期权到期前不可实施。

(6) 不存在无风险套利机会。

(7) 证券交易是持续的。

(8) 投资者能够以无风险利率借贷。

8.2 Black-Scholes 期权定价的计算

8.2.1 Black-Scholes 期权定价模型的 Excel 计算过程

下面通过实例来解释 Black-Scholes 期权定价公式的 Excel 计算过程，以及用 VBA 自定义函数来计算期权定价。

在 Excel 中很容易运用 Black-Scholes 期权定价模型求出看涨期权和看跌期权的价格。

例 8-1　当前股票价格 S=25 元，执行价格 X=25 元，无风险利率 r=8%，股票的波动率 σ=30%，期权到期时间 T=0.5 年，计算对应的欧式看涨期权和看跌期权的价格。

解　具体操作步骤如下。

(1) 求出 d_1, d_2 对应的值。单击 B9 单元格，在编辑栏中输入“=(LN(B3/B4)+(B5+0.5*B7^2)*B6)/(B7*SQRT(B6))”；单击 B10 单元格，在编辑栏中输入“=B9-SQRT(B6)*B7”。

(2) 确定出 $N(d_1), N(d_2)$ 对应的值。单击 B12 单元格，在编辑栏中输入“=NORMSDIST(B9)”；单击 B13 单元格，在编辑栏中输入“=NORMSDIST(B10)”。

(3) 根据 Black-Scholes 期权定价公式对应的看涨期权的价格求出对应的看跌期权的价格。单击 B15 单元格，在编辑栏中输入“=B3*B12-B4*EXP(-B5*B6)*B13”。

(4) 运用平价公式 $P = C - S + Xe^{-rT}$，根据看涨期权的价格求出对应的看跌期权的价格。单击 B16 单元格，在编辑栏中输入“=B15-B3+B4*EXP(-B5*B6)”。

(5) 运用 Black-Scholes 期权定价公式的欧式看跌期权定价公式求出看跌期权的价格。单击 B17 单元格，在编辑栏中输入“=B4*EXP(-B5*B6)* NORMSDIST(-B10)-B3*NORMSDIST(-B9)”。

结果如图 8-1 所示。

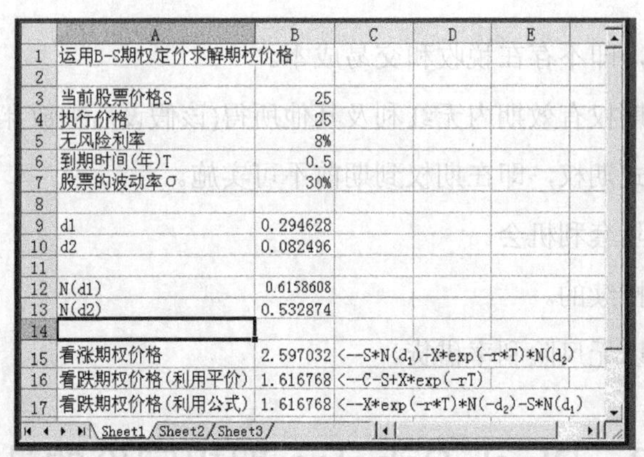

	A	B	C	D	E
1	运用B-S期权定价求解期权价格				
2					
3	当前股票价格S	25			
4	执行价格	25			
5	无风险利率	8%			
6	到期时间(年)T	0.5			
7	股票的波动率σ	30%			
8					
9	d1	0.294628			
10	d2	0.082496			
11					
12	N(d1)	0.6158608			
13	N(d2)	0.532874			
14					
15	看涨期权价格	2.597032	<--S*N(d_1)-X*exp(-r*T)*N(d_2)		
16	看跌期权价格(利用平价)	1.616768	<--C-S+X*exp(-rT)		
17	看跌期权价格(利用公式)	1.616768	<--X*exp(-r*T)*N(-d_2)-S*N(d_1)		

Sheet1 / Sheet2 / Sheet3

图 8-1　Black-Scholes 期权定价公式求看涨、看跌期权价格

注意：在此计算了两次看跌期权的价格，一次使用看跌期权–看涨期权平价原理，另一次使用 Black-Scholes 期权定价公式，可以得到相同结果。

例 8-2　假设政府以招标的形式转让土地的有偿使用权，有一投资商想要购买一块荒地用于开发城市居民区，那么投资商究竟应该投标多少金额呢？进一步假设投资商要在这片荒地上投入 10 亿元进行基础设施开发，然后按照现有可比性的相同住宅的现价，估计用 2 年时间将基础设施建成后，这片土地的价值为 15 亿元，并且投资测算出当前市场对未来土地价格预期的波动率是 0.3，同期无风险利率是 5%。

解　如果用净现值法求解，可能会选择这样的计算公式：

$$\mathrm{NPV} = -10 + 15\mathrm{e}^{-0.05\times 2} = 3.57(\text{亿元})$$

即未来的预期价格是 15 亿元，当前的投入是 10 亿元，然后利用净现值法得出 3.57 亿元的估计。这种方法忽略了土地承载的许多不确定因素，如果按这个估计进行投标有可能竞标失败，因为投资商忽略了自己可能由于这些不确定性而获得高额回报的机会。

如果投资商把投标想象成一个实物看涨期权，这个期权运行投资商在 2 年(T-t)后以 10 亿元(执行价格)的代价获得一片价值 15 亿元(标的价格)的土地资产，期间的无风险利率是 5%，波动率是 0.3，那么应用上面的 Black-Scholes 公式进行计算，可以得出该片土地的价值是 6.23 亿元，大于净现值法预测的结果。投资商可以按照这个价格进行投标。

这里投资商之所以能用高于净现值的价格去投标，原因在于这项资产的波动率。波动率意味着投资商买下这片土地，2 年后土地的价值有可能高于预期的 15 亿元，因而能够获得更高的利益。当然，如果市场上其他的投标人也预测到 0.3 水平的波动率，他们也可能报出 6.23 亿元的投标价格。如果最后有人以高于这个价格获得这片土地，那么说明他判断未来土地价格的波动率高于市场上 0.3 的水平。

这个例子说明，只要某项资产的价格受特定的不确定性因素的影响，就可以应用实物期权对这项资产进行定价。定价时要明确找出影响其价格不确定性的来源，而不要简单地观察该项资产的历史价格波动，同时应用 Black-Scholes 公式对实物期权进行定价时，一定要选取一个和待估资产承受相同不确定性的“复制资产”，然后在金融市场上观察该“复制资产”的波动率。对于期权的投资者来说，一旦拥有了某项资产的期权，那么该项资产的不确定性就越强，投资人手中的期权也越有价值。

8.2.2　期权价格和内在价值随股票价格变化的比较分析

由于 Black-Scholes 期权定价公式是关于期权定价的连续型公式，所以使用 Excel 容易分析期权价格的灵敏性，即可用 Black-Scholes 期权定价公式得出的看涨期权的价格与看涨期权的内在价值进行比较，分析两者随股票价格的变化差异。

在例 8-1 的基础上，可以用模拟运算表求出不同股票价格下的看涨期权的价格和内在价值，具体操作步骤如下。

(1)　此处采用 10～35 元区间的股价，每次增加 2.5 元。单击 A22 单元格输入“10”，单击 A23 单元格，在编辑栏中输入“=A22+2.5”，使用自动填充单元格命令填充到 A32。

(2)　在现在股价下，计算看涨期权对应的价格，单击 B21 单元格，在编辑栏中输入“=B15”; 计算看涨期权的内在价值，单击 C21 单元格，在编辑栏中输入“=MAX(B3-B4,0)”。

(3)　选择 A21:C32 单元格区域，选择【数据】|【模拟运算表】命令，出现【模拟运算表】对话框，在【输入所引用列的单元格】列表框中选择股价对应的 B3 单元格，完成后单击【确定】按钮。结果如图 8-2 所示。

	A	B	C	D
19	股票	看涨期权	内在	
20	价格	价格	价值	
21		2.597032043	0	
22	10	1.29408E-05	0	
23	12.5	0.001053997	0	
24	15	0.018528597	0	
25	17.5	0.129037806	0	
26	20	0.49746469	0	
27	22.5	1.297035624	0	
28	25	2.597032043	0	
29	27.5	4.341892958	2.5	
30	30	6.411299266	5	
31	32.5	8.684918903	7.5	
32	35	11.07341867	10	

图 8-2　模拟运算表

(4)　在做出模拟运算表的基础上，运用 Excel 的【图表】功能即可画出对应的不同股价下看涨期权的价格和内在价值图，如图 8-3 所示。

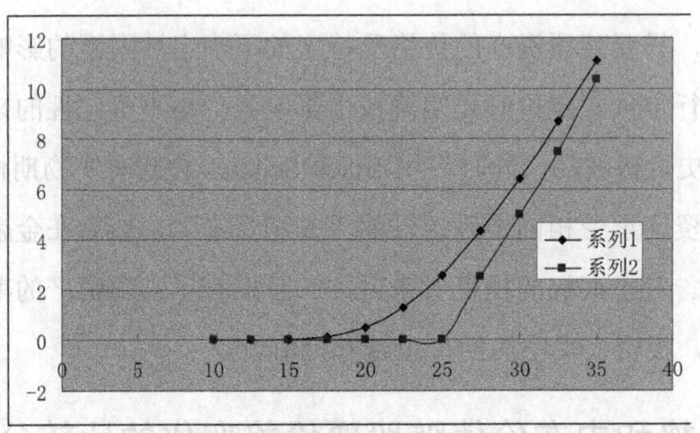

图 8-3　看涨期权的价格与内在价值

从图 8-3 中可以看出，开始时看涨期权的价格和内在价值相等，随着股价的上涨，二者之差逐渐增大，当股价超过 30 元后，两者差额逐渐稳定。由此可以看出，看涨期权的价格大于其内在价值，两者对应的差额即为看涨期权的时间价值。

8.2.3　运用 VBA 程序计算看涨期权价格、看跌期权价格

在 Excel 中可以按 8.2.2 节介绍的方法来运用 Black-Scholes 期权定价公式进行期权定价，还可以运用 VBA 定义 B-S 期权定价函数，从而更简便地给期权定价。

Black-Scholes 期权定价公式的 VBA 程序如下。

```
Function dOne(Stock, Exercise, Time, Interest, sigma)
 dOne = (Log(Stock / Exercise) + Interest * Time) / (sigma * Sqr(Time)) + 0.5 * sigma * Sqr(Time)
End Function

Function CallOption(Stock, Exercise, Time, Interest, sigma)
 CallOption = Stock * Application.NormSDist(dOne(Stock, Exercise, Time, Interest, sigma)) - Exercise * Exp(-Time * Interest) * Application.NormSDist(dOne(Stock, Exercise, Time, Interest, sigma) - sigma * Sqr(Time))
End Function

Function PutOption(Stock, Exercise, Time, Interest, sigma)
 PutOption = CallOption(Stock, Exercise, Time, Interest, sigma) + Exercise * Exp(-Time * Interest) - Stock
End Function
```

第一段程序定义了 d_1 函数，第二段、第三段程序分别定义了看涨期权 Black-Scholes 定价函数 CallOption 和看涨期权定价函数 PutOption。

注意：Excel 中的 NORMSDIST 函数表示标准正态分布，而在 VBA 中运用此功能，对应的是 Application.NormSDist 形式。

例 8-3　当前股票价格 S=25 元，执行价格 X=25 元，无风险利率 r=8%，股票的波动率 σ=30%，期权到期时间 T=0.5 年，运用 CallOption 和 PutOption 函数求出对应的欧式看涨期权和看跌期权的价格。

解　具体步骤如下。

(1) 建立一个 Excel 工作表，输入已知数据，如图 8-4 中的 A3:B7 单元区域所示。

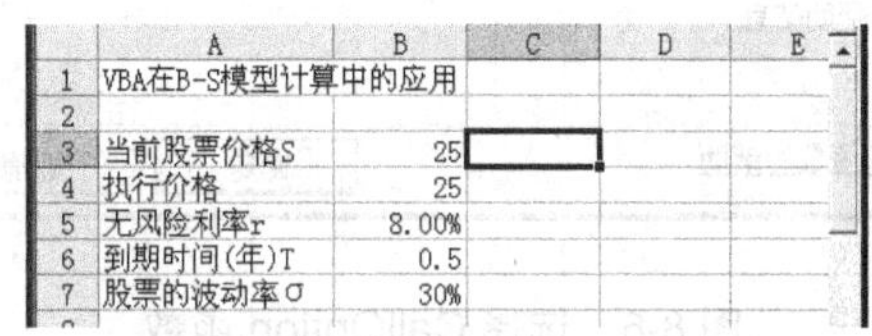

	A	B	C	D	E
1	VBA在B-S模型计算中的应用				
2					
3	当前股票价格S	25			
4	执行价格	25			
5	无风险利率r	8.00%			
6	到期时间(年)T	0.5			
7	股票的波动率σ	30%			

图 8-4　输入数据

(2) 求看涨期权的价格。选定 B9 单元格，选择【工具】菜单中的【宏】命令。

(3) 在弹出的菜单中单击【Visual Basic 编辑器】命令或按 Alt+F11 组合键，进入 Microsoft Visual Basic 窗口。单击【插入】|【模块】命令，系统出现一个空白编辑框，在窗口左下角【属性-vbabs】栏的名称后输入将要编辑的模块名称，然后输入上面的程序，如图 8-5 所示。

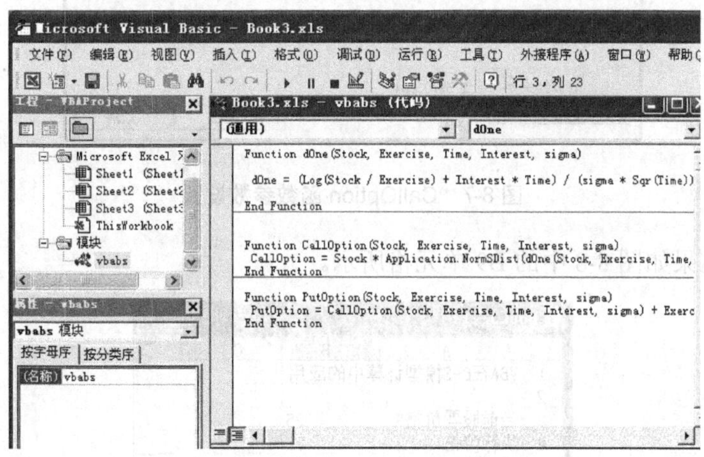

图 8-5　VBA 程序代码窗口

(4) 单击【调试】|【编译 VBAproject(L)】命令，查找程序是否有错误。

(5) 若编译通过，则单击工具栏中的 Excel 图标，返回 Excel 工作表。

(6) 选择【插入】|【函数】命令，系统弹出【插入函数】对话框。

(7) 在【选择类别】下拉列表框中选择【用户定义】选项，在【选择函数】列表框中选择刚刚编辑的 CallOption 函数，如图 8-6 所示，单击【确定】按钮。

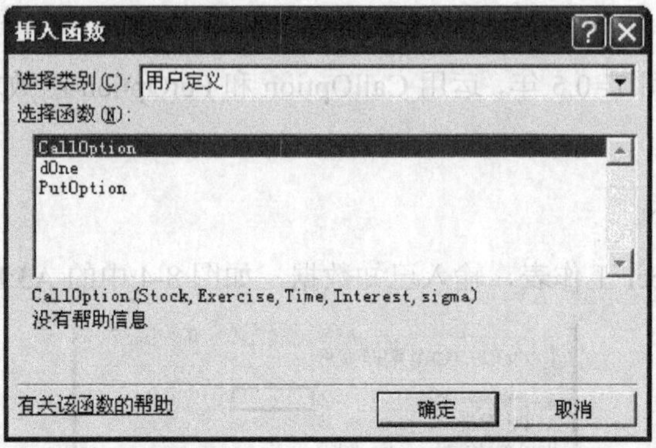

插入函数

选择类别(C): 用户定义

选择函数(N):

CallOption
dOne
PutOption

CallOption(Stock,Exercise,Time,Interest,sigma)
没有帮助信息

有关该函数的帮助　确定　取消

图 8-6　选择 CallOption 函数

(8) 弹出【函数参数】对话框，输入如图 8-7 所示的参数，单击【确定】按钮。

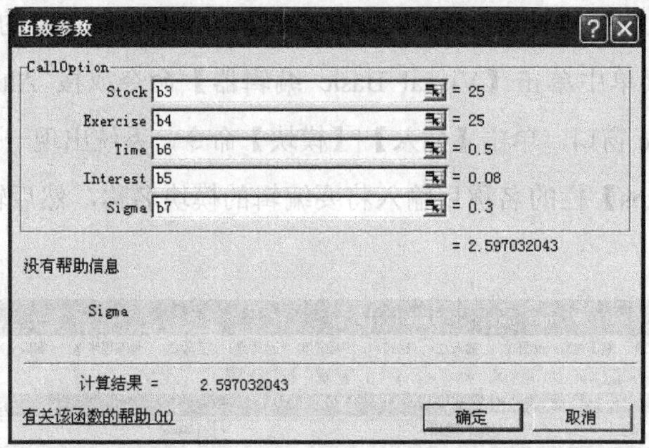

图 8-7　CallOption 函数参数设置

(9) 计算结果如图 8-8 中的 B9 单元格所示。

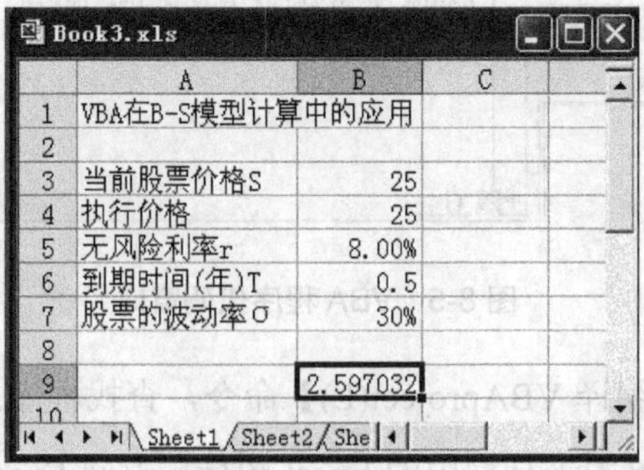

Book3.xls

	A	B	C
1	VBA在B-S模型计算中的应用		
2			
3	当前股票价格S	25	
4	执行价格	25	
5	无风险利率r	8.00%	
6	到期时间(年)T	0.5	
7	股票的波动率σ	30%	
8			
9		2.597032	
10			

Sheet1 / Sheet2 / She

图 8-8　计算结果

看跌期权的计算方法与看涨期权的计算方法一样，从图 8-8 中可以看出，这个结果与例 8-1 中的结果一样。

8.2.4　运用单变量求解计算股票收益率的波动率

前面介绍了通过股票和债券的给定指标，如当前股票价格 S、利率 r、股票收益率 σ 等，用 Black-Scholes 期权定价公式计算任意到期时间 T 和执行价格 X 下的看涨期权和看跌期权的价格；反过来，在已知看涨期权价格 C、当前股票价格 S、利率 r、期权到期时间 T 和执行价格 X 的情况下应用 Black-Scholes 期权定价公式可以求出股票收益率的波动率 σ，而股票收益率的波动率表示股票的风险。下面通过具体实例分析应用 Black-Scholes 期权定价公式估计股票收益率的波动率。

例 8-4　某股票的看涨期权价格 C=3 元，当前股价 S=35 元，期权执行价格 X=40 元，无风险利率 r=6%，到期时间 T=1 年，试推断由期权定价决定的隐含的股票收益率的波动率 σ。

解　计算隐含波动率 σ 可以应用 Excel 中的单变量求解命令，具体步骤如下。

(1)　任意给定一波动率 σ，此处采用 20%(并非实际值)，在该波动率下求出对应的看涨期权的价格。

(2)　求出 d_1, d_2 对应的值。单击 B9 单元格，在编辑栏中输入“=(LN(B3/B4)+(B5+0.5*B7^2)*B6)/(B7*SQRT(B6))”；单击 B10 单元格，在编辑栏中输入“=B9-SQRT(B6)*B7”。

(3)　确定出 $N(d_1), N(d_2)$ 对应的值。单击 B12 单元格，在编辑栏中输入“=NORMSDIST(B9)”；单击 B13 单元格，在编辑栏中输入“=NORMSDIST(B10)”。

(4)　根据 Black-Scholes 期权定价公式，求对应的看涨期权的价格。单击 B15 单元格，在编辑栏中输入“=B3*B12-B4*EXP(-B5*B6)*B13”。

(5)　求出看涨期权的价格为 1.75 元，而已知的看涨期权的价格为 3 元。单击【工具】|【单变量求解】命令，在出现的【单变量求解】对话框中选择【目标单元格】为 B15，【目标值】为 3，【可变单元格】为b7，如图 8-9 所示。

(6)　单击【确定】按钮，出现【单变量求解状态】对话框，单击【确定】按钮，结果如图 8-10 所示。

从图 8-10 中可以看出，通过 Black-Scholes 期权定价公式，运用单变量求解法可以很容易地计算出股票收益率的波动率为 29.0957%。波动率代表着股票的风险，所以 Black-Scholes 期权定价公式可以应用在股票的风险度量上。

隐含的波动率 σ 也可以通过反复试算得到。

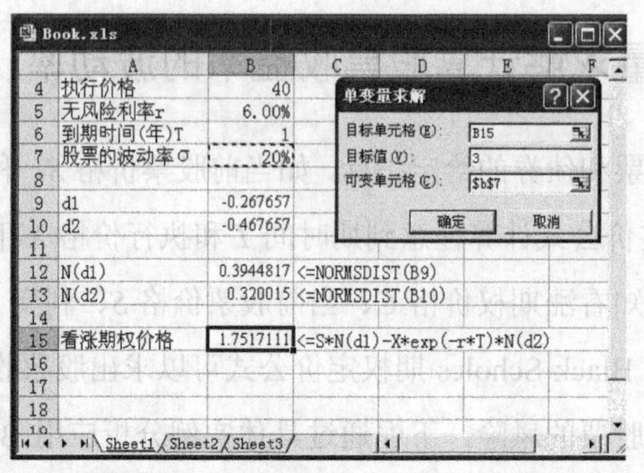

	A	B	C
4	执行价格	40	
5	无风险利率r	6.00%	
6	到期时间(年)T	1	
7	股票的波动率σ	20%	
8			
9	d1	-0.267657	
10	d2	-0.467657	
11			
12	N(d1)	0.3944817	<=NORMSDIST(B9)
13	N(d2)	0.320015	<=NORMSDIST(B10)
14			
15	看涨期权价格	1.7517111	<=S*N(d1)-X*exp(-r*T)*N(d2)
16			
17			
18			

图 8-9 应用模拟运算表求波动率

	A	B	C	D	E
1	应用B-S模型计算波动率σ				
2					
3	当前股票价格S	35			
4	执行价格	40			
5	无风险利率r	6.00%			
6	到期时间(年)T	1			
7	股票的波动率σ	29.0957%			
8					
9	d1	-0.1072436			
10	d2	-0.3982009			
11					
12	N(d1)	0.45729782	<=NORMSDIST(B9)		
13	N(d2)	0.34524109	<=NORMSDIST(B10)		
14					
15	看涨期权价格	3	<=S*N(d1)-X*exp(-r*T)*N(d2)		

图 8-10 单变量求解法计算隐含的波动率σ

注意：波动率σ越大，对应的期权也越大。因为期权的波动率越大，股票的波动率就越大，期权也越有价值。

下面采用试算法求隐含的波动率σ，对应条件与上相同(C=3，S=35，X=40，r=6%，T=1)，运用模拟运算表求出隐含的波动率。

具体操作步骤如下。

(1) 任意假设一波动率σ，此处采用 20%(并非实际值)，在该波动率下求出对应的看涨期权的价格，具体步骤不再详述。结果如图 8-11 所示。

(2) 做出模拟运算表，首先给出一个可能的波动率的变化范围，此处选用 15%～30%的区间，如图 8-12 中的 B19:B34 单元区域所示。单击 C18 单元格，在编辑栏中输入“=B15”，使其求出的价格等于上面求出的看涨期权的价格。

(3) 选择 B18:C34 单元格区域，单击【数据】|【模拟运算表】命令，在弹出的【模拟运算表】对话框中设置【输入引用列的单元格】为波动率σ对应的单元格$B$7，完成后单击【确定】按钮。

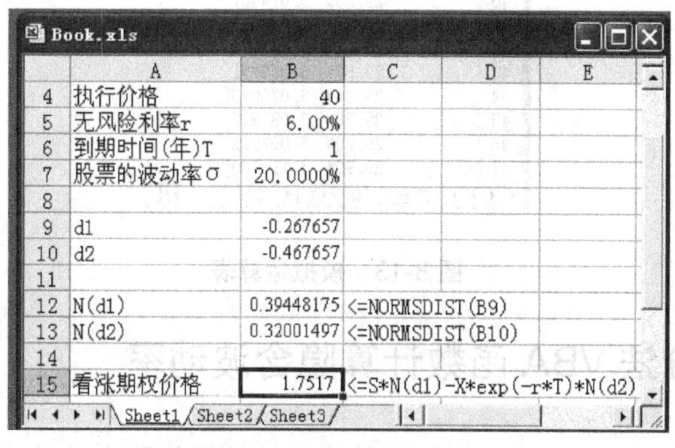

Book.xls

	A	B	C
4	执行价格	40	
5	无风险利率r	6.00%	
6	到期时间(年)T	1	
7	股票的波动率σ	20.0000%	
8			
9	d1	-0.267657	
10	d2	-0.467657	
11			
12	N(d1)	0.39448175	<=NORMSDIST(B9)
13	N(d2)	0.32001497	<=NORMSDIST(B10)
14			
15	看涨期权价格	1.7517	<=S*N(d1)-X*exp(-r*T)*N(d2)

Sheet1 / Sheet2 / Sheet3

图 8-11　试算法求隐含波动率σ

(4) 运用模拟运算表的结果，画出对应的看涨期权价格与隐含的波动率σ，如图 8-12 所示。

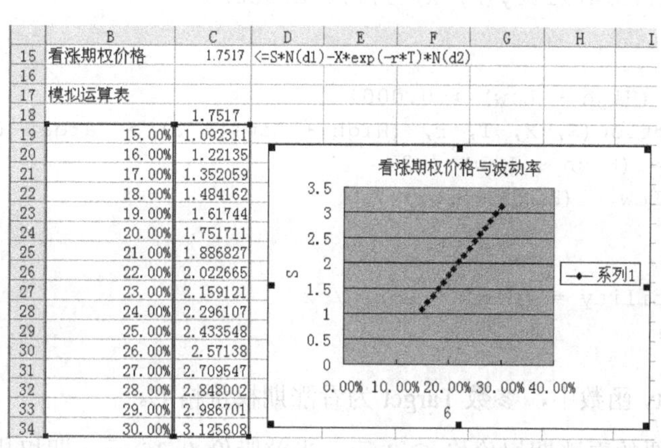

	B	C	D
15	看涨期权价格	1.7517	<=S*N(d1)-X*exp(-r*T)*N(d2)
16			
17	模拟运算表		
18		1.7517	
19	15.00%	1.092311	
20	16.00%	1.22135	
21	17.00%	1.352059	
22	18.00%	1.484162	
23	19.00%	1.61744	
24	20.00%	1.751711	
25	21.00%	1.886827	
26	22.00%	2.022665	
27	23.00%	2.159121	
28	24.00%	2.296107	
29	25.00%	2.433548	
30	26.00%	2.57138	
31	27.00%	2.709547	
32	28.00%	2.848002	
33	29.00%	2.986701	
34	30.00%	3.125608	

图 8-12　看涨期权与波动率模拟运算表

由图 8-12 中左侧模拟运算表 C33 单元格和 C34 单元格，结合例子中看涨期权价格为 3 元的已知条件，说明σ应稍大于 29%。为了提高准确率，可以再进行一次试算，采用 29%～30%的区间，以 0.1%为一个单位，再做出模拟运算表，如图 8-13 所示。具体步骤不再详述。

从图 8-13 中可以看出，当波动率采用 29.1%时，看涨期权的价格为 3.000583 元，十分接近已知的 3 元，因此隐含的波动率σ近似为 29.1%，此结果与采用单变量求解法得出的结果 29.0957%十分接近。

Book.xls

	B	C
36	模拟运算表	
37		1.7517
38	29.00%	2.986701
39	29.10%	3.000583
40	29.20%	3.014467
41	29.30%	3.028353
42	29.40%	3.042241
43	29.50%	3.056131
44	29.60%	3.070023
45	29.70%	3.083917
46	29.80%	3.097812
47	29.90%	3.111709

Sheet1 / Sheet2

图 8-13　模拟运算表

8.2.5　运用二分法 VBA 函数计算隐含波动率

前面介绍了应用 Black-Scholes 期权定价公式计算期权隐含波动率σ，同样也可以使用 VBA 来定义一个函数，从而更方便、更快捷地得到σ的值。

下面是定义计算看涨期权的隐含波动率σ的 VBA 程序。

```
Function CallVolatility(S, X, T,r, target)
   High - 1
   Low = 0
   Do While (High - Low) > 0.0001
   If CallOption(S, X, T, r, (High + Low) / 2) > target Then
      High = (High + Low) / 2
      Else Low = (High + Low) / 2
   End If
   Loop
   CallVolatility = (High + Low) / 2
End Function
```

在 CallVolatility 函数中，参数 Target 为看涨期权价格 C。

例 8-5　某股票的看涨期权价格 C=3 元，当前股价 S=35 元，期权执行价格 X=40 元，无风险利率 r=6%，期权到期时间 T=1 年，试推断期权隐含的波动率σ。

解　具体步骤如下。

(1) 建立一个 Excel 工作表，将已知数据输入，如图 8-14 中的 B3:B7 单元区域所示。

(2) 选定 B8 单元格，选择【工具】菜单中的【宏】命令，系统弹出一个子菜单。

(3) 在弹出的菜单中单击【Visual Basic 编辑器】命令或按 Alt+F11 组合键，进入 Microsoft Visual Basic 窗口。单击【插入】|【模块】命令，系统出现一个空白编辑框，在窗口左下角的【属性-vbapd】下的名称后文本框内输入将要编辑的模块名称，然后输入上面的程序，如图 8-15 所示。

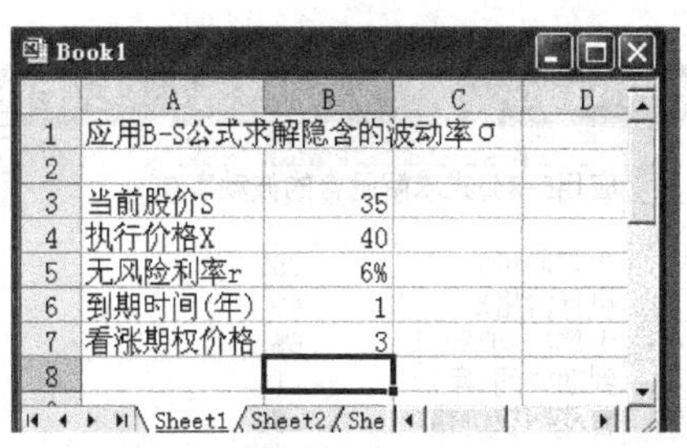

图 8-14　应用 VBA 求隐含的波动率

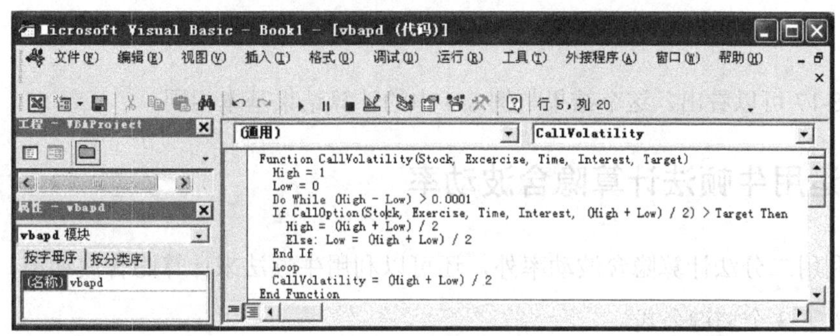

图 8-15　VBA 程序编辑画面

(4)　单击【调试】|【编译 VBAproject(L)】命令，查找程序是否有错误。

(5)　若编译通过，则单击工具栏中的 Excel 图标，返回 Excel 工作表。

(6)　选择【插入】|【函数】命令，系统弹出【插入函数】对话框。

(7)　在【选择类别】下拉列表框中选择【用户定义】选项，在【选择函数】列表框中选择刚刚编辑的 CallVolatility 函数，如图 8-16 所示，单击【确定】按钮。

图 8-16　调用 CallVolatility 函数

(8)　系统弹出【CallVolatility 函数参数】对话框，在对话框中输入参数，单击【确定】按钮。

(9)　计算结果如图 8-17 中的 B8 单元格所示。

Book4.xls

	A	B	C	D
1	应用B-S公式求解隐含的波动率σ			
2				
3	当前股价S	35		
4	执行价格X	40		
5	无风险利率r	6%		
6	到期时间(年)	1		
7	看涨期权价格	3		
8		29.0990%		

Sheet1 / Sheet2 / She

图 8-17　计算结果

从图 8-17 可以看出，这个结果与例 8-4 中的计算结果基本相同。

8.2.6　运用牛顿法计算隐含波动率

除了利用二分法计算隐含波动率外，还可以利用牛顿法来计算隐含波动率。应用牛顿法时，有以下 3 个关键公式。

$$f(\sigma)=SN(d_1)-X\mathrm{e}^{-rT}N(d_2)-C_{\text{Market}} \tag{8-12}$$

$$f'(\sigma)=\frac{\partial C}{\partial\sigma}=\frac{\partial P}{\partial\sigma}=S\sqrt{T}\,\frac{1}{\sqrt{2\pi}}\mathrm{e}^{-d_1^2/2} \tag{8-13}$$

$$\sigma_{j+1}=\sigma_j-\frac{f(\sigma_j)}{f'(\sigma_j)} \tag{8-14}$$

其中，式(8-13)是对 Black-Scholes 期权定价模型求波动率的一阶偏导数。

采用牛顿法计算隐含波动率，需要在假定其他变量固定的条件下，不断改变波动率系数以求解模型，从而使得模型价格与市场价格的差异趋向于 0。这时，在模型中使用的波动率就是期权的隐含波动率。

下面以不支付股息的欧式股票看涨期权为例，设 S=20，X=17.50，r=10%，T=0.25，运用牛顿法来计算隐含波动率。

$$f(\sigma)=SN\left(\frac{\ln(S/X)+(r+\sigma^2/2)}{\sigma\sqrt{T}}\right)-X\mathrm{e}^{-rT}N\left(\frac{\ln(S/X)-(r+\sigma^2/2)}{\sigma\sqrt{T}}\right)-C_{\text{Market}}$$

$$=20\times N\left(\frac{\ln(20/17.5)+(0.1+\sigma^2/2)}{\sigma\sqrt{0.25}}\right)-17.5\mathrm{e}^{-0.1\times0.25}N\left(\frac{\ln(20/17.5)-(0.1+\sigma^2/2)}{\sigma\sqrt{0.25}}\right)-3.5$$

假设一开始随意选择波动率为 18%(即 $\sigma_1=0.18$)，根据上式求出的模型价格(C_{Model})为 2.9592。根据式(8-13)和式(8-14)，有

$$f(\sigma_1)=2.9592-3.5=-0.5408;\ f'(\sigma_1)=0.40945$$

再将 $f(\sigma_1),f'(\sigma_1)$ 的数值代入式(8-14)求得：$\sigma_2=0.18-\dfrac{-0.5408}{0.40945}=1.5008$。然后，用

$\sigma_2=1.5008$ 取代 $\sigma_1=0.18$，重复以上步骤，再次计算期权的模型价格及其 $f(\sigma_2), f'(\sigma_2)$ 和 σ_3，…。如此循环反复，最终试算出一个最接近期权市场价格的模型价格。此时，所试用的波动率就是隐含波动率。在此例子中，当试算的波动率为 44.49%(即 $\sigma_6=0.4449$)时，期权的模型价格为 3.5001，与期权的市场价格 3.5 几乎一样，如表 8-1 所示。

表 8-1　运用牛顿法试算隐含波动率的过程

	C_{Model}	C_{Market}	$f(\sigma_j)$	$f'(\sigma_j)$	$f(\sigma_j)/f'(\sigma_j)$	σ_{j+1}
σ_1=0.1800	2.9592	3.5	−0.5408	0.409 45	−1.3208	σ_2=1.5008
σ_2=1.5008	7.002	3.5	3.502	3.3592	1.0425	σ_3=0.4583
σ_3=0.4583	3.5385	3.5	0.0385	1.305	0.0295	σ_4=0.4288
σ_4=0.4288	3.4548	3.5	−0.0452	2.7878	−0.0162	σ_5=0.4450
σ_5=0.4450	3.5004	3.5	0.0004	2.4816	-0.000 141	σ_6=0.4449
σ_6=0.4449	3.5001	3.5	0.0001			

下面是运用牛顿法计算看涨期权的隐含波动率 σ 的 VBA 程序。

```
Function f(S, X, r, T, sigma, Cmarket)
f = CallOption(S, X, r, T, sigma) - Cmarket
End Function

Function fPi(S, X, r, T, sigma)
fPi = S * Sqr(T) * Exp(-0.5 * dOne(S, X, r, T, sigma) ^ 2) / Sqr(2 * PI)
End Function

Function Newton(S, X, r, T, sigma, Cmarket, er)
Cmodel = CallOption(S, X, r, T, sigma)
Do While (Cmodel - Cmarket) ^ 2 > er ^ 2
   sigma = sigma - f(S, X, r, T, sigma, Cmarket) / fPi(S, X, r, T, sigma)
   Cmodel = CallOption(S, X, r, T, sigma)
Loop
Newton = sigma
End Function
```

8.2.7　运用科拉多-米勒公式计算隐含波动率

从 Black-Scholes 期权定价公式可知，人们不可能直接通过解 Black-Scholes 模型来求得隐含波动率。为了计算出隐含波动率，经济学家和理财专家曾做过种种努力，试图解决这个问题。例如，布雷纳(Brenner)和萨布拉曼亚(Subrahmanyam)于 1988 年、查恩斯(Chance)于 1993 年分别提出过计算隐含波动率的公式。虽然这些公式对持有平价期权的波动率的计算还算准确，但是基础资产的价格一旦偏离期权执行价格的现值，其准确性就会丧失。1996 年，科拉多(Corrado)和米勒(Miller)在前人研究的基础上建立了一个公式，大大提高了隐含

波动率计算的准确性，这个公式为

$$\sigma=\frac{1}{\sqrt{T}}\left[\frac{\sqrt{2\pi}}{S+Xe^{-rT}}\times\left(C-\frac{S-Xe^{-rT}}{2}+\sqrt{\left(C-\frac{S-Xe^{-rT}}{2}\right)^2-\frac{(S-Xe^{-rT})^2}{\pi}}\right)\right] \tag{8-15}$$

例如，设 S=110，X=105，r=8%，T=0.75(9 个月期)，Xe^{-rT} =98.885276，C=15.62。根据式(8-12)可计算出这项欧式看涨期权的隐含波动率为 24.85%，即：

$$\sigma=\frac{1}{\sqrt{0.75}}\times\left[\frac{\sqrt{2\times3.14159}}{110+98.8853}\times\left(15.62-\frac{110-98.8853}{2}+\sqrt{\left(15.62-\frac{110-98.8853}{2}\right)^2-\frac{(110-98.8853)^2}{3.14159}}\right)\right]$$

$$=0.2485$$

下面是运用科拉多-米勒公式计算看涨期权的隐含波动率 σ 的 VBA 程序。

```
Function one(T)
one = 1 / Sqr(T)
End Function

Function two(S, X, r, T)
two = Sqr(2 * PI) / (S + X * Exp(-r * T))
End Function

Function three(S, X, r, T)
three = (S - X * Exp(-r * T)) / 2
End Function

Function four(c, S, X, r, T)
four = (c - three(S, X, r, T)) ^ 2
End Function

Function five(S, X, r, T)
five = ((S - X * Exp(-r * T)) ^ 2) / PI
End Function

Function CM(S, X, r, T, c)
CM = one(T) * (two(S, X, r, T) * (c - three(S, X, r, T) + Sqr(four(c, S, X,
r, T) - five(S, X, r, T))))
End Function
```

8.3 隐含波动率的计算模型

估计波动率的方法主要有两种：一是根据股票价格的历史数据进行统计分析而得到波动率；二是计算隐含价格波动率，隐含价格波动率是根据观察的期权市场价格，通过

Black-Scholes 期权定价模型计算出隐含波动率。

8.3.1 模型设计

首先建立一个名字为“隐含波动率计算模型.xls”的工作簿，在当前的工作表上设计模型的结构，如图 8-18 所示。

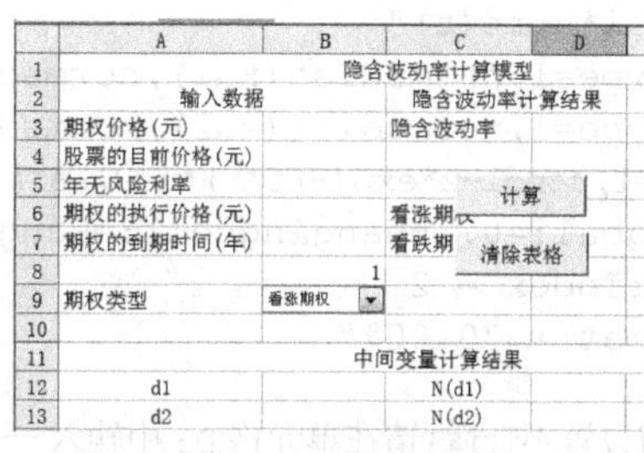

图 8-18 隐含波动率计算模型

模型由以下 3 个部分组成。

(1) 输入数据区域，为股票和期权的基本数据区域，还包括“看涨期权”和“看跌期权”的下拉列表框控件，其数据源区域为“$C$6:$C$7”，单元格链接为“$B$8”，在单元格 C6 和 C7 中分别输入“看涨期权”和“看跌期权”，并将这两个单元格的字体颜色设为白色。

(2) 命令按钮区域，包括一个【计算】按钮和一个【清除表格】按钮。单击【计算】按钮模型自动完成计算，并将隐含波动率的最终计算结果显示在 D3 单元格中。单击【清除表格】按钮，将所有的数据清除掉，使工作表返回如图 8-18 所示的界面。

(3) 计算结果区域，即单元格 D3。

对【计算】按钮指定一个名字为“Sub 计算()”的宏，并编写如下程序代码。

```
Sub 计算()
On Error GoTo 10
ActiveWorkbook.Names.Add Name:="p", RefersToR1C1:="=Sheet1!R3C2"
Range("b4").Select
ActiveWorkbook.Names.Add Name:="x", RefersToR1C1:="=Sheet1!R4C2"
Range("b5").Select
ActiveWorkbook.Names.Add Name:="t", RefersToR1C1:="=Sheet1!R5C2"
Range("b6").Select
ActiveWorkbook.Names.Add Name:="s", RefersToR1C1:="=Sheet1!R6C2"
Range("b7").Select
ActiveWorkbook.Names.Add Name:="rf", RefersToR1C1:="=Sheet1!R7C2"
Range("b9").Select
ActiveWorkbook.Names.Add Name:="type", RefersToR1C1:="=Sheet1!R9C2"
Range("d3").Select
ActiveWorkbook.Names.Add Name:="ci", RefersToR1C1:="=Sheet1!R3C4"
```

```
Range("b12").Select
ActiveWorkbook.Names.Add Name:="xd1", RefersToR1C1:="=Sheet1!R12C2"
Range("b13").Select
ActiveWorkbook.Names.Add Name:="xd2", RefersToR1C1:="=Sheet1!R13C2"
Range("d12").Select
ActiveWorkbook.Names.Add Name:="nd1", RefersToR1C1:="=Sheet1!R12C4"
Range("d13").Select
ActiveWorkbook.Names.Add Name:="nd2", RefersToR1C1:="=Sheet1!R13C4"
Cells(12, 2) = "=(ln(s/x)+(rf+ci^2/2)*t)/ci/sqrt(t)"
Cells(13, 2) = "=xd1-ci*sqrt(t)"
Cells(12, 4) = "=if(type=1,normsdist(xd1),normsdist(-xd1))"
Cells(13, 4) = "=if(type=1,normsdist(xd2),normsdist(-xd2))"
Cells(9, 4) = "=if(type=1,s*nd1-x*exp(-rf*t)*nd2,-s*nd1+x*exp(-rf*t)*nd2)-b3"
Range("d9").GoalSeek goal:=0, changingcell:=Range("d3")
Range("d9").Font.ColorIndex = 2
Cells(3, 4).NumberFormat = "0.00%"
End
MsgBox "隐含波动率的初始值设置不合适!请在单元格 D3 中输入一个适当的波动率,再重新运行模型!"
End Sub
```

对[清除表格]按钮指定一个名字为“Sub 清除表格()”的宏，并编写如下的程序代码:

```
Sub 清除表格()
Range("b3:b7").ClearContents
Cells(3, 4) = ""
Range("b12:b13").ClearContents
Range("d12:d13").ClearContents
End Sub
```

这样，就建立了隐含波动率的计算模型，从而得到隐含波动率。

8.3.2 模型应用

例 8-6 已知某股票的目前价格为 40 元，看涨期权的价格为 3.23 元，执行价格为 36 元，期限为 6 个月，年无风险利率为 6%。试计算隐含波动率。

解 在模型中输入已知数据，并选择看涨期权，单击【计算】按钮，即可得到隐含波动率为 38.08%，如图 8-19 所示。

	A	B	C	D
1			隐含波动率计算模型	
2	输入数据		隐含波动率计算结果	
3	期权价格(元)	3.23	隐含波动率	38.08%
4	股票的目前价格(元)	40.00		
5	年无风险利率	6%	计算	
6	期权的执行价格(元)	36	看涨期权	
7	期权的到期时间(年)	0.50	看跌期	清除表格
8		1		
9	期权类型	看涨期权		
10				
11			中间变量计算结果	
12	d1	-0.76	N(d1)	0.776786173
13	d2	-0.8546501	N(d2)	0.803627567
14				

图 8-19 隐含波动率的计算结果

使用模型时要注意：如果在运行模型时，波动率的初始值设置不合适，如：当单元格 D3 为空单元格时，模型就会出现错误，并弹出如图 8-20 所示的警告框，提示用户在单元格 D3 中输入一个适当的不为零的数字，然后才能运行模型。

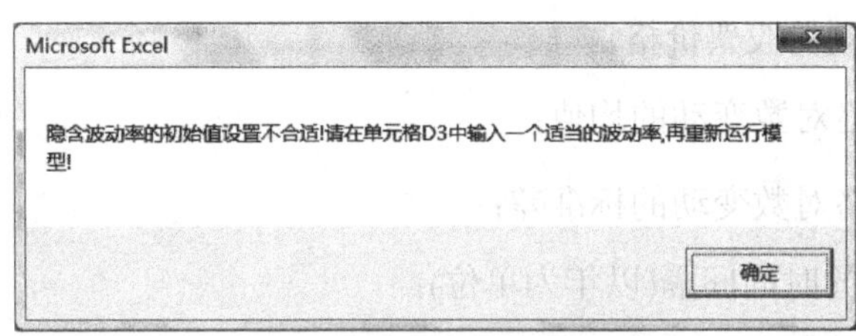

图 8-20　模型计算出错警告框

8.3.3　Black-Scholes 期权定价模型与二项式定价模型的比较

二项式期权定价模型的时间段是离散型的，考虑到期前价格变化的时间段不断增加的情况。例如，到期前每天，甚至每小时、每分钟股价都有不同的变化，将会得到一个非常大的二叉树。实际上，当时间段被无限细分时，公式(7-7)就会变成 Black-Scholes 期权定价公式。

Black-Scholes 期权定价模型与二项式期权定价模型的主要差别有如下几点。

(1)　Black-Scholes 期权定价模型没有考虑期权提前执行的情况，而二项式期权定价模型并未排斥美式期权的情况，因而适用更广泛。正因为如此，对于实值期权的定价，Black-Scholes 模型的定价比二项式模型偏低。

(2)　二项式期权定价模型假定标的资产价格变化呈二项式分布，而 Black-Scholes 期权定价模型假设价格呈标准正态分布，后者的假设更接近现实。

(3)　二项式期权定价模型在计算机发展的初期阶段比 Black-Scholes 期权定价模型计算起来更复杂、更费时，但随着快速大型计算机和模型计算标准程序的出现，这个问题可以得到解决。

8.4　期权定价的蒙特卡罗模拟决策模型

8.4.1　期权价格的随机模拟方法

在很多情况下，无法利用 Black-Scholes 期权定价模型来计算期权价格，这时可以利用蒙特卡罗模拟方法来估计期权价格。蒙特卡罗模拟方法估计期权价格的步骤如下。

(1) 利用股票价格的模拟模型估计股票的价格，公式为

$$S_{t+1} = S_t \exp(\mu \cdot \Delta t + \sigma \cdot z\sqrt{\Delta t}) \tag{8-16}$$

式中：S_t ——t 时刻的股票价格；

S_{t+1} ——t+1 时刻的股票价格；

μ ——股票价格对数变动的均值；

σ ——股票价格对数变动的标准差；

Δt ——要计算的时间间隔(以年为单位)；

z——服从标准正态分布的随机数。

(2) 计算出股票在期权期限 T 终了时的价格 S_T 后，则可以计算出期权的价值。

看涨期权：

$$C = \mathrm{e}^{-rT} \max(S_T - X, 0) \tag{8-17}$$

看跌期权：

$$P = \mathrm{e}^{-rT} \max(X - S_T, 0) \tag{8-18}$$

式中：C——看涨期权的价格；

P——看跌期权的价格；

r——年无风险利率；

X——期权的执行价格。

(3) 进行足够次的模拟计算，将这些模拟计算结果的平均值作为最终的期权价格。

8.4.2 期权定价的蒙特卡罗模拟模型结构设计

1. 模型的设计

首先建立一个名字为“期权定价的蒙特卡罗模拟.xls”的工作簿，在当前的工作表上设计模型的结构，如图 8-21 所示。

	A	B	C	D	E	F
1	已知数据				命令按钮	
2	股票基本数据		期权基本数据			
3	股票价格对数均值		执行价格(元)		计算	
4	股票价格对数标准差		期限(天)			
5	目前股票价格(元)		年无风险利率		清除表格	
6	模拟计算数据		期权类型	看涨期权	看涨期权	
7	计算时间间隔				看跌期权	
8	总模拟计算次数(次)					
9						
10						
11	期权价格模拟计算结果					
12	期权价格(元)					
13						

图 8-21 期权定价的蒙特卡罗模拟模型

模型由以下 3 个部分组成。

(1) 已知数据区域，包括用户股票的有关数据、期权的基本数据与模拟计算时的有关参数的设置。需要注意的是，股票价格的对数均值和标准差必须与计算的时间间隔对应起来，如果计算的时间间隔为 1 天，那么股票价格的对数均值和标准差必须是以日股票价格为基准；如果计算的时间间隔为 7 天(1 周)，那么股票价格的对数均值和标准差必须是以周股票价格为基准。此外，还插入一个选择期权类型的下拉列表框控件，其数据源区域为“$E$6:$E$7”，单元格链接为“$D$6”，在单元格 E6 和 E7 中分别输入“看涨期权”和“看跌期权”，并将这两个单元格的字体颜色设为白色。

(2) 命令按钮区域，包括一个【计算】按钮和一个【清除表格】按钮。单击【计算】按钮完成模拟计算过程，输出股票价格的模拟计算结果；单击【清除表格】按钮可清除数据，使工作表返回如图 8-21 所示的界面。

(3) 计算结果区域，输出期权价格的最终模拟计算结果显示在单元格 B12 与单元格 F12 的合并单元格内。

2. 程序代码设计

(1) 对【计算】按钮指定一个名字为“Sub 计算()”的宏，并编写如下程序代码。

```
Sub 计算()
Dim i, j, n, nt As Integer
Dim dt, rd, z, sumt, x, r As Single
Dim pln, pcn As Single
Dim myrange As String
pln = Cells(3, 2)
pcn = Cells(4, 2)
n = Cells(4, 4)
ReDim p(n)
p(0) = Cells(5, 2)
dt = Cells(7, 2) / 250
nt = Cells(8, 2)
x = Cells(3, 4)
r = Cells(5, 4)
sumt = 0
For t = 1 To nt
  For i = 1 To n
    rd = Rnd()
    z = Application.WorksheetFunction.NormSInv(rd)
    p(i) = p(i - 1) * Exp(pln * dt + pcn * z * Sqr(dt))
  Next i
  If Cells(6, 4) = 1 Then
    sumt = sumt + Exp(-r * n / 250) * IIf(p(n) - x > 0, p(n) - x, 0)
  Else
    sumt = sumt + Exp(-r * n / 250) * IIf(p(n) - x > 0, p(n) - x, 0)
```

```
  End If
    Cells(12, 5) = t
Next t
pj = sumt / nt
Cells(12, 2) = pj
Cells(12, 2).NumberFormat = "0.00"
End Sub
```

(2) 对【清除表格】按钮指定一个名字为“Sub 清除表格()”的宏，并编写如下程序代码。

```
Sub 清除表格()
Range("b3:b5").ClearContents
Range("b7:b8").ClearContents
Range("d3:d5").ClearContents
Range("b12") = ""
Range("d6") = ""
End Sub
```

这样，就建立了期权定价的蒙特卡罗模拟的计算模型，从而得到期权价格。

8.4.3 模型应用举例

例 8-7 已知某股票的目前价格为 80 元，股票价格的对数日均值为 8%，日标准差为 25%；看涨期权的有效年限为 1 年(按 250 天计)，执行价格为 88 元，年无风险利率为 6%。试计算此看涨期权的价格。

解 计算步骤如下。

(1) 在单元格 B3 中输入均值 8%，在单元格 B4 中输入标准差 25%，在单元格 B5 中输入目前的股票价格 80，在单元格 B7 中输入计算的时间间隔 1，在单元格 B8 中输入模拟总次数 1000。

(2) 在单元格 D3 中输入执行价格 88，在单元格 D4 中输入期限 250，在单元格 D5 中输入年无风险利率 6%。

(3) 单击【计算】按钮，模型自动计算出结果，如图 8-22 所示。

	A	B	C	D	E	F
1	已知数据				命令按钮	
2	股票基本数据		期权基本数据			
3	股票价格对数均值	8%	执行价格(元)	88	计算	
4	股票价格对数标准差	25%	期限(天)	250		
5	目前股票价格(元)	80	年无风险利率	6%		
6	模拟计算数据		期权类型	看涨期权	看 清除表格	
7	计算时间间隔	1			看跌期权	
8	总模拟计算次数(次)	1000				
9						
10						
11	期权价格模拟计算结果					
12	期权价格(元)	9.48			1000	
13						

图 8-22 模型的计算结果

8.5　期权定价信息系统设计

下面以 Black-Scholes 期权定价模型为例，说明其设计方法。

8.5.1　设计窗体

在【Visual Basic 编辑器】窗口中，选择【插入】菜单中的【用户窗体】命令，插入一个用户窗体 UserForm1，将其 Caption 属性设置为“B-S 期权定价模型”，如图 8-23 所示。

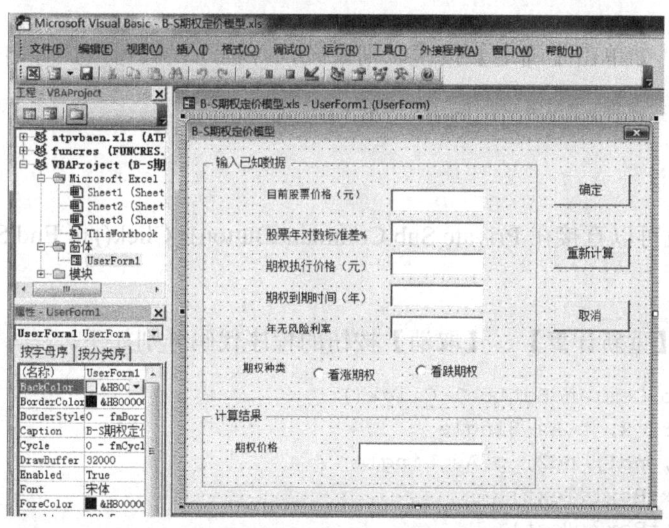

图 8-23　插入用户窗体

窗体的设计步骤如下。

(1)　在此窗体上插入 2 个框架 Frame1 和 Frame2，其 Caption 属性分别设置为“输入已知数据”和“计算结果”。

(2)　在框架 Frame1 中插入 6 个标签：Label1～Label6，其 Caption 属性分别设置为“目前股票价格(元)”“股票年对数标准差(%)”“期权执行价格(元)”“期权到期时间(年)”“年无风险利率”和“期权种类”。

(3)　在框架 Frame1 中插入 5 个文本框：TextBox1～TextBox5，其 Text 属性均设置为空值，其 TabIndex 属性分别设置为 1、2、3、4、5。

(4)　在框架 Frame1 中插入 2 个单选按钮 OptionButton1 和 OptionButton2，其 Caption 属性分别设置为“看涨期权”和“看跌期权”，其 TabIndex 属性分别设置为 6、7。单选按钮 OptionButton1 中的 Value 属性设置为 True。

(5) 在框架 Frame2 中插入 1 个标签 Label7，其 Caption 属性设置为“期权价格(元)”。

(6) 在框架 Frame2 中插入 1 个文本框 TextBox6，其 Text 属性设置为空值。

(7) 在用户窗体上插入 3 个命令按钮：CommandButton1、CommandButton2 和 CommandButton3，它们的 Caption 属性分别设置为“确定”“重新计算”和“取消”，其 TabIndex 属性分别设置为 1、2、3。命令按钮 CommandButton3 的 Cancel 属性设置为 True。

8.5.2 设计程序代码

1. 【确定】、【重新计算】和【取消】按钮的程序代码

单击某按钮，如单击【确定】按钮，则系统打开程序代码窗口，并自动建立如下过程。

```
Private Sub CommandButton1_Click()

End Sub
```

这样，用户就可以直接在 Private Sub CommandButton1_Click()和 End Sub 之间编写有关程序代码了。

【确定】、【重新计算】、【取消】按钮的程序代码分别如下。

```
Private Sub CommandButton1_Click()
Dim s, c, r, x, t As Single
Dim d1, d2, nd1, nd2, p As Single
s = Val(TextBox1.Text)
c = Val(TextBox2.Text)
x = Val(TextBox3.Text)
t = Val(TextBox4.Text)
r = Val(TextBox5.Text)
Cells(1, 1) = "B-S 期权定价模型"
Cells(2, 1) = "已知数据"
Cells(3, 1) = "目前股票价格(元)"
Cells(4, 1) = "股票年对数收益率标准差%"
Cells(5, 1) = "期权执行价格"
Cells(6, 1) = "期权到期时间(年)"
Cells(7, 1) = "无风险利率%"
Cells(8, 1) = "期权种类"

Cells(3, 2) = s
Cells(4, 2) = c
Cells(4, 2).NumberFormat = "0%"
Cells(5, 2) = x
Cells(6, 2) = t
Cells(7, 2) = r
Cells(7, 2).NumberFormat = "0%"
```

```
If OptionButton1.Value = True Then
    Cells(8, 2) = "看涨期权"
ElseIf OptionButton2.Value = True Then
    Cells(8, 2) = "看跌期权"
End If
d1 = (Log(s / x) + (r + c ^ 2 / 2) * t) / c / Sqr(t)
d2 = d1 - c * Sqr(t)

If OptionButton1.Value = True Then
    nd1 = Application.WorksheetFunction.NormSDist(d1)
    nd2 = Application.WorksheetFunction.NormSDist(d2)
    p = Round(s * nd1 - x * Exp(-r * t) * nd2, 2)
Else
    nd1 = Application.WorksheetFunction.NormSDist(d1)
    nd2 = Application.WorksheetFunction.NormSDist(d2)
    p = Round(-s * nd1 + x * Exp(-r * t) * nd2, 2)
End If
TextBox6.Value = p
Cells(11, 2) = p
Range("a2") = "已知数据"
Range("a2:b2").Select
Selection.Merge
Range("a10") = "计算结果"
Range("a10:b10").Select
Selection.Merge
Range("a11") = "期权价格(元)"
Range("a2:b8").Select
End Sub

Private Sub CommandButton2_Click()
TextBox1.Text = ""
TextBox2.Text = ""
TextBox3.Text = ""
TextBox4.Text = ""
TextBox5.Text = ""
TextBox6.Text = ""
End Sub

Private Sub CommandButton3_Click()
  End
End Sub
```

2. 【看涨期权】和【看跌期权】单选按钮的程序代码

【看涨期权】和【看跌期权】单选按钮的程序代码如下。

```
Private Sub OptionButton1_Enter()
    OptionButton1.Value = True
    OptionButton2.Value = False
```

```
End Sub
Private Sub OptionButton2_Enter()
    OptionButton1.Value = False
    OptionButton2.Value = True
End Sub
```

3. 自定义菜单的设计

插入一个“模块1”，在此模块中编写如下自定义菜单的宏代码和调用用户窗体的宏代码。

```
Sub auto_open()
MenuBars(xlWorksheet).Menus.Add "期权定价模型"
MenuBars(xlWorksheet).Menus("期权定价模型").MenuItems.Add "BS模型", "BS模型"
End Sub

Public Sub BS模型()
  UserForm1.Show
End Sub
```

这样，利用 Black-Scholes 期权定价模型计算期权价格的计算模块就建立起来了。这个计算模块同时在窗体中显示计算结果和将计算结果输出到工作表中。

8.6 Black-Scholes 期权定价公式的应用

8.6.1 认股权证和可转换债券

认股权证一般是指持有人(投资者)认购普通股权利(但无义务)的证券，每一份认股权证都会说明持有人可以购买的股票份数、执行价格和到期日。

认股权证也称准权益股票，在大多数情况下，认股权证发行时是附在债券上的，在发行后可立即与债券分开，并单独进行出售和流通。

一般来说，认股权证价格超过其价值下限的高度，主要取决于以下因素。

(1) 公司股票收益的波动率。

(2) 到期期限。

(3) 无风险利率。

(4) 公司股票价格。

(5) 执行价格。

可见，公司认股权证价值与其股票价格的关系，非常类似于前面介绍的看涨期权与其

股票价格的关系。认股权证与看涨期权的主要区别在于看涨期权是由个人发行的，而认股权证是由公司发行的。

认股权证的定价过程如下。

(1) 利用 Black-Scholes 模型计算与该认股权证相同(即到期日、执行价格等)的看涨期权的价值。

(2) 将该看涨期权的价值乘以比率 $sl/(sl+fs)$，就得到了认股权证的价值。这里的 sl 表示在外发行的股份数量，fs 表示认股权证的份数。

可转换债券与附有认股权证的债券相似，二者之间的主要区别在于附有认股权证的债券可以与认股权证剥离流通，而可转换债券不能；带有认股权证的债券允许持有者在一定时期内按执行价格购买股票，而可转换债券则允许按一定比例把债券转换成一定数量的股票。

根据 MM 模型，如果不考虑税收和破产成本，公司价值与其筹资方式(是发行股票还是发行债券)无关。将此理论应用到可转换债券也是一样，无论是发行可转换债券还是其他融资工具，对公司来说均无影响。那么，人们为什么发行认股权证和可转换债券？基于以往的研究可以知道，发行可转换债券的公司与其他公司有以下不同的地方。

(1) 对于发行可转换债券的公司，其债券信用评级要低于其他公司。

(2) 对于高成长和高财务杠杆的小公司来说，它们更倾向于发行可转换债券或附有认股权的债券。

(3) 可转换债券一般都是次级债券，而且是无担保的。

(4) 可转换债券可以降低代理成本。

8.6.2　应用 Black-Scholes 期权定价公式计算公司的违约率

当采用历史数据来估计公司的违约率时，必须依赖于公司的信用评级(如穆迪或标准普尔公司)。但是公司信用评级的更新速度较慢，因此，有人认为股票价格对估测违约概率提供了及时的信息。

在前面介绍的期权定价公式中，公司的股票可视为公司资产的期权。为了便于讨论，假设公司发行了一个零息债券，债券的到期时间是 T，定义为：

V_0——公司资产的当前价值；

V_T——公司资产在 T 时间的价值；

E_0——公司股票的当前价值；

E_T——公司股票在 T 时间的价值；

D——在时间 T 公司发行债券的本息之和；

σ_V——资产波动率(假定为常数)；

σ_E——股票的瞬时波动率。

当 $V_T < D$ 时，公司会对自己发行的债券违约，此时公司的股价为 0；当 $V_T > D$ 时，公司会支付自己在时间 T 的负债，在时间 T 的股票价格为 $V_T - D$。在莫顿模型中，在时间 T 内，公司的股价为

$$E_T = \max(V_T - D, 0) \tag{8-19}$$

以上公式显示公司的股票可以看作对公司资产的看涨期权，期权的执行价格为债券应偿还的本息之和。Black-Scholes 公式给出了这一期权的当前价格：

$$E_0 = V_0 N(d_1) - D\exp(-rT)N(d_2) \tag{8-20}$$

其中

$$d_1 = \frac{\ln(V_0/D) + (r + \sigma_V^2/2)T}{\sigma_V\sqrt{T}}, d_2 = d_1 - \sigma_V\sqrt{T}$$

式中：N(随机变量)——累积正态分布函数。债券今天的价格为 $V_0 - E_0$。

公司在时间 T 的中性违约概率为 $N(-d_2)$，为了计算这一数量，需要 V_0, σ_V，这两个变量都不能在市场上直接观察。但是，如果公司是一家上市公司，可以观察到 E_0，这意味着式(8-20)是 V_0, σ_V 必须遵守的一个等式，此时也可以估计出 σ_E，由随机微积分中的伊藤引理，可有：

$$\sigma_E E_0 = \frac{\partial E}{\partial V}\sigma_V V_0$$

即

$$\sigma_E E_0 = N(d_1)\sigma_V V_0 \tag{8-21}$$

式(8-21)是 V_0, σ_V 遵守的另一个等式。式(8-20)、式(8-21)给出了一组关于 V_0, σ_V 的方程组，由这两个方程可以求得 V_0, σ_V 的解。

穆迪 KMV 公司将违约距离定义为 $\dfrac{\ln(V_0/D) + (r - \sigma_V^2/2)T}{\sigma_V\sqrt{T}}$，当违约距离减小时，公司违约的可能性会加大。

为了求出 V_0, σ_V，实际上是对由两个非线性方程 $F(\sigma_V, V_0) = 0, G(\sigma_V, V_0) = 0$ 组成的方程组进行求解。为此，可以采用 Excel 提供的规划求解功能，通过求取目标函数 $[F(\sigma_V, V_0)]^2 + [G(\sigma_V, V_0)]^2$ 的最小值，满足约束条件 $F(\sigma_V, V_0) = 0, G(\sigma_V, V_0) = 0$ 来达到目的。

例 8-8　某公司的股票市价为 200 万元，股票价格变化的波动率为 50%，在 1 年时债券偿还数量为 500 万元，无风险利率为 4%，采用莫顿模型计算违约概率。

解　这时，$E_0=2$，$\sigma_E=0.50$，$D=5$，$r=0.04$，$T=1$

在下面单元格中分别输入如下内容。

在 B8 单元格中输入“=(LN(B2/B5)+0.04+A2^2/2)/A2”；在 B9 单元格中输入“=B8-A2*SQRT(B7)”；在 B10 单元格中输入“=NORMSDIST(B8)”；在 B11 单元格中输入“=NORMSDIST(B9)”；在 B12 单元格中输入“=B2*B10-B5*B11*EXP(0.04*B7)-2”；在 B13 单元格中输入“=B10*A2*B2-0.5*2”；在 B14 单元格中输入“=B12^2+B13^2”；σ_V,V_0 初始值设定为 $\sigma_V=0.5,V_0=2$，如图 8-24 所示。

	A	B	C	D	E	F
1	sigmav	v0				
2	0.5	2				
3						
4						
5	D	5				
6	r	0.04				
7	T	1				
8	D1		<-=(LN(B2/B5)+0.04+A2^2/2)/A2			
9	D2		<-=B8-A2*SQRT(B7)			
10	ND1		<-=NORMSDIST(B8)			
11	ND2		<-=NORMSDIST(B9)			
12	FXY		<-=B2*B10-B5*B11*EXP(0.04*B7)-2			
13	GXY		<-=B10*A2*B2-0.5*2			
14	OBJ		<-=B12^2+B13^2			

图 8-24　单元格的公式设置

规划求解参数的设置如图 8-25 所示。

图 8-25　规划求解参数的设置

单击【求解】按钮，得到如图 8-26 所示的结果。

从图 8-26 中的 $d_2=2.844$ 可知公司的违约概率 $N(-d_2)$ =0.223%；由公式 $\dfrac{\ln(V_0/D)+(r-\sigma_V^2/2)T}{\sigma_V\sqrt{T}}$ 可得该公司的违约距离为 2.8436。

	A	B	C	D	E	F
1	sigmav	v0				
2	0.139035	7.202739				
3						
4						
5	D	5				
6	r	0.04				
7	T	1				
8	D1	2.982628	<-=(LN(B2/B5)+0.04+A2^2/2)/A2			
9	D2	2.843593	<-=B8-A2*SQRT(B7)			
10	ND1	0.998571	<-=NORMSDIST(B8)			
11	ND2	0.99777	<-=NORMSDIST(B9)			
12	FXY	6.68E-08	<-=B2*B10-B5*B11*EXP(0.04*B7)-2			
13	GXY	-1.8E-07	<-=B10*A2*B2-0.5*2			
14	OBJ	3.79E-14	<-=B12^2+B13^2			

图 8-26　求解结果

8.6.3　期权在管理者薪酬中的应用

期权在管理者薪酬设计上也有广泛的应用。管理者薪酬通常由基本薪金和下列几部分构成。

(1)　长期报酬。

(2)　年度奖金。

(3)　退休金。

(4)　期权。

其中，期权要占管理者整个报酬中的大部分。人们应用期权主要是基于以下考虑。

(1)　期权能使管理者与持股人分享利益，这样通过将管理者的利益与股票挂钩，管理者将会按股东的利益做出更好的决策。

(2)　应用期权可以减少管理者的基本报酬，消除了管理者和其他人员之间巨大薪金差别所导致的道德压力。

(3)　期权将管理者的报酬置于风险之中，使公司的业绩与其报酬联系起来。

(4)　期权可以给管理者带来节税的效果。根据有关税法，若给管理者的股票期权是平价购买的，则不会看成应税收入的一部分。

管理者期权的市场价值可以按前面介绍的 $C = SN(d_1) - Xe^{-rT}N(d_2)$ 等公式计算出来。

8.6.4　Black-Scholes 期权定价模型与投资组合套期保值策略的应用

1. 理论与方法

套期保值策略是指投资者利用金融工具选取适当的策略，使得投资组合期末的总价值在某给定的最低限度水平之上。套期保值的目标可以用公式 $V_T \geqslant \rho V_0$ 来表示，V_T 为期终财

富；$\rho(0<\rho<1)$ 是任意给定的最低限度水平，代表期终财富和期初财富比值的最低限额。

投资组合复制策略是利用债券和股票进行组合的人工合成的一个看跌期权，通过恰当的组合可以合成任何所需要的看跌期权，进而实现套期保值的目的。

1)　Black-Scholes 公式和投资组合复制策略

Black-Scholes 期权定价模型表述如下。

$$\begin{aligned} & C = SN(d_1) - Xe^{-rT}N(d_2) \\ & P = -SN(-d_1) + Xe^{-rT}N(-d_2) \\ & d_1 = \frac{\ln(S/X) + (r+\sigma^2/2)T}{\sigma\sqrt{T}}, d_2 = d_1 - \sigma\sqrt{T} \end{aligned} \tag{8-22}$$

式中：C——看涨期权的价值；

P——看跌期权的价值；

S——标的资产(股票)的当前价格；

X——期权的执行价格；

T——期权到期日的时间，以年为单位；

r——期权合约期内的年无风险利率；

σ^2——以连续复利计算的标的资产(股票)年收益对数的方差；

$N(d_1)$和 $N(d_2)$——在正态分布下，随机变量小于 d_1 和 d_2 时的累计概率。

Black-Scholes 期权定价公式实际上给出了投资组合复制的结果，即购买 1 份执行价格为 X 的看跌期权，相当于买入一份价格为 $Xe^{-rT}N(-d_2)$、利率为 r 的债券，同时卖空 $N(-d_1)$ 份市场价格为 S 的股票。它可以记为 1 Put+1 Bond−$N(-d_1)$Stocks，又称投资组合(1 份债券，$-N(-d_1)$份股票)为看跌期权的投资组合复制。 如果市场上不存在相应的看跌期权，则可以应用投资组合复制策略通过债券和股票的组合人工合成一个看跌期权。

2)　利用复制策略进行套期保值

利用投资组合复制策略，考虑保护性看跌期权对股票进行套期保值。

保护性看跌期权 $S+P = S + Xe^{-rT}N(-d_2) - SN(-d_1) = SN(d_1) + Xe^{-rT}N(-d_2)$ =投资股票的价值+投资无风险债券的价值，因此

投资到股票的比例为：$x_E = \dfrac{SN(d_1)}{SN(d_1) + Xe^{-rT}N(-d_2)}$

投资到债券的比例为：$x_D = \dfrac{Xe^{-rT}N(-d_2)}{SN(d_1) + Xe^{-rT}N(-d_2)}$

假设 V_0 为股票的总价值，S 为股票当前的市场价格，ρ为保值水平，$\rho\times V_0$ 为策略的保值额。套期保值的目标为：套期保值策略的终期财富 ≥ $\rho\times$ 期初财富，用数学式表示为

$$\frac{SN(d_1)}{SN(d_1)+Xe^{-rT}N(-d_2)}\times V_0+\frac{Xe^{-rT}N(-d_2)}{SN(d_1)+Xe^{-rT}N(-d_2)}\times V_0\geqslant\rho V_0$$

考虑最坏的情形，令 S_T=0，满足最低的保值水平，可以得到：

$$\frac{Xe^{-rT}N(-d_2)}{SN(d_1)+Xe^{-rT}N(-d_2)}=\rho$$

3) 保护性看跌期权和套期保值率

进一步考察 Black-Scholes 期权定价公式，计算欧式看跌期权的价格 $P=Xe^{-rT}N(-d_2)-SN(-d_1)$。

定义Δ为看跌期权的套期保值率，则 $\Delta=\frac{\partial P}{\partial S}=-N(-d_1)=N(d_1)-1$。

套期保值率刻画了股票价格的一个单位的变化量，将带来相应看跌期权价格的 Δ 个单位的变化量。投资者持有股票，如果股票的价格上涨，那么投资者盈利；持有看跌期权，如果股票价格下跌，那么投资者盈利。这样持有保护性看跌期权，就可以部分地保护投资者的利润。因为1份看跌期权 −Δ 份股票= $P+SN(-d_1)=Xe^{-rT}N(-d_2)$，构造投资组合=(买进1份看跌期权，卖出Δ份股票)，即持有一份看跌期权并持有 $N(d_1)$份股票，那么无论股票价格如何变化，该投资组合的价值都不受股价的影响，而且等于投资无风险债券的利润。用一个单位的看跌期权和−Δ 个单位的股票来复制一个无风险债券，从而为持有的投资组合头寸进行保值的策略(即保护性看跌期权策略)， 称为Delta(看跌期权)套期保值策略。

4) 足够分散化投资组合的套期保值策略

给定一个充分分散化的投资组合头寸，假设该投资组合的 β 系数为1(当不为1时，套期保值率要适当调整)。为了避免买卖每种股票进行套期保值而产生的交易费用，可以考虑购买指数期货进行套期保值，这种策略将大大降低套期保值的成本。若指数期初的价格为 S，指数期货的执行价格为 X，无风险利率为 r，红利收益为 q，到期期限为 T，对应指数看跌期权的价格 P 为

$$P=Xe^{-rT}N(-d_2)-Se^{-qT}N(-d_1)$$

$$d_1=\frac{\ln(S/X)+(r-q+0.5\sigma^2)}{\sigma\sqrt{T}},d_2=d_1=\sigma\sqrt{T}$$

对应指数看跌期权的Δ为

$$\Delta=\frac{\partial P}{\partial S}=-e^{-qT}N(-d_1)=e^{-qT}(N(d_1)-1)$$

由于看跌期权可以为股票进行套期保值，同样采用指数看跌期权能对充分分散化的投资组合起到较好的套期保值作用。由 Δ 的含义可知，要对一股股票进行套期保值，则应动态地持有 $e^{-qT}(N(d_1)-1)$ 份股票。指数期权可以通过指数期货和指数(可以看作充分分散化的

投资组合)来复制，这样就可以通过指数期货来进行投资组合的套期保值。如果 T^*为期货合约的到期日，则根据期货的持有成本模型 $F_{T^*} = S\mathrm{e}^{(r-q)T^*}$，如果股票价格上升 ΔS，则期货价格上升 $\Delta S\mathrm{e}^{(r-q)T^*}$，因此 $\mathrm{e}^{(r-q)T^*}$ 份期货合约与 1 份股票具有相同的敏感度。持有期货合约要达到与持有股票相同的套期保值作用，则应持有的期货合约空头数量 N 为

$$N = \mathrm{e}^{-qT}(1-N(d_1)) \times \mathrm{e}^{-(r-q)T^*} = \mathrm{e}^{q(T^*-T)}\mathrm{e}^{-rT^*}(1-N(d_1))$$

用指数期货套期保值的策略描述为：100%持有股票，然后用卖出 N 份期货合约(即持有指数期货空头头寸)进行投资组合保值。如果投资组合期初价值为 K_1(表示为指数份数)，而期货合约每份合约对应的指数份数为 K_2，则持有的期货的空头头寸应为 $\mathrm{e}^{q(T^*-T)}\mathrm{e}^{-rT^*}(1-N(d_1))\dfrac{K_1}{K_2}$。

2. 应用实例

1)　利用复制策略进行套期保值

例 8-9　投资者持有股票的价值 V_0=1000，当前市场价格 S=56，保值水平ρ=0.93，无风险利率 r=8%，股票波动率σ=30%，T=1。①利用投资组合复制计算套期保值策略；②画出该策略的利润曲线图；③分析保值策略与当前股票市场价格的关系。

解　利用投资组合复制计算套期保值策略的计算步骤如下。

(1) 在工作表中输入已知数据，任意给定 X=50。

(2) 计算 d_1, d_2, $N(d_1)$, $N(d_2)$的值。对应 d_1 的值，在 B6 单元格中输入“=(LN(B2/$D$2)+($B$4+$B$3^2/2)*D3)/($B$3*D3^0.5)”。对应 d_2 的值，在 D6 单元格中输入公式“=B6-($B$3*D3^0.5)”。对应 $N(d_1)$的值，在 B7 单元格中输入“=NORMSDIST(B6)”。对应 $N(d_2)$的值，在 D7 单元格中输入“=NORMSDIST(D6)”。

(3) 计算持有股票比例 W_1：在 B9 单元格中输入“=B2*B7/(B2*B7+$D$2*EXP(-$B$4*D3)*D7)”。持有债券的比例 W_2：在 D9 单元格中输入“=1-B9”。

(4) 计算期初资产组合中的股票价值：在 B12 单元格中输入“=B1*B9”。资产组合中的债券价值：在 C12 单元格中输入“=B1*D9”。资产组合总价值：在 D12 单元格中输入“=C12+B12”。

(5) 要达到保值水平ρ=0.93，则考虑最坏的情况(即 S_T=0)对应的股票价值。单击 B15 单元格，在编辑栏中输入“=$B$12*A15/$B$2”。对应的债券价值：在 C15 单元格中输入“=$C$12*EXP($B$4*$D$3)”。对应的总价值：在 D15 单元格中输入“=B15+C15”。单击【工具】|【单变量求解】命令，在出现的【单变量求解】对话框中，选择【目标单元格】

为 D15，【目标值】为 930，【可变单元格】为$D$2。已知数据与计算结果，如图 8-27 所示。

	A	B	C	D	E	F	G	H
1	V_0	1000	ρ	0.93				
2	S	56	X	50				
3	σ	30%	T	1				
4	r	8%						
5								
6	d1	0.794429	d2	0.494429				
7	N(d1)	0.786527	N (-d2)	0.310502				
8								
9	股票比例	0.754502	债券比例	0.245498				
10			期初资产组合					
11		股票	无风险资产	合计				
12		754.5016	245.4984458	1000				
13			期末资产组合					
14	S_T	股票	债券	总计				
15	0	0	265.9452915	265.9453				

单变量求解
目标单元格(E): D15
目标值(V): 930
可变单元格(C): $D$2
确定 取消

图 8-27　已知数据与计算结果

(6) 单击【确定】按钮，计算结果如图 8-28 所示。

	A	B	C	D
1	V_0	1000	ρ	0.93
2	S	56	X	82.08145
3	σ	30%	T	1
4	r	8%		
5				
6	d1	-0.85787	d2	-1.15787
7	N(d1)	0.195483	N (-d2)	0.876541
8				
9	股票比例	0.141502	债券比例	0.858498
10			期初资产组合	
11		股票	无风险资产	合计
12		141.5018	858.4982015	1000
13			期末资产组合	
14	S_T	股票	债券	总计
15	0	0	929.9999993	930
16				

图 8-28　计算结果

图 8-27、图 8-28 表明，按照投资组合复制策略，在期初价值 1000 元的组合中，应持有 141.5 元的股票，而剩余的 818.5 元的股票应卖出以债券的形式持有，才能达到 0.93 的保值水平。

2)　画出该策略的利润曲线图

(1) 给定一系列可能的期末股价，如图 8-29 中的 A15:A28 区域所示。

(2) S_T=0 时期末组合中的股票价值：在 B15 单元格中已求出，可自动填充至其他股票价值对应的 B16:B28 区域。S_T=0 时的债券价值在 C15 单元格中已求出，可自动填充至其他债券价值对应的 C16:C28 区域。S_T=0 时期末组合总价值：在 D15 单元格中已求出，可自动填充至 D16:D28 区域。

(3) S_T=0 时组合总利润：在 E15 单元格中输入“=D15-$B$1”，自动填充至 E16:E28 区域。

(4) 对应 S_T=0 时不采用套期保值下持有股票的利润：在 F15 单元格中输入“=(A15-$B$2)*$B$1/$B$2”，可自动填充至 F16:F28 区域。

(5) 画出该套期保值策略的利润曲线图，根据作图提示进行，结果如图 8-29 所示。

	A	B	C	D	E	F
5						
6	d1	-0.85787	d2	-1.15787		
7	N(d1)	0.195483	N (-d2)	0.876541		
8						
9	股票比例	0.141502	债券比例	0.858498		
10			期初资产组合			
11		股票	无风险资产	合计		
12		141.5018	858.4982015	1000		
13			期末资产组合			
14	S_T	股票	债券	总计	总利润	持有股票利润
15	0	0	929.9999993	930	-70	-1000
16	5	12.63409	929.9999993	942.6341	-57.3659	-910.7142857
17	10	25.26818	929.9999993	955.2682	-44.7318	-821.4285714
18	15	37.90227	929.9999993	967.9023	-32.0977	-732.1428571
19	20	50.53636	929.9999993	980.5364	-19.4636	-642.8571429
20	25	63.17045	929.9999993	993.1704	-6.82955	-553.5714286
21	30	75.80453	929.9999993	1005.805	5.804534	-464.2857143
22	35	88.43862	929.9999993	1018.439	18.43862	-375
23	40	101.0727	929.9999993	1031.073	31.07271	-285.7142857
24	45	113.7068	929.9999993	1043.707	43.7068	-196.4285714
25	50	126.3409	929.9999993	1056.341	56.34089	-107.1428571
26	55	138.975	929.9999993	1068.975	68.97498	-17.85714286
27	60	151.6091	929.9999993	1081.609	81.60907	71.42857143
28	65	164.2432	929.9999993	1094.243	94.24316	160.7142857

图 8-29　该套期保值策略的利润曲线图

由图 8-29 可以看出，由于采用了复制策略，当股票价格下跌时，该策略将优于购买并直接持有股票的策略，股票下跌越大，该策略的效果越明显。但是采用套期保值策略后，如果股票价格上升，则将损失部分利润，套期保值策略的利润小于购买并直接持有股票的策略。

3) 分析套期保值策略与当前股票市场价格的关系

用构造投资组合进行套期保值策略，组合中股票和债券的比例随当前股价的变化而不断调整，可以用模拟运算表分析股票市价对策略的影响，从而可以进一步分析动态保值策略的过程。具体操作步骤如下。

(1) 运用【模拟运算表】命令计算不同股价的股票比例 W_1。给定股票当前的不同价格，如图 8-30 中 A33:B40 区域所示。对应期初价格 56 下，持有股票的比例 W_1，在单元格 B33 中输入“=B9”。选择 A33:B40 对应的区域，单击【数据】|【模拟运算表】命令，在输入引用列的单元格中选择股价对应的 B2 单元格，单击【确定】按钮。

(2) 调整后的债券比例 W_2：在 C33 单元格中输入“=1-B33”，运用【自动填充单元格】命令即可求出其他 S_T 下 W_2 对应的 C34:C40 单元格区域的值。最终结果如图 8-30 所示。

	A	B	C
31	股票和债券比例随股价变化调整		
32	S	股票比例	债券比例
33	56	0.754502	0.245498446
34	50	0.612406	0.38759412
35	52	0.66472	0.335280334
36	54	0.712137	0.287863186
37	56	0.754502	0.245498446
38	58	0.791881	0.20811904
39	60	0.824504	0.175495808
40	62	0.852708	0.147292103

图 8-30　套期保值策略与当前股票市场价格的关系

4) 应用指数期货进行套期保值

例 8-10 投资者期初持有价值为 10 000 000 元的充分分散化的股票组合，其 β 系数为 1。已知无风险利率 r=8%，指数红利收益率 q=3%，指数波动率σ=20%，指数期初的价格 S=300，指数的约定执行价格 X=290，到期期限 T=0.6，若采用期限为 9 个月的期货合约进行套期保值，期货的合约乘数(每份合约对应的指数份数)K_2=250。①试分析采用期货进行套期保值时需要的期货合约的数量；②画出采用期货进行套期保值的期末价值图。

解 ① 采用期货进行套期保值时需要的期货合约的数量，其计算步骤如下。

a. 输入已知数据。

b. 对应的 T^*-T 值：在单元格 B8 中输入“=D8-D3”。

c. 期初持有指数的份数 K_1：在单元格 B9 中输入“=B5/B2”。

d. 对应 d_1 的值：在单元格 B11 中输入“=(LN(B2/B3)+(B4-D4+D2^2/2)*D3)/(D2*D3^0.5)”。

e. 对应 $N(d_1)$的值：在 D11 单元格中输入“=NORMSDIST(B11)”。

f. 计算需要的期货合约份数 N：在单元格 B13 中输入“=EXP(D4*B8)*EXP (-B4*D8)*(1-D11)*B9/D9”。结果如图 8-31 所示，要对期初价值为 10 000 000 的充分分散化的投资组合进行保值，需要 39.37 份的 9 个月股指期货合约。

1	应用指数期货套期保值			
2	S	300	波动率σ	20%
3	执行价格X	290	到期期限T	0.6
4	无风险利率r	8%	红利收益率q	3%
5	V0	10000000		
6				
7	9个月S&P500的期货			
8	T*-T	0.15	T*	0.75
9	K1	33333.33	K2	250
10				
11	d1	0.489942	N(d1)	0.687913
12				
13	期货合约数N	39.36512		

图 8-31 计算结果

② 画出采用期货进行套期保值的期末价值图。

a. 在如图 8-32 所示的 A16:A26 区域给定一系列可能的期末股指点数。

b. 当期末股指为 200 时，对应投资组合的价值(未保值)：在 B16 单元格中输入“=$B$5*A16/$B$2”，自动填充至 B17:B26 区域。

c. 当期末价值为 200 时，对应 N 份股指期货的价值：在 C16 单元格中输入“=$B$13*($B$3-A16)*$D$9”，自动填充至 C17:C26 区域。

d. 当期末股指为 200 时，对应投资组合的期货价值：在 D16 单元格中输入“=B16+C16”，自动填充至 D17:D26 区域。

e. 画出该套期保值策略的期末价值图，步骤同前，结果如图 8-32 所示。

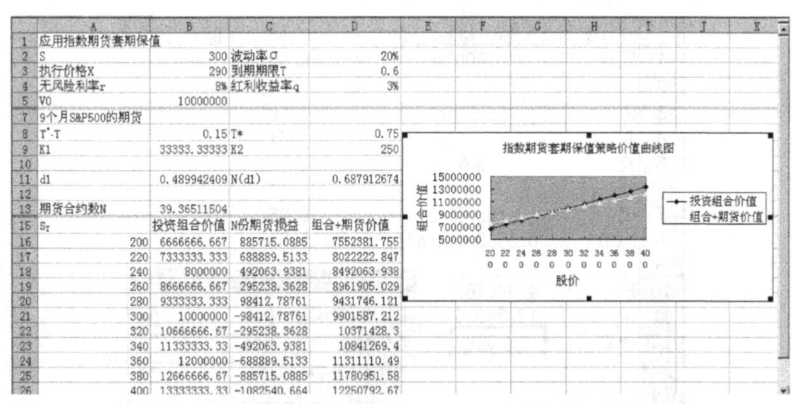

	A	B	C	D
1	应用指数期货套期保值			
2	S	300	波动率σ	20%
3	执行价格X	290	到期期限T	0.6
4	无风险利率r	8%	红利收益率q	3%
5	V0	10000000		
7	9个月S&P500的期货			
8	T*-T	0.15	T*	0.75
9	K1	33333.33333	K2	250
10				
11	d1	0.489942409	N(d1)	0.687912674
12				
13	期货合约数N	39.36511504		
15	S_T	投资组合价值	N份期货损益	组合+期货价值
16	200	6666666.667	885715.0885	7552381.755
17	220	7333333.333	688889.5133	8022222.847
18	240	8000000	492063.9381	8492063.938
19	260	8666666.667	295238.3628	8961905.029
20	280	9333333.333	98412.78761	9431746.121
21	300	10000000	-98412.78761	9901587.212
22	320	10666666.67	-295238.3628	10371428.3
23	340	11333333.33	-492063.9381	10841269.4
24	360	12000000	-688889.5133	11311110.49
25	380	12666666.67	-885715.0885	11780951.58
26	400	13333333.33	-1082540.664	12250792.67

图 8-32　该套期保值策略的期末价值图

从图 8-32 中可以看出，采用股指期货对充分分散化的投资组合进行套期保值时，当股指下跌时，由于买入了股指期货，组合的价值下跌比没有采用股指期货要小；当股指上升时，由于加入股指期货却损失了部分收益。

3. 综合实例

例 8-11　已知投资者的初始财富 V_0=1000 元，股票的初始价格 S_0=50，无风险利率 r=6%，股票波动率 σ=30%，到期时间 T=1。通过卖出部分股票为看跌期权融资的方式，试分析最低保险水平 ρ=0.95，ρ=1，ρ=1.06，ρ=1.1 时对应的套期保值策略。

解　最低保险水平 ρ=0.95 时，对应的套期保值策略的计算步骤如下。

(1) 任意给定一执行价格 50，则对应 d_1 的值：在 B7 单元格中输入“=(LN(B3/D3)+(D4+0.5*B5^2)*B4)/(B5*SQRT(B4))”。

(2) 对应 d_2 的值：在 D7 单元格中输入“=B7-SQRT(B4)*B5”

(3) 对应 $N(d_1)$的值：在 B8 单元格中输入“=NORMSDIST(B7)”

(4) 对应 $N(d_2)$的值：在 D8 单元格中输入“=NORMSDIST(D7)”

(5) 对应看跌期权价格 P：在 B10 单元格中输入“=D3*EXP(-D4*B4)*(1-D8)-B3*(1-B8)”。

(6) 需要的看跌期权的份数 n：在单元格 B11 中输入“=B1/(B3+B10)”。

(7) 对应 n*X 的值：在 B12 单元格中输入“=B11*D3”。

(8) 选择【工具】|【单变量求解】命令，选择【目标单元格】为 B12，设置【目标值】为 950，选择【可变单元格】为 D3，单击【确定】按钮，即可求出套期保值策略需要的看跌期权的数量 n 和执行价格 X。计算过程和结果分别如图 8-33 和图 8-34 所示。

	A	B	C	D	E	F
1	V_0	1000	ρ	0.95		
2						
3	S	50	X	50		
4	T	1	r	6%		
5	σ	30%				
6						
7	d1	0.35	d2	0.05		
8	N(d1)	0.636831	N(d2)	0.519939		
9						
10	P	4.446763				
11	n	18.36656				
12	n*X	918.3282				
13						
14						
15						
16						

单变量求解
目标单元格(E): B12
目标值(V): 950
可变单元格(C): D3
确定 取消

图 8-33 看跌期权的数量 *n* 和执行价格 *X* 的计算过程

	A	B	C	D
1	V_0	1000	ρ	0.95
2				
3	S	50	X	53.23619
4	T	1	r	6%
5	σ	30%		
6				
7	d1	0.140949	d2	-0.15905
8	N(d1)	0.556045	N(d2)	0.436814
9				
10	P	6.038095		
11	n	17.845		
12	n*X	950		
13				

图 8-34 执行价格 X 的计算结果

最低保险水平ρ=1 时，对应的套期保值策略的计算步骤如下。

(1) 任意给定一执行价格 50，则对应 d_1 的值：在 G7 单元格中输入“=(LN(G3/I3)+(I4+0.5*G5^2)*G4)/(G5*SQRT(G4))”。

(2) 对应 d_2 的值：在 I7 单元格中输入“=G7−SQRT(G4)*G5”。

(3) 对应 $N(d_1)$的值：在 G8 单元格中输入“=NORMSDIST(G7)”。

(4) 对应 $N(d_2)$的值：在 I8 单元格中输入“=NORMSDIST(I7)”。

(5) 对应看跌期权价格 P: 在 G10 单元格中输入“=I3*EXP(−I4*G4)*(1−I8)−G3*(1−G8)”。

(6) 需要的看跌期权的份数 n：在 G11 单元格中输入“=G1/(G3+G10)”。

(7) 对应 $n*X$ 的值：在 G12 单元格中输入“=G11*I3”。

(8) 选择【工具】|【单变量求解】命令，选择【目标单元格】为 G12，设置【目标值】为 1000，选择【可变单元格】为 I3，单击【确定】按钮，即可求出套期保值策略需要的看跌期权的数量 n 和执行价格 X。

同理，可以求出ρ=1.06，ρ=1.1 时对应的套期保值策略，计算结果如图 8-35 所示。

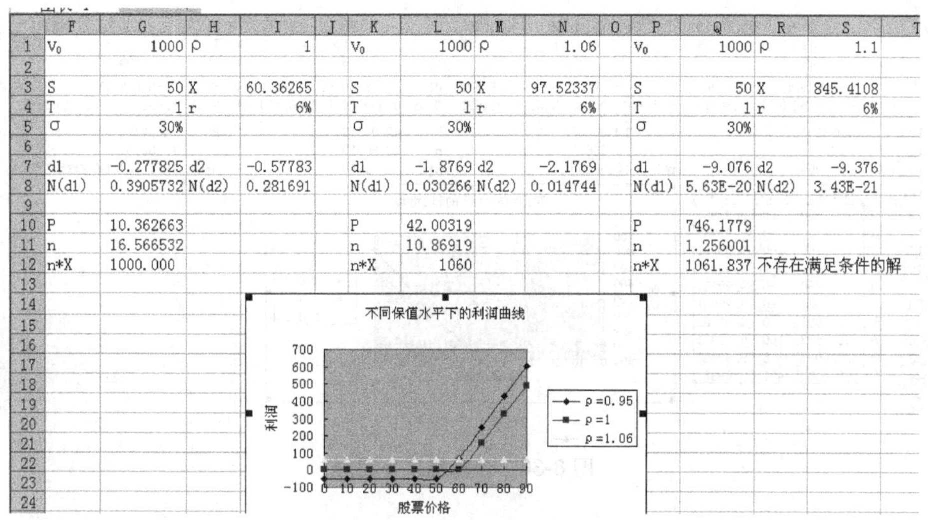

	F	G	H	I	J	K	L	M	N	O	P	Q	R	S	T
1	V₀	1000	ρ	1		V₀	1000	ρ	1.06		V₀	1000	ρ	1.1	
2															
3	S	50	X	60.36265		S	50	X	97.52337		S	50	X	845.4108	
4	T	1	r	6%		T	1	r	6%		T	1	r	6%	
5	σ	30%				σ	30%				σ	30%			
6															
7	d1	-0.277825	d2	-0.57783		d1	-1.8769	d2	-2.1769		d1	-9.076	d2	-9.376	
8	N(d1)	0.3905732	N(d2)	0.281691		N(d1)	0.030266	N(d2)	0.014744		N(d1)	5.63E-20	N(d2)	3.43E-21	
9															
10	P	10.362663				P	42.00319				P	746.1779			
11	n	16.566532				n	10.86919				n	1.256001			
12	n*X	1000.000				n*X	1060				n*X	1061.837	不存在满足条件的解		
13															
14															
15															
16															
17															
18															
19															
20															
21															
22															
23															
24															

图 8-35　计算结果

最后将ρ=0.95，ρ=1，ρ=1.06，这 3 种最低保值水平下对应的策略的利润进行对比，具体步骤如下。

(1) 给定一系列可能的股票价格，如图 8-36 中的 A15:A24 单元格区域。

(2) 对应ρ=0.95 时策略的利润：在 B15 单元格中输入“=$B$11*(A15+MAX($D$3-A15,0))-$B$1”，自动填充至单元格区域 B16:B24。

(3) 对应ρ=1 时策略的利润：在 C15 单元格中输入“=$G$11*(A15+MAX($I$3-A15,0))-$G$1”，自动填充至单元格区域 C16:C24。

(4) 对应ρ=1.06 时策略的利润：在 D15 单元格中输入“=$L$11*(A15+MAX($N$3-A15,0))-$L$1”，自动填充至单元格区域 D16:D24。

(5) 选择【插入】|【图表】命令，在【源数据】对话框中，选择ρ=0.95 系列 X 轴对应的区域为 A15:A24，Y 轴对应的区域为 B15:B24。

(6) 选择ρ=1 系列 X 轴对应的区域为 A15:A24，Y 轴对应的区域为 C15:C24。

(7) 选择ρ=1.06 系列 X 轴对应的区域为 A15:A24，Y 轴对应的区域为 D15:D24。

计算结果与图形如图 8-36 所示。

从图 8-36 中可以看出，保值水平越高，股票下跌时损失越小，股票上涨时获利越小；当保值水平为 1+r=1.06 时，利润收益不受股票影响。

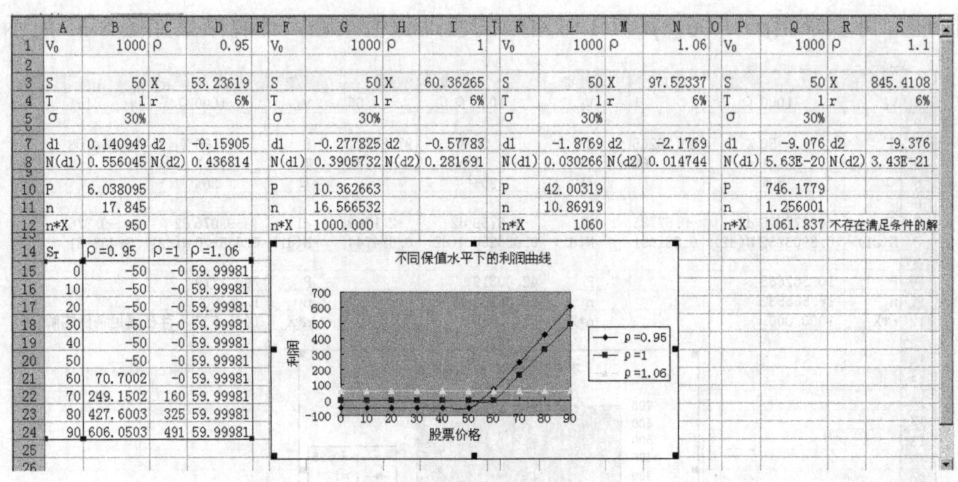

	A	B	C	D	E	F	G	H	I	J	K	L	M	N	O	P	Q	R	S
1	V_0	1000	ρ	0.95		V_0	1000	ρ	1		V_0	1000	ρ	1.06		V_0	1000	ρ	1.1
2																			
3	S	50	X	53.23619		S	50	X	60.36265		S	50	X	97.52337		S	50	X	845.4108
4	T	1	r	6%		T	1	r	6%		T	1	r	6%		T	1	r	6%
5	σ	30%				σ	30%				σ	30%				σ	30%		
7	d1	0.140949	d2	−0.15905		d1	−0.277825	d2	−0.57783		d1	−1.8769	d2	−2.1769		d1	−9.076	d2	−9.376
8	N(d1)	0.556045	N(d2)	0.436814		N(d1)	0.3905732	N(d2)	0.281691		N(d1)	0.030266	N(d2)	0.014744		N(d1)	5.63E−20	N(d2)	3.43E−21
10	P	6.038095				P	10.362663				P	42.00319				P	746.1779		
11	n	17.845				n	16.566532				n	10.86919				n	1.256001		
12	n*X	950				n*X	1000.000				n*X	1060				n*X	1061.837	不存在满足条件的解	
14	S_T	ρ=0.95	ρ=1	ρ=1.06															
15	0	−50	−0	59.99981															
16	10	−50	−0	59.99981															
17	20	−50	−0	59.99981															
18	30	−50	−0	59.99981															
19	40	−50	−0	59.99981															
20	50	−50	−0	59.99981															
21	60	70.7002	−0	59.99981															
22	70	249.1502	160	59.99981															
23	80	427.6003	325	59.99981															
24	90	606.0503	491	59.99981															

图 8-36 计算结果与图形

思 考 题

股票当前价格 S=25 元，执行价格 X=25 元，无风险年利率 r=8%，股票的波动率 σ=30%，期权到期期限 T=0.5 年，用 Black-Scholes 期权定价模型计算对应的欧式看涨期权和看跌期权的价格。

第 9 章　期权定价的有限差分法

【本章精粹】

期权定价最终归结为一个二阶偏微分方程，而有限差分方法是计算偏微分方程的有效工具。因此，本章介绍 3 种常见的有限差分方法，并且给出了相关程序，让读者了解有限差分方法计算的基本原理，熟悉用显式法和隐式法计算欧式看涨期权价格。

9.1　有限差分计算方法的基本原理

偏微分方程在金融工程中占有重要位置，著名的 Black-Scholes 方程就是以二阶偏微分方程形式给出的。偏微分方程为求解复杂的金融衍生工具价格提供了有力手段，但是偏微分方程通常没有解析解，因此用数值计算方法求解衍生工具价格就成为金融工程的一项基本功。求解金融衍生工具价格与求解通常偏微分方程的区别主要在于一般偏微分方程是给定初值求解终值，而衍生品定价问题是给定终值求初值，属于倒向随机偏微分方程求解。

有限差分方法的核心思想是对导数进行离散化，把偏微分方程转化为差分方程，然后利用迭代法求解。

根据对偏导数离散方法的不同，有限差分方法可分为显式差分法、隐式差分法和内含差分法，下面分别进行介绍。

假设 $f_{i,j}$ 表示在 i 时刻股票价格为第 j 价位的期权价格，对 f 一阶导数进行如下差分：

$$\frac{\partial f}{\partial S}=\frac{f_{i,j+1}-f_{i,j}}{\Delta S} \tag{9-1}$$

$$\frac{\partial f}{\partial t}=\frac{f_{i+1,j}-f_{i,j}}{\Delta t} \tag{9-2}$$

式(9-1)、式(9-2)的差分方法称为显式差分法。也可以对一阶导数做如下差分：

$$\frac{\partial f}{\partial S}=\frac{f_{i,j}-f_{i,j-1}}{\Delta S} \tag{9-3}$$

$$\frac{\partial f}{\partial t}=\frac{f_{i,j}-f_{i-1,j}}{\Delta t} \tag{9-4}$$

式(9-3)、式(9-4)的差分方法称为隐式差分法。也可以做如下差分：

$$\frac{\partial f}{\partial S}=\frac{f_{i,j+1}-f_{i,j-1}}{2\Delta S} \tag{9-5}$$

$$\frac{\partial f}{\partial t}=\frac{f_{i+1,j}-f_{i-1,j}}{2\Delta t} \tag{9-6}$$

式(9-5)、式(9-6)的差分方法称为内含差分法。

对二阶微分方程，用如下方法进行差分：

$$\frac{\partial^2 f}{\partial S^2}=\left(\frac{f_{i,j+1}-f_{i,j}}{\Delta S}-\frac{f_{i,j}-f_{i,j-1}}{\Delta S}\right)/\Delta S \tag{9-7}$$

整理得：

$$\frac{\partial^2 f}{\partial S^2}=\frac{f_{i,j+1}+f_{i,j-1}-2f_{i,j}}{\Delta S^2}$$

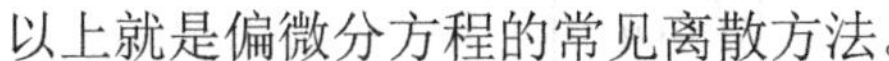

以上就是偏微分方程的常见离散方法。

9.2　显式有限差分计算法求解欧式看跌期权

下面利用显式差分法求解欧式看跌期权，对一阶偏导数、二阶导数离散方式如下：

$$\frac{\partial f}{\partial t}=\frac{f_{i,j}-f_{i-1,j}}{\Delta t} \tag{9-8}$$

$$\frac{\partial f}{\partial S}=\frac{f_{i,j+1}-f_{i,j-1}}{2\Delta S} \tag{9-9}$$

$$\frac{\partial^2 f}{\partial S^2}=\frac{f_{i,j+1}+f_{i,j-1}-2f_{i,j}}{\Delta S^2} \tag{9-10}$$

将式(9-8)、式(9-9)、式(9-10)代入 Black-Schole 公式，有

$$\frac{f_{i,j}-f_{i-1,j}}{\Delta t}+rj\Delta S\frac{f_{i,j+1}-f_{i,j-1}}{2\Delta S}+\frac{1}{2}\sigma^2 j^2\Delta S^2\frac{f_{i,j+1}+f_{i,j-1}-2f_{i,j}}{\Delta S^2}=rf_{i,j} \tag{9-11}$$

经过整理可得：

$$f_{i-1,j}=a_j^* f_{i,j-1}+b_j^* f_{i,j}+c_j^* f_{i,j+1}, i=0,1,2,\cdots,N-1; j=1,2,3,\cdots,M-1 \tag{9-12}$$

$$a_j^*=\frac{1}{2}\Delta t(\sigma^2 j^2-rj)$$

$$b_j^*=1-\Delta t(\sigma^2 j^2+rj)$$

$$c_j^*=\frac{1}{2}\Delta t(\sigma^2 j^2+rj)$$

将式(9-12)写成矩阵形式为

$$\begin{bmatrix} f_{N-1,M-1} \\ f_{N-1,M-2} \\ f_{N-1,M-3} \\ \cdots \\ f_{N-1,2} \\ f_{N-1,1} \end{bmatrix}=\begin{bmatrix} c_{M-1}^* & b_{M-1}^* & a_{M-1}^* & 0 & \cdots & 0 \\ 0 & c_{M-2}^* & b_{M-2}^* & a_{M-2}^* & \cdots & 0 \\ 0 & 0 & c_{M-3}^* & b_{M-3}^* & a_{M-3}^* & 0 \\ 0 & 0 & 0 & c_{M-4}^* & b_{M-4}^* & a_{M-4}^* \\ & & & \cdots & & \\ 0 & 0 & 0 & c_1^* & b_1^* & a_1^* \end{bmatrix}\cdot\begin{bmatrix} f_{N-1,M} \\ f_{N-1,M-1} \\ f_{N-1,M-2} \\ \cdots \\ f_{N-1,1} \\ f_{N-1,0} \end{bmatrix}$$

$$\boldsymbol{L}=\begin{bmatrix} c_{M-1}^* & b_{M-1}^* & a_{M-1}^* & 0 & \cdots & 0 \\ 0 & c_{M-2}^* & b_{M-2}^* & a_{M-2}^* & \cdots & 0 \\ 0 & 0 & c_{M-3}^* & b_{M-3}^* & a_{M-3}^* & 0 \\ 0 & 0 & 0 & c_{M-4}^* & b_{M-4}^* & a_{M-4}^* \\ & & & \cdots & & \\ 0 & 0 & 0 & c_1^* & b_1^* & a_1^* \end{bmatrix}_{(M-1)\times(M-1)}$$

则上式可以写成

$$\begin{bmatrix} f_{N-1,M-1} \\ f_{N-1,M-2} \\ f_{N-1,M-3} \\ \cdots \\ f_{N-1,2} \\ f_{N-1,1} \end{bmatrix} = \boldsymbol{L}_{(M-1)\times(M-1)} \cdot \begin{bmatrix} f_{N-1,M} \\ f_{N-1,M-1} \\ f_{N-1,M-2} \\ \cdots \\ f_{N-1,1} \\ f_{N-1,0} \end{bmatrix}$$

也即

$$f^{N+1} = \boldsymbol{L} f^N$$

对于欧式看涨期权，其终值条件为

$$f(S,T) = \max(K-S,0) \qquad \forall S>0$$

下面考虑欧式看跌期权的边界条件，当股票价格 S_t 非常大时，看跌期权到期日价格为0，$f(t,S_{\max})=0$；当股票价格为 0 时，S_t=0，那么到期日支付价值为 K，贴现到 t 期有 $f(t,0)=K\mathrm{e}^{-r(T-t)}$，边界条件可以写成如下形式：

$$f_{i,M}=0 \qquad i=1,2,\cdots,N$$

$$f_{i,0}=K\mathrm{e}^{-r(N-i)\Delta t} \qquad i=0,1,2,\ \cdots,N$$

$$f_{N,j}=\max(K-j\Delta S) \qquad j=0,1,2,\ \cdots,M$$

例 9-1 已知股票价格为 50 元，欧式看跌期权的执行价格为 50 元，到期日为 5 个月，股票年波动率的标准差为 0.3，无风险利率为 10%，试用有限差分方法求解期权的价格。

解 下面是用 Matlab 编写的程序，程序文件名为 osqq.m。

```
s0=50;        %股价
k=50;         %执行价
r=0.1;        %无风险利率
sigma=0.3;  %股票波动率
T=5/12;        %续存期
smax=100;      %确定股票价格的最大价格
ds=2;         %股价离散步长
dt=5/1200;   %时间离散步长
M=round(smax/ds);   %计算股价离散步数
ds=smax/M;           %股价离散实际步长
N=round(T/dt);         %时间离散步数
dt=T/N;              %时间离散实际步长
%%%%%%%%
matval=zeros(M+1,N+1);
vets=linspace(0,smax,M+1);  %将区间[0,smax]分成M+1段
veti=0:N;
vetj=0:M;
%建立偏微分方程边界条件
matval(:,N+1)=max(k-vets,0);
matval(1,:)=k*exp(-r*dt*(N-veti));
```

```
matval(M+1,:)=0;
%%%%%%%%
%确定迭代矩阵系数
a=0.5*dt*(sigma^2*vetj-r).*vetj;
b=1-dt*(sigma^2*vetj.^2+r);
c=0.5*dt*(sigma^2*vetj+r).*vetj;
%%%%%%%
L=zeros(M-1,M+1);
for i=2:M
    L(i-1,i-1)=a(i);L(i-1,i)=b(i);L(i-1,i+1)=c(i);
end
%%%%%%%%%%%%%%
for i=N:-1:1
matval(2:M,i)=L*matval(:,i+1);
end
jdown=floor(s0/ds);
jup=ceil(s0/ds);
if jdown==jup
  price=matval(jdown+1,1)+(s0-jdown*ds)*(matval(jup+1,1)-matval(jup+1,1))/ds
end
>> osqq
```

运行结果如下：

```
price =
    2.8288
```

9.3　显式有限差分计算法求解美式看跌期权

这里采用与 9.1 节不同的离散方式，显式差分离散方法如下：

$$\frac{\partial f}{\partial S}=\frac{f_{i+1,j+1}-f_{i+1,j-1}}{2\Delta S} \tag{9-13}$$

$$\frac{\partial^2 f}{\partial S^2}=\frac{f_{i+1,j+1}+f_{i+1,j-1}-2f_{i+1,j}}{\Delta S^2} \tag{9-14}$$

这样差分方程为

$$\frac{f_{i+1,j}-f_{i,j}}{\Delta t}+rj\Delta S\frac{f_{i+1,j+1}-f_{i+1,j-1}}{2\Delta S}+\frac{1}{2}\sigma^2 j^2\Delta S^2\frac{f_{i+1,j+1}+f_{i+1,j-1}}{\Delta S^2}=rf_{i,j}$$

整理得：

$$f_{i,j}=a_j f_{i+1,j-1}+b_j f_{i+1,j}+c_j f_{i+1,j+1} \tag{9-15}$$

$$a_j=\frac{1}{1+r\Delta t}\left(-\frac{1}{2}rj\Delta t+\frac{1}{2}\sigma^2 j^2\Delta t\right)$$

$$b_j=\frac{1}{1+r\Delta t}(1-\sigma^2 j^2\Delta t)$$

$$c_j=\frac{1}{1+r\Delta t}\left(\frac{1}{2}rj\Delta t+\frac{1}{2}\sigma^2 j^2\Delta t\right)$$

考虑到边界条件，$f_{i,0}=k$；$f_{i,M}=0$；i=0,1,2,⋯,N。

如果记

$$\boldsymbol{L}=\begin{bmatrix} b_1 & c_1 & 0 & 0 & 0 \\ a_2 & b_2 & c_2 & 0 & 0 \\ \cdots & & & & \\ 0 & 0 & a_{M-2} & b_{M-2} & C_{M-2} \\ 0 & 0 & \cdots & a_{M-1} & b_{M-2} \end{bmatrix}, \quad \boldsymbol{g}=\begin{bmatrix} a_1 k \\ 0 \\ \ldots \\ 0 \\ 0 \end{bmatrix}$$

对于第 i 个时刻的现金流 $F_{i,j}$，$F_{i,j}=\max(k-j\Delta S, f_{i,j}), i,j=1,2,\cdots,M-1$。

记

$$F=(F_1,F_2,\cdots,F_{M-1})^{\tau}$$

则公式(9-15)有

$$\boldsymbol{F}^i=\boldsymbol{L}\boldsymbol{F}^{i-1}+\boldsymbol{g}$$

例 9-2 已知股票价格为 50 美元，美式看跌期权执行价格为 50 美元，到期日为 5 个月，股票年波动率的标准差为 0.4，无风险利率为 10%，试用有限差分方法求解期权的价格。

解 编写显式差分的 Matlab 程序如下。

```
s0=50;k=50;r=0.1;sigma=0.4;T=5/12;
dt=T/10;ds=5;
smax=100;
M=round(smax/ds);
N=round(T/dt);
ds=smax/M;
dt=T/N;
%%%%%%%%
veti=1:N;
vetj=1:M;
a=1/(1+r*dt)*(-1/2*r*vetj*dt+1/2*sigma^2*vetj.^2*dt);
b=1/(1+r*dt)*(1-sigma^2*vetj.^2*dt);
c=1/(1+r*dt)*(1/2*r*vetj*dt+1/2*sigma^2*vetj.^2*dt);
%%%%%%%
L=zeros(M-1,M-1);
L(1,1)=b(1);L(1,2)=c(1);
L(M-1,M-2)=a(M-1);L(M-1,M-1)=b(M-1);
for j=2:M-2
    L(j,j-1)=a(j);L(j,j)=b(j);L(j,j+1)=c(j);
end
%%%%%%%%%%%%%%
f1=zeros(M-1,N+1);
f1(:,N+1)=max(k-vetj(1:M-1)*ds,0);
f0=zeros(M-1,1);
f0(1,1)=a(1)*k;
for i=N:-1:1
    f1(:,i)=L*f1(:,i+1)+f0;
    for j=1:M-1
```

```
        if f1(j,i)<=k-vetj(j)*ds;
           f1(j,i)=k-vetj(j)*ds;
        end
     end
  end
  f2(1,1:N+1)=50;
  f2(2:M,1:N+1)=f1;
  f2(M+1,1:N+1)=0
  >> msqq
```

得到如表 9-1 所示的结果。

表 9-1　计算结果

单位：美元

股价 时间	10	9	8	7	6	5	4	3	2	1	0
100	50.0000	50.0000	50.0000	50.0000	50.0000	50.0000	50.0000	50.0000	50.0000	50.0000	50.0000
95	45.0000	45.0000	45.0000	45.0000	45.0000	45.0000	45.0000	45.0000	45.0000	45.0000	45.0000
90	40.0000	40.0000	40.0000	40.0000	40.0000	40.0000	40.0000	40.0000	40.0000	40.0000	40.0000
85	35.0000	35.0000	35.0000	35.0000	35.0000	35.0000	35.0000	35.0000	35.0000	35.0000	35.0000
80	30.0000	30.0000	30.0000	30.0000	30.0000	30.0000	30.0000	30.0000	30.0000	30.0000	30.0000
75	25.0000	25.0000	25.0000	25.0000	25.0000	25.0000	25.0000	25.0000	25.0000	25.0000	25.0000
70	20.0000	20.0000	20.0000	20.0000	20.0000	20.0000	20.0000	20.0000	20.0000	20.0000	20.0000
65	15.0000	15.0000	15.0000	15.0000	15.0000	15.0000	15.0000	15.0000	15.0000	15.0000	15.0000
60	10.2770	10.2013	10.1279	10.0620	10.0122	10.0000	10.0000	10.0000	10.0000	10.0000	10.0000
55	6.7557	6.6134	6.4659	6.3097	6.1460	5.9592	5.7474	5.4984	5.2400	5.0000	5.0000
50	4.2568	4.0818	3.8859	3.6789	3.4398	3.1788	2.8668	2.5266	2.0725	1.5560	0
45	2.5872	2.3922	2.2105	1.9878	1.7703	1.5028	1.2436	0.8986	0.5895	0	0
40	1.4787	1.3670	1.1650	1.0227	0.8101	0.6519	0.4178	0.2671	0	0	0
35	0.9136	0.6766	0.6342	0.4444	0.3744	0.2051	0.1426	0	0	0	0
30	0.3241	0.4574	0.2288	0.2452	0.1004	0.0887	0	0	0	0	0
25	0.4550	0.0635	0.1957	0.0403	0.0635	0	0	0	0	0	0
20	-0.1341	0.2046	−0.0036	0.0518	0	0	0	0	0	0	0
15	0.2824	−0.0475	0.0479	0	0	0	0	0	0	0	0
10	−0.1067	0.0497	0	0	0	0	0	0	0	0	0
5	0.0576	0	0	0	0	0	0	0	0	0	0
0	0	0	0	0	0	0	0	0	0	0	0

可见，表 9-1 中第 11 行第 1 列的期权价格是 4.2568 美元。

9.4　隐式有限差分计算法求解欧式看跌期权

下面利用隐式有限差分计算法求解欧式看跌期权，对一阶偏导数、二阶导数离散方式如下：

$$\frac{\partial f}{\partial t}=\frac{f_{i+1,j}-f_{i,j}}{\Delta t} \tag{9-16}$$

$$\frac{\partial f}{\partial S}=\frac{f_{i,j+1}-f_{i,j-1}}{2\Delta S} \tag{9-17}$$

$$\frac{\partial^2 f}{\partial S^2}=\frac{f_{i,j+1}+f_{i,j-1}-2f_{i,j}}{\Delta S^2} \tag{9-18}$$

将上面 3 个等式代入 B-S 公式，有：

$$\frac{f_{i+1,j}-f_{i,j}}{\Delta t}+rj\Delta S\frac{f_{i,j+1}-f_{i,j-1}}{2\Delta S}+\frac{1}{2}\sigma^2 j^2\Delta S^2\frac{f_{i,j+1}+f_{i,j-1}-2f_{i,j}}{\Delta S^2}=rf_{i,j} \tag{9-19}$$

整理得：

$$f_{i+1,j}=a_j f_{i,j-1}+b_j f_{i,j}+c_j f_{i,j+1} \tag{9-20}$$

$$a_j=\frac{1}{2}rj\Delta t-\frac{1}{2}\sigma^2 j^2\Delta t \tag{9-21}$$

$$b_j^*=1+\sigma^2 j^2\Delta t+r\Delta t \tag{9-22}$$

$$c_j=-\frac{1}{2}rj\Delta t-\frac{1}{2}\sigma^2 j^2\Delta t \tag{9-23}$$

改写为矩阵形式为

$$\begin{bmatrix} b_1 & c_1 & 0 & 0 & 0 \\ a_2 & b_2 & c_2 & 0 & 0 \\ \cdots & & & & \\ 0 & 0 & a_{M-2} & b_{M-2} & C_{M-2} \\ 0 & 0 & \cdots & a_{M-1} & b_{M-2} \end{bmatrix}\cdot\begin{bmatrix} f_{i,1} \\ f_{i,2} \\ \cdots \\ f_{i,M-2} \\ f_{i,M-1} \end{bmatrix}=\begin{bmatrix} f_{i+1,1} \\ f_{i+1,2} \\ \cdots \\ f_{i+1,M-2} \\ f_{i+1,M-1} \end{bmatrix}-\begin{bmatrix} a_1 f_{i+1,0} \\ 0 \\ \cdots \\ 0 \\ c_{M-1}f_{i+1,M} \end{bmatrix}$$

记为

$$\boldsymbol{L}=\begin{bmatrix} b_1 & c_1 & 0 & 0 & 0 \\ a_2 & b_2 & c_2 & 0 & 0 \\ \cdots & & & & \\ 0 & 0 & a_{M-2} & b_{M-2} & C_{M-2} \\ 0 & 0 & \cdots & a_{M-1} & b_{M-2} \end{bmatrix},\boldsymbol{f}^{(i)}=\begin{bmatrix} f_{i,1} \\ f_{i,2} \\ \cdots \\ f_{i,,M-2} \\ f_{i,M-1} \end{bmatrix},\boldsymbol{g}=\begin{bmatrix} a_1 f_{i+1,0} \\ 0 \\ \cdots \\ 0 \\ c_{M-1}f_{i+1,M} \end{bmatrix}$$

则有

$$\boldsymbol{L}\boldsymbol{f}^{(i)}=\boldsymbol{f}^{(i+1)}-\boldsymbol{g}$$

例 9-3 已知股票价格为 50 元，欧式看跌期权的执行价格为 50 元，到期日为 5 个月，股票年波动率的标准差为 0.4，无风险利率为 10%，试用有限差分方法求解期权的价格。

解 下面是用 Matlab 编写的程序，程序文件名为 yhcf.m。

```
s0=50;          %股价
k=50;           %执行价
r=0.1;          %无风险利率
sigma=0.4;      %股票波动率
T=5/12;         %续存期
smax=100;       %确定股票价格的最大价格
```

```
ds=0.5;         %股价离散步长
dt=5/2400;  %时间离散步长
M=round(smax/ds);  %计算股价离散步数
ds=smax/M;            %股价离散实际步长
N=round(T/dt);  %时间离散步数
dt=T/N;                %时间离散实际步长
matval=zeros(M+1,N+1);
vets=linspace(0,smax,M+1);  %将区间[0,smax]分成M+1段
veti=0:N;
vetj=0:M;
%建立偏微分方程边界条件
matval(:,N+1)=max(k-vets,0);
matval(1,:)=k*exp(-r*dt*(N-veti));
matval(M+1,:)=0;
%%%%%%%
%确定迭代矩阵系数
a=0.5*(r*dt*vetj-sigma^2*dt*vetj.^2);
b=1+sigma^2*dt*vetj.^2+r*dt;
c=-0.5*(r*dt*vetj+sigma^2*dt*vetj.^2);
coeff=diag(a(3:M),-1)+diag(b(2:M))+diag(c(2:M-1),1);
[L,U]=lu(coeff)
%%%%%%%
aux=zeros(M-1,1);
for i=N:-1:1
aux(1)=-a(2)*matval(1,i)
matval(2:M,i)=U\(L\(matval(2:M,i+1)+aux));
end
jdown=floor(s0/ds);
jup=ceil(s0/ds);
if jdown==jup
  price=matval(jdown+1,1)
else
price=matval(jdown+1,1)+(s0-jdown*ds)*(matval(jup+1,1)-matval(jup+1,1))/ds
end
>> yhcf
```

运行结果如下：

```
price =
4.0718
```

9.5　隐式有限差分计算法求解美式看跌期权

与 9.4 节的方法一样，根据式(9-20)、式(9-21)、式(9-22)、式(9-23)，下面考虑美式看跌期权的边界条件。

T 时刻看跌期权到期现金流为 $\max(K-S_T,0)$，其中 S_T 为 T 时刻的股票价格，则：

$$f_{N,j}=\max(K-j\Delta S,0)\quad j=0,1,2,\cdots,M \tag{9-24}$$

当股票价格为0时，看跌期权价格为K，则：

$$f_{i,0} = K \quad i=0,1,2,\cdots,N \tag{9-25}$$

当股票价格趋于无穷大时，看跌期权价格趋于0，因此有近似值：

$$f_{i,M} = 0 \quad i=1,2,\cdots,N$$

下面考虑美式期权提前执行条件，当计算$f_{i,j}$时，有

$$f_{i,j} = \max(f_{i,j}, K - j\Delta S) \tag{9-26}$$

注意，式(9-26)右边的$f_{i,j}$是递推公式结果，左边才是i时刻j价位的期权价格。

例9-4 已知股票价格为50元，美式看跌期权的执行价格为50元，到期日为5个月，股票年波动率的标准差为0.4，无风险利率为10%，试用有限差分方法求解期权的价格。

解 下面是用Matlab编写的程序，程序文件名是yhcf.m。

```
s0=50;        %股价
k=50;         %执行价
r=0.1;        %无风险利率
sigma=0.4;    %股票波动率
T=5/12;       %续存期
smax=100;     %确定股票价格的最大价格
ds=0.5;        %股价离散步长
dt=5/2400;    %时间离散步长

M=round(smax/ds);   %计算股价离散步数
N=round(T/dt);      %时间离散步数
ds=smax/M;          %股价离散实际步长
dt=T/N;             %时间离散实际步长

%%%%%%%%
%确定迭代矩阵系数
for j=1:M
a(j)=0.5*r*j*dt-0.5*sigma^2*j^2*dt
b(j)=1+sigma^2*j^2*dt+r*dt
c(j)=-0.5*r*j*dt-0.5*sigma^2*j^2*dt
end
%%%%%%%
L=zeros(M-1,M-1);
L(1,1)=b(1);L(1,2)=c(1);
L(M-1,M-2)=a(M-1),L(M-1,M-1)=b(M-1);
for j=2:M-2
  L(j,j-1)=a(j);L(j,j)=b(j);L(j,j+1)=c(j)
end
for j=1:M-1
  f(j,N+1)=max(k-j*ds,0)
end
for i=N:-1:1
  F(1)=f(1,i+1)-a(1)*k;F(2:M-1)=f(2:M-1,i+1)
  f(1:M-1,i)=L^(-1)*F
```

```
  for j=1:M-1
    if f(j,i)<k-j*ds
      f(j,i)=k-j*ds
    end
  end
end
>> yhcf
```

运行结果如下：

```
price =
4.07
```

9.6 Crank-Nicolson 方法求解欧式障碍期权

Crank-Nicolson 方法是内含有限差分与外推有限差分的平均值，是比较精确的一种数值解法。

隐含有限差分方程为

$$f_{i,j} = a_j f_{i-1,j-1} + b_j f_{i-1,j} + c_j f_{i,-1,j+1} \tag{9-27}$$

外推有限差分方程为

$$f_{i-1,j} = a_j^* f_{i,j-1} + b_j^* f_{i,j} + c_j^* f_{i,j+1} \tag{9-28}$$

将式(9-27)和式(9-28)相加，得：

$$f_{i,j} + f_{i-1,j} = a_j f_{i-1,j-1} + b_j f_{i-1,j} + c_j f_{i,-1,j+1} + a_j^* f_{i,j-1} + b_j^* f_{i,j} + c_j^* f_{i,j+1}$$

整理得：

$$-\alpha_j f_{i-1,j-1} + (1-\beta_j) f_{i-1,j} - \gamma_{i-1,j+1} = \alpha_j f_{i,j-1} + (1+\beta_j)_j f_{i,j} + \gamma_j f_{i,j+1}$$

$$\alpha_j = \frac{\Delta t}{4}(\sigma^2 j^2 - rj)$$

$$\beta_j = -\frac{\Delta t}{2}(\sigma^2 j^2 + r)$$

$$\gamma_j = \frac{\Delta t}{4}(\sigma^2 j^2 + rj)$$

方程的矩阵形式为

$$\boldsymbol{M}_1 \boldsymbol{f}_{i-1} = \boldsymbol{M}_2 \boldsymbol{f}_i$$

$$\boldsymbol{M}_1 = \begin{bmatrix} 1-\beta_1 & -\gamma_1 & 0 & 0 & \cdots & 0 \\ -\alpha_2 & 1-\beta_2 & -\gamma_0 & 0 & \cdots & 0 \\ \cdots & & & & & \\ 0 & 0 & 0 & -\alpha_{M-2} & 1+\beta_{M-1} & -\gamma_{M-2} \\ 0 & 0 & 0 & \cdots & -\alpha_{M-1} & 1-\beta_{M-1} \end{bmatrix}$$

$$
\boldsymbol{M}_2 = \begin{bmatrix} 1+\beta_1 & -\gamma_1 & 0 & 0 & \cdots & 0 \\ -\alpha_2 & 1+\beta_2 & -\gamma_2 & 0 & \cdots & 0 \\ \cdots \\ 0 & 0 & 0 & \alpha_{M-2} & 1+\beta_{M-2} & \gamma_{M-2} \\ 0 & 0 & 0 & \cdots & \alpha_{M-1} & 1+\beta_{M-1} \end{bmatrix}
$$

$$
f^{(i)} = (f_{i,1}, f_{i,2}, \cdots, f_{i,M-1})^{\mathrm{T}}
$$

考虑欧式下跌出局看跌期权，障碍值为S_b，$S \geqslant S_b$，障碍期权的现金流为

$$
f(t, S_{\max}) = 0, f(t, S_b) = 0
$$

例 9-5 已知股票价格为 50 元，欧式看跌期权的执行价格为 50 元，到期日为 5 个月，股票年波动率的标准差为 0.4，无风险利率为 10%，试用有限差分方法的 Crank-Nicolson 方法求解欧式障碍期权的价格。

解 下面是用 Matlab 编写的程序，程序文件名为 cncf.m。

```
s0=50;        %股价
k=50;         %执行价
r=0.1;        %无风险利率
sigma=0.4;    %股票波动率
T=5/12;       %续存期
smax=100;     %确定股票价格的最大价格
ds=5;         %股价离散步长
dt=5/2400;    %时间离散步长
M=round((smax-sb)/ds);  %计算股价离散步数
ds=(smax-sb)/M;         %股价离散实际步长
N=round(T/dt);          %时间离散步数
dt=T/N;                 %时间离散实际步长
matval=zeros(M+1,N+1);
vets=linspace(0,smax,M+1);  %将区间[0,smax]分成M+1段
veti=0:N;
vetj=vets/ds;
%建立偏微分方程边界条件
matval(:,N+1)=max(k-vets,0);
matval(1,:)=0;
matval(M+1,:)=0;
%%%%%%%%
%建立对角矩阵
alpha=0.25*dt*(sigma^2*vetj.^2-r*vetj);
beta=-dt*0.5*(sigma^2*vetj.^2+r);
gama=0.25*dt*(sigma^2*vetj.^2+r*vetj);
M1=-diag(alpha(3:M),-1)+ diag(1-beta(2:M))-diag(gama(2:M-1),1);
[L,U]=lu(M1);
M2=-diag(alpha(3:M),-1)+ diag(1+beta(2:M))+diag(gama(2:M-1),1);
for i=N:-1:1
matval(2:M,i)=U\(L\(M2*matval(2:M,i+1)));
end
jdown=floor((s0-sb)/ds);
```

```
    jup=ceil((s0-sb)/ds);
    if jdown==jup
      price=matval(jdown+1,1)
    else
    price=matval(jdown+1,1)+(s0-jdown*ds)*(matval(jup+1,1)-matval(jup+1,1))/
ds
    end
    >> cncf
```

运行结果如下。

```
price =
0.5414
```

例 9-6　已知股票价格为 50 元，美式看跌期权的执行价格为 50 元，到期日为 5 个月，股票年波动率的标准差为 0.4，无风险利率为 10%，试用有限差分方法的 Crank-Nicolson 方法求解美式看跌期权的价格。

解　下面是用 Matlab 编写的程序，程序文件名为 cncf1.m。

```
clc;clear;
s0=50;       %股价
k=50;        %执行价
r=0.1;       %无风险利率
sigma=0.4;   %股票波动率
T=5/12;      %续存期
Sb=40;       %sb 是障碍值
smax=100;    %确定股票价格的最大价格
ds=0.5;      %股价离散步长
dt=T/10;   %时间离散步长
N=round(T/dt);       %时间离散步数
M=round(smax/ds);    %计算股价离散步数
ds=smax/M;           %股价离散实际步长
dt=T/N;              %时间离散实际步长
veti=1:M-1;
vetj= vetj';
%%%%%%%%
alpha=dt/4*(sigma^2*vetj.^2-r*vetj);
beta=-dt/2*(sigma^2*vetj.^2+r);
gama=dt/4*(sigma^2*vetj.^2+r*vetj);
H=diag(alpha(2:M-1),-1)+ diag(beta(1:M-1))+diag(gama(1:M-2),1);
M1=eye(M-1)-H;M2=eye(M-1)+H;
f=zeros(M+1,N+1);
f(1,:)=k;
f(M+1,:)=0;
f(2:M,N+1)=max(k-vets*ds,0);
g=zeros(1,M-1)';g(1)=2*k*alpha(1);
for i=N:-1:1
 f(2:M,i)=M1^(-1)*[M2*f(2:M,i+1)+g];
 f(2:M,i)=max(f(2:M,i),k-vetj*ds);
```

```
end
>> cncf1
```

运行结果如下。

股价为 50 元对应的期权价格为 4.16。

思 考 题

已知股票价格为 50 元，执行价格为 52 元，到期日为 6 个月，股票年波动率的标准差为 30%，无风险利率为 3%，试用有限差分方法计算美式看跌期权的价格，并和 Black-Scholes 期权定价公式的计算结果比较。

第 10 章　期权定价的蒙特卡罗模拟法

【本章精粹】

蒙特卡罗模拟法在现代金融财务研究中的应用越来越广，如股票价格的模拟、期权价格的模拟等，因此，本章将向读者介绍期权定价的蒙特卡罗模拟法。

10.1　蒙特卡罗模拟的方差削减技术

蒙特卡罗模拟精度与模拟次数密切相关，模拟次数越多，其精度越高，但是次数增加又会增加计算量。实践表明，减少模拟方差可以提高稳定性，减少模拟次数。有很多方法可以减少方差，如对偶变量技术、控制变量技术、分层抽样、矩匹配和条件蒙特卡罗模拟等，但最简单且应用最广泛的是对偶变量技术和控制变量技术。

对偶变量技术就是先随机抽样得到一组数据，然后以此为基础构造出另一组对偶变量。下面以正态分布为例介绍对偶变量技术。

首先从正态分布变量中随机抽取 N 个样本值，分别为 $Z_i(i=1,2,\cdots,N)$，由此可以得到 N 个模拟值 $C_i(i=1,2,\cdots,N)$，那么衍生证券蒙特卡罗模拟估计值为

$$\hat{C}=\frac{1}{N}\sum_i C_i \tag{10-1}$$

以 $Z_i(i=1,2,\cdots,N)$ 为基础，构造对偶随机数 $\tilde{Z}_i=-Z_i$，$\tilde{Z}_i$ 是与 $Z_i(i=1,2,\cdots,N)$ 相互对偶的随机数，由正态分布性质可知，$\tilde{Z}_i=-Z_i(i=1,2,\cdots,N)$，也是服从正态分布，由对偶随机数生成的估计值为

$$\tilde{C}=\frac{1}{N}\sum_i \tilde{C}_i \tag{10-2}$$

对 $\tilde{C}$ 和 $\hat{C}$ 取平均，得到新的估计值为

$$C=\frac{1}{2}(\tilde{C}+\hat{C})=\frac{1}{N}\sum_i\left(\frac{\hat{C}_i+\tilde{C}_i}{2}\right) \tag{10-3}$$

如果随机抽样的样本 $Z_i(i=1,2,\cdots,N)$ 模拟得到的估计值比较小，那么与之对偶的随机抽样样本 $\tilde{Z}_i=-Z_i(i=1,2,\cdots,N)$ 得到的估计值可能会偏大，二者的平均值就可能会接近真实值。如果 $\text{cov}(\hat{C}_i+\tilde{C}_i)\leqslant 0$，则：

$$\text{var}\left(\frac{\hat{C}_i+\tilde{C}_i}{2}\right)=\frac{1}{2}\text{var}(\hat{C}_i)+\frac{1}{2}\text{cov}(\hat{C}_i,\tilde{C}_i)\leqslant\frac{1}{2}\text{var}(\hat{C}_i) \tag{10-4}$$

从上面的不等式可以看出，利用对偶技术可以增加估计的稳定性，提高估计精度。

10.2　蒙特卡罗模拟的控制变量技术

控制变量技术就是将与所估计的未知变量密切相关的另一个已知量的真实值和估计值之间的差异作为控制量，以提高估计精度。在定价实践中，将两种衍生证券用相同的随机

抽样样本和时间间隔，实施同样的蒙特卡罗模拟过程，能够得到两个模拟估计值，以第 2 种衍生证券真实值与估计值之间的差异作为控制变量，最后得到第 1 种衍生证券的蒙特卡罗估计值。

假设 V_1 是需要估计的第 1 种衍生证券的价值，V_2 是价值容易估计的第 2 种衍生证券的价值，第 1 种证券与第 2 种证券相似，而 $\hat{V}_1$ 与 $\hat{V}_2$ 分别是第 1 种衍生证券和第 2 种衍生证券在同样的随机抽样样本的蒙特卡罗估计值，那么利用控制变量技术得到第 1 种衍生证券的价格估计值为

$$\hat{V}_1^{C1} = \hat{V}_1 + (V_2 - \hat{V}_2) \tag{10-5}$$

这里，$V_2 - \hat{V}_2$ 就是控制变量，实际上是第 2 种衍生证券的蒙特卡罗模拟的估计误差，而且上述方程的方差之间的关系为

$$\mathrm{var}(\hat{V}_1^{C1}) = \mathrm{var}(\hat{V}_1) + \mathrm{var}(\hat{V}_2) + 2\,\mathrm{cov}(\hat{V}_1, \hat{V}_2) \tag{10-6}$$

如果 $\mathrm{var}(\hat{V}_2) < 2\,\mathrm{cov}(\hat{V}_1, \hat{V}_2)$，则一定有

$$\mathrm{var}(\hat{V}_1^{C1}) < \mathrm{var}(\hat{V}_1)$$

因此，当两种衍生证券的协方差很大时，或者当两种衍生证券的价格高度相关时，上述关系是成立的，两种衍生证券的正相关性越强，估计效率就越理想。然而从实际应用的角度来看，这种控制变量技术的应用十分有限，因此，下面是更一般的控制变量技术，其控制变量的形式为

$$\hat{V}_1^{\beta} = \hat{V}_1 + \beta(V_2 - \hat{V}_2) \tag{10-7}$$

方差为

$$\mathrm{var}(\hat{V}_1^{\beta}) = \mathrm{var}(\hat{V}_1) + \beta^2\,\mathrm{var}(\hat{V}_2) - 2\beta\,\mathrm{cov}(\hat{V}_1, \hat{V}_2) \tag{10-8}$$

这是关于控制变量系数 β 的二次三项式，下面的目标是能够找到特殊的 β 使方差 $\mathrm{var}(\hat{V}_1^{\beta})$ 最小，这时只要取 $\beta = \dfrac{\mathrm{cov}(\hat{V}_1, \hat{V}_2)}{\mathrm{var}(\hat{V}_2)}$，就可以保证方差 $\mathrm{var}(\hat{V}_1^{\beta})$ 最小。这种控制变量技术的缺点是 β 需要提前知道协方差 $\mathrm{cov}(\hat{V}_1, \hat{V}_2)$ 的信息，而这一般需要靠经验实现。

10.3　蒙特卡罗方法模拟欧式期权定价

在期权计算中，可以利用风险中性的方法计算期权的价格。风险中性定价形式为

$$f = \mathrm{e}^{-rT}\hat{E}(f_T) \tag{10-9}$$

式中：f——期权价格；

f_T——到期日 T 的现金流；

$\hat{E}$——风险中性测度。

如果知道了风险中性测度就可以模拟全路径，也可模拟终端价格。例如，计算障碍期权等路径依赖型期权时可以模拟全路径，而欧式期权可以模拟终端价格。

如果标的资产服从几何布朗运动 $dS = \mu S dt + \sigma S dW$，那么风险中性定价的关键在于寻找风险中性测度。对于几何布朗运动，可以证明风险测度下，标的资产的运动过程为

$$S_T = S_0 \exp\left[\left(r - \frac{\sigma^2}{2}\right)T + \sigma\sqrt{T}\varepsilon\right] \tag{10-10}$$

对于欧式看涨期权，到期日欧式看涨期权的现金流为

$$\max\{0, S_0 \exp[(r - \sigma^2/2)T + \sigma\sqrt{T}\varepsilon] - K\} \tag{10-11}$$

式中：K——执行价；

r——无风险利率；

σ——标准差；

ε——正态分布的随机变量。

对到期日的现金流用无风险利率贴现，就可以知道期权的价格。

例 10-1 假设股票价格服从几何布朗运动，股票现在的价格 S_0=50 美元，欧式期权执行价 K=52 美元，无风险利率 r=0.1，股票波动的标准差 σ=0.4，期权到期日 T=5/12，试用蒙特卡罗模拟方法计算该期权的价格。

解 下面用 Matlab 数学软件编写一个子程序 blsmc 进行计算。

```
%蒙特卡罗方法模拟计算欧式看涨期权价格
%输入参数
% s0 股票价格
% K 执行价
% r 无风险利率
% sigma 波动的标准差
%Nu 模拟次数
%输出参数
%eucall  模拟的欧式看涨期权的价格
%varprice 模拟期权价格的方差
%ci 95%概率保证的期权价格区间
function eucall=blsmc(s0,K,r,T,sigma,Nu)
randn('seed',0);
nuT=(r-0.5*sigma^2)*T;
sit=sigma*sqrt(T);
discpayoff=exp(-r*T)*max(0,s0*exp(nuT+sit*randn(Nu,1))-K);
[eucall,varprice,ci]=normfit(discpayoff)
在 Matlab 状态运行
>> blsmc(50,52,0.1,5/12,0.4,1000)
eucall =
   5.4445
```

```
varprice =
   9.1361
ci =
   4.8776
   6.0115
ans =
   5.4445
```

从上面的结果可以看到，蒙特卡罗方法模拟得到的期权价格为 5.4445，样本正态拟合的方差为 9.1361，95%的置信区间为[4.8776,6.0115]，模拟波动的区间还是很大的。

用 normfit 函数对模拟的结果用正态分布函数进行拟合，这不是必需的，主要是为了考察模拟结果的稳定性。如果不需要考察结果是否稳定，也可以直接对模拟的结果求均值，此时可将最后一句改为 price=mean(discpayoff)。欧式期权的公式解如下：

```
>> blsprice(50,52,0.1,5/12,0.4)
ans =
   5.1911
```

公式解 5.1911 和模拟解 5.4445 之间还是存在较大的差距，增加模拟次数为 10 000 次时结果如下。

```
>> blsmc(50,52,0.1,5/12,0.4,10000)
eucall =
   5.1338
varprice =
   8.9335
ci =
   4.9587
   5.3089
ans =
   5.1338
```

模拟结果为 5.1338，可以看到期权模拟精度有了显著提高，95%的置信区间为[4.9587,5.3089]，置信区间较 1000 次时大大缩小，模拟可靠性显著增加。

下面用对偶方法计算欧式看涨期权的价格。

```
function eucall=blsmc1(s0,K,r,T,sigma,Nu)
randn('seed',0);
nuT=(r-0.5*sigma^2)*T;
sit=sigma*sqrt(T);
rand=randn(Nu,1);
discpayoff=exp(-r*T)*max(0,s0*exp(nuT+sit*rand)-K);
discpayoff1=exp(-r*T)*max(0,s0*exp(nuT+sit*-rand)-K);
[eucall,varprice,ci]=normfit([discpayoff,discpayoff1])
>> blsmc1(50,52,0.1,5/12,0.4,10000)
eucall =
   5.1338    5.2851
varprice =
```

```
    8.9335    8.8712
ci =
    4.9587    5.1112
    5.3089    5.4589
ans =
    5.1338    5.2851
```

模拟结果为(5.1338+5.2851)÷2=5.20945，离精确值 5.1911 非常接近，说明对偶技术是非常有效的。

10.4 蒙特卡罗方法模拟障碍期权定价

障碍期权是特殊形式的期权，如确定一个障碍值 S_b，在期权的存续期内有可能超过该价格，也有可能低于该价格。对于敲出期权来说，如果在期权的存续期内标的资产价格触及障碍值 S_b 时，期权合同可以提前终止执行；相反，对于敲入期权，如果标的资产价格触及障碍值 S_b 时，期权合同开始生效。注意，障碍值 S_b 既可以低于标的资产现在的价格 S_0，也可以高于 S_0。如果 $S_b > S_0$，称为上涨期权；反之，则称为下跌期权。

对于下跌敲出看跌期权，该期权首先是看跌期权，股票价格是 S_0，执行价格是 K，买入看跌期权首先保证以执行价 K 买入股票，下跌敲出障碍期权相当于在看跌期权的基础上附加提前终止执行的条款，内容是当股票价格触及障碍值 S_b 时看跌期权就提前终止执行，因为该期权对于卖方有利，所以其价格应低于看跌期权的价格。

下面考虑下跌敲入看跌期权，同样该期权首先是看跌期权，下跌敲入期权相当于在看跌期权的基础上附加何时生效的条款，内容是当股票的价格触及障碍值 S_b 时，看跌期权开始生效。综合地看，标准的看跌期权合同可以拆分为两份产品，分别为下跌敲出看跌期权与下跌敲入看跌期权，用公式表示为

$$P = P_{di} + P_{do} \tag{10-12}$$

其中：P 是标准看跌期权价格；P_{di} 与 P_{do} 分别表示下跌敲入看跌期权与下跌敲出看跌期权的价格。如果下跌敲出看跌期权提前终止时卖方补偿一些费用给买方，上述公式表示的平价关系就不再有效。

当障碍值确定时，障碍期权存在公式解，其形式为

$$P = K\exp(-rT)\{N(d_4) - N(d_2) - a[N(d_7) - N(d_5)]\} - S_0\{N(d_4) - N(d_2) - a[N(d_7) - N(d_5)]\} \tag{10-13}$$

式中：S_0——股票价格；

S_b——障碍值；

K——看跌期权执行价；

T——存续期；

r——无风险利率；

σ——波动率的标准差。

其他参数如下。

$$a=\left(\frac{S_b}{S_0}\right)^{-1+2r/\sigma^2}，\quad b=\left(\frac{S_b}{S_0}\right)^{1+2r/\sigma^2}$$

以及

$$d_1=\frac{\ln(S_0/K)+(r+\sigma^2/2)T}{\sigma\sqrt{T}}，\quad d_2=\frac{\ln(S_0/K)+(r-\sigma^2/2)T}{\sigma\sqrt{T}}$$

$$d_3=\frac{\ln(S_0/S_b)+(r+\sigma^2/2)T}{\sigma\sqrt{T}}，\quad d_4=\frac{\ln(S_0/S_b)+(r-\sigma^2/2)T}{\sigma\sqrt{T}}$$

$$d_5=\frac{\ln(S_0/S_b)-(r-\sigma^2/2)T}{\sigma\sqrt{T}}，\quad d_6=\frac{\ln(S_0/S_b)-(r+\sigma^2/2)T}{\sigma\sqrt{T}}$$

$$d_7=\frac{\ln(SK/S_b^2)-(r-\sigma^2/2)T}{\sigma\sqrt{T}}，\quad d_8=\frac{\ln(SK/S_b^2)-(r+\sigma^2/2)T}{\sigma\sqrt{T}}$$

利用上面的公式编写下跌敲出障碍期权价格的程序如下。

```
Function P=DownOutPut(S0,K,r,T,sigma,Sb)
a=(Sb/S0)^(-1+2*r/sigma^2);
b=(Sb/S0)^(1+2*r/sigma^2);
d1=(log(S0/K)+(r+sigma^2/2)*T)/(sigma*sqrt(T));
d2=(log(S0/K)+(r-sigma^2/2)*T)/(sigma*sqrt(T));
d3=(log(S0/Sb)+(r+sigma^2/2)*T)/(sigma*sqrt(T));
d4=(log(S0/Sb)+(r-sigma^2/2)*T)/(sigma*sqrt(T));
d5=(log(S0/Sb)-(r-sigma^2/2)*T)/(sigma*sqrt(T));
d6=(log(S0/Sb)-(r+sigma^2/2)*T)/(sigma*sqrt(T));
d7=(log(S0*K/Sb^2)-(r-sigma^2/2)*T)/(sigma*sqrt(T));
d8=(log(S0*K/Sb^2)-(r+sigma^2/2)*T)/(sigma*sqrt(T));
P=K*exp(-r*T)*(normcdf(d4)- normcdf(d2)-a*(normcdf(d7)-
normcdf(d5)))-S0*( normcdf(d3)- normcdf(d1)-b*( normcdf(d8)- normcdf(d6)));
```

例 10-2　考虑一个欧式看跌股票期权，股票的价格为 50，看跌期权执行价为 50，无风险利率为 0.1，时间为 5 个月，股票年波动率的标准差为 0.4。用蒙特卡罗方法计算该欧式期权的价格。

解　首先用 Black-Schole 公式求解如下。

```
>> [call,put]=blsprice(50,50,0.1,5/12,0.4)
call =
   6.1165
put =
   4.0760
```

看跌期权的价格为 4.076。

对于上述看跌期权，进一步地，考虑障碍值 S_b=40 时下跌敲出期权的价格。

```
>> P=DownOutPut(50,50,0.1,5/12,0.4,40)
P =
    0.5424
```

由于该下跌敲出看跌期权提供的条件过于优厚，买方承担了大量风险，作为回报，其价格较看跌期权便宜许多。

下面用蒙特卡罗方法模拟下跌敲出看跌期权价格，在模拟中给出模拟次数为 NRepl，每次模拟时间分为 NSteps 步离散，障碍值为变量 S_b，其现金流如下。

当 $S_t < S_b$ 时，CashFlow=0。

可以先模拟路径，然后让大于 S_b 路径的现金流为 0，程序如下。

```
%DOPutMc(s0,k,r,T,sigma,sb,NSteps,NRepl)
Function [P,aux,CI]=DOPutMc(s0,k,r,T,sigma,sb,NSteps,NRepl)
% 输入参数
% s0 股价
% k  执行价格
% r  无风险利率
% T  期权存续期
% sigma  标准差
% sb 障碍值
% Nsteps  时间离散数目
% NRepl  路径数目
% 输出参数
% P 期权价格
% CI 95%置信度的价格区间
dt=T/NSteps;
nudt=(r-0.5*sigma^2)*dt;
sidt=sigma*sqrt(dt);
randn('seed',0);
rand=randn(NRepl,NSteps);
rand1=nudt+sidt*rand;
rand2=cumsum(rand1,2) %沿列方向逐列累加
path=s0*exp(rand2);
payoff=zeros(NRepl,1);
for i=1:NRepl
  ax=path(i,:);
  if min(ax)<sb
    payoff(i)=0;
  else
    payoff(i)=max(0,k-ax(NSteps));
  end
end
[P,aux,CI]=normfit(exp(-r*T)*payoff)
```

10 000 次模拟，运行程序，得到如下结果。

```
P =
    0.5921
aux =
    1.6687
CI =
    0.5594
    0.6248
```

该期权模拟的价格为 0.5921，与前面的公式解 0.5424 尚存在差距，增加模拟次数。例如：20 000 次模拟，运行程序，得到如下结果。

```
P =
    0.5597
aux =
    1.6022
CI =
    0.5375
    0.5819
```

结果与公式解比较接近，如果将存续期改为 2/12 年，再考虑其他变化，如 NSteps=60，运行程序，得到如下结果。

```
P =
    1.3527
aux =
    2.3664
CI =
    1.3319
    1.3734
```

从上面运行结果可知，期权价格为 1.3527，模拟期权方差为 2.3664，期权 95%的置信区间为[1.3319，1.3734]，障碍期权价格较上面的结果增加了很多。

10.5　蒙特卡罗方法模拟亚式期权定价

亚式期权是一种路径依赖型期权，它的收益函数依赖于期权存续期内标的资产的平均价格。平均价格分算术平均和几何平均两种，离散算术平均价格可定义为

$$A_{da}=\frac{1}{n}\sum_{i=1}^{n}S(t_i) \tag{10-14}$$

式中：$t_i\,(i=1,2,\cdots,n)$——离散时间样本点。

离散几何平均价格定义为

$$A_{dg} = [\Pi S(t_i)]^{1/n} \tag{10-15}$$

亚式看涨期权到期现金流为

$$\max\left\{\frac{1}{N}\sum_{i=1}^{N} S(t_i) - K, 0\right\},\quad t_i = i\Delta t, \Delta t = T/N \tag{10-16}$$

式中：K——执行价格；

$S(t_i)$——t_i $(i=1,2,\cdots,n)$时刻的股价。

例 10-3 股票价格为 50，亚式看涨期权执行价格为 50，存续期为 5 个月，期权到期现金流是每月均价与执行价之差，股票波动率的标准差为 0.4，无风险利率为 0.1。下面用蒙特卡罗方法计算该亚式期权的价格。

解 该期权定价的程序如下。

```
%AsianMC.m
%NSteps 时间离散数目
%NRep1 模拟路径数目
% function [P,CI]=AsianMC(s0,k,r,T,sigma,NSteps,NRep1)
s0=50;k=50;r=0.1;T=5/12;sigma=0.4;NSteps=5;NRep1=50000;
dt=T/NSteps;
nudt=(r-0.5*sigma^2)*dt;
sidt=sigma*sqrt(dt);
randn('seed',0);
rand=randn(NRep1,NSteps);
rand1=nudt+sidt*rand;
rand2=cumsum(rand1,2)       %沿列方向逐列累加
path=s0*exp(rand2);
payoff=zeros(NRep1,1);
for i=1:NRep1
  payoff(i)=max(0,mean(path(i,:))-k);
end
[P,aux,CI]=normfit(exp(-r*T)*payoff)
```

运行后，得到如下结果。

```
P =
    3.9622
aux =
    5.9669
CI =
    3.9099
    4.0145
```

这是一个比较粗糙的估计，用控制变量技术提高估计精度，构造

$$Y = \sum_{i=0}^{N} S(t_i) \tag{10-17}$$

显然它与收益函数是相关的，而

$$E(Y) = E\left(\sum_{i=1}^{N} S(t_i)\right) = \sum_{i=1}^{N} E[S(i\Delta t)]$$

$$\sum_{i=0}^{N} S(0)\mathrm{e}^{ir\Delta t} = S(0)\sum_{i=0}^{N}[\mathrm{e}^{r\Delta t}]^i = S(0)\frac{1-\mathrm{e}^{r(N+1)\Delta t}}{1-\mathrm{e}^{r\Delta t}}$$

（$E[S(t)/S(0)] = \mathrm{e}^{\mu t}$），这样变量方法可以将前面的程序改为如下内容。

```
%AsianMCCV.m
function[P,CI]=AsianMCCV(S0,X,r,T,sigma,NSamples,NReple,NPilot)
TryPath=AssetPaths1(S0,r,sigma,T,NSamples,NPilot);
StockSum=sum(TryPath,2);
PP=mean(TryPath(:,2:(NSamples+1)),2);
TryPayoff=exp(-r*T)*max(0,PP-X);
MatCov=cov(StockSum,TryPayoff);
c=-Macov(1,2)/var(StockSum);
dt=T/NSamples;
ExpSum=S0*(1-exp((NSamples+1)*r*dt))/(1-exp(r*dt));
% MC run
ControlVars=zeros(NRepl,1);
for i=1:NRepl
  StockPath=AssetPaths1(S0,r,sigma,T,NSamples,1);
  Payoff(i)=exp(-r*T)*max(0,mean(StockPath(2:(NSamples+1)))-X);
  ControlVars(i)=Payoff(i)+c*(sum(StockPath)-ExpSum);
end
[P,aux,CI]=normfit(ControlVars);
%%%%%%%%%%
function Spaths=AssetPaths1(S0,mu,sigma,T,NSteps,NRepl)
dt=T/NSteps;
nudt=(mu-0.5*sigma^2)*dt;
sidt=sigma*sqrt(dt);
Increments=nudt+sidt*randn(NRepl,NSteps);
LogPaths=cumsum([log(S0)*ones(NRepl,1),Increments],2);
Spaths=exp(LogPaths);
```

下面是控制变量的模拟结果。

```
>> randn('seed',0)
>> [P,CI]=AsianMCCV(50,50,0.1,5/12,0.4,5,45000,50000)
P =
   3.9533
CI =
   3.9307
   3.9759
```

根据前面的蒙特卡罗模拟结果如下。

```
>>[P,CI]=AsianMC(50,50,0.1,5/12,0.4,5,50000)
P =
   3.9622
```

```
CI =
    3.9099
    4.0145
```

从以上可以看出控制变量使得估计的置信区间缩小了。

10.6 蒙特卡罗方法模拟经验等价鞅测度

等价鞅理论是金融衍生品定价的重要方法，衍生品价格就是在等价鞅测度下对衍生品现金流用无风险利率贴现，可以用下面的方程表示：

$$S_0 = e^{-rT}E^Q[S_T \mid F_0] \tag{10-18}$$

式中：S_0——股票价格；

r——无风险利率；

F_0——0时刻数据；

$E^Q[S_T \mid F_0]$——等价鞅测度算子。

Duan 和 Simonate(1998 年)提出了乘数调整法，该方法可以保证等价鞅性质，当标的资产服从几何布朗运动时，等价鞅下的资产运动满足下列条件：

$$S_T = S_0 \exp[(r-\sigma^2/2)T + \sigma\sqrt{T}\varepsilon]$$

其中，$\varepsilon \sim N(0,1)$，这样模拟的第 i 条路径为

$$S_{i,T} = S_0 \exp[(r-\sigma^2/2)T + \sigma\sqrt{T}\varepsilon_{i,T}]$$

这时可以构造一个等价鞅测度公式为

$$S_{i,t} = S_0 \exp\left[(rT)\frac{\hat{S}_{i,T}}{\sum \hat{S}_{i,T}/M}\right] \tag{10-19}$$

S^*(变量)测度实际是在第 i 条路径的权重上乘以 $S_0\exp(rT)$，当样本容量趋于无穷大时，有：

$$e^{-rT}\frac{1}{M}\sum_{i=1}^{M} S_{i,t}^{*} = S_0 \tag{10-20}$$

式中：$S_{i,t}^{*}$——风险中性测度下的新样本。

例 10-4 假设股票价格服从几何布朗运动，股票现在的价格 S_0=50，欧式期权执行价格 K=52，无风险利率 r=0.1，股票波动的标准差 σ=0.4，期权到期日 T=5/12，试用蒙特卡罗方法模拟计算该期权的价格。

解 用 Matlab 编写程序如下。

```
% function eucall=blsmc(s0,K,r,T,sigma,Nu)
s0=50;K=52;r=0.1;T=5/12;sigma=0.4;Nu=1000;
%蒙特卡罗经验等价鞅方法
%输入参数
%s0 股票价格
%K  执行价
%r  无风险利率
% sigma 股票波动的标准差
%Nu 模拟次数
% 输出参数
%eucall 欧式看涨期权的价格
%varprice 模拟现金流的方差
%ci 95%概率保证的期权价格区间
%定义随机数发生器种子是 0，这样可以保证每次模拟的结果相同
randn('seed',0);
nuT=(r-0.5*sigma^2)*T;
sit=sigma*sqrt(T);
%期权到期时的现金流
discpayoff=exp(-r*T)*max(0,s0*exp(nuT+sit*randn(Nu,1))-K);
disp('蒙特卡罗模拟结果')
[eucall,varprice,ci]=normfit(discpayoff)
SM=s0*exp(nuT+sit*randn(Nu,1));
SM=s0*exp(r*T)*SM/mean(SM);
S1=max(0,SM-K);
disp('风险中性下欧式看涨期权结果')
[Emscall,varprice,ci]=normfit(S1)
disp('欧式看涨期权解析解')
blsprice(50,52,0.1,5/12,0.4)
```

运行结果如下。

蒙特卡罗模拟结果为

```
eucall =
    5.4445
varprice =
    9.1361
ci =
    4.8776
    6.0115
```

风险中性下欧式看涨期权的结果为

```
Emscall =
    5.4320
varprice =
    9.8321
ci =
```

```
4.8219
6.0422
```

欧式看涨期权解析解为

```
ans =
5.1911
```

从上面的结果可以看出，经验等价鞅定价的误差比蒙特卡罗模拟的结果稍有改进。

思 考 题

分析蒙特卡罗模拟法求解欧式看跌期权的具体过程。

附录A 标准正态分布表

$$N(\lambda)=\frac{1}{\sqrt{2\pi}}\int_{-\infty}^{\lambda}\mathrm{e}^{-\frac{x^2}{2}}\mathrm{d}x(\lambda>0)$$

λ	0	0.01	0.02	0.03	0.04	0.05	0.06	0.07	0.08	0.09
0.0	0.5000	0.5040	0.5080	0.5120	0.5160	0.5199	0.5239	0.5279	0.5319	0.5359
0.1	0.5398	0.5438	0.5478	0.5517	0.5557	0.5596	0.5636	0.5675	0.5714	0.5753
0.2	0.5793	0.5832	0.5871	0.5910	0.5948	0.5987	0.6026	0.6064	0.6103	0.6141
0.3	0.6179	0.6217	0.6255	0.6293	0.6331	0.6368	0.6406	0.6443	0.6480	0.6517
0.4	0.6554	0.6591	0.6628	0.6664	0.6700	0.6736	0.6772	0.6808	0.6844	0.6879
0.5	0.6915	0.6950	0.6985	0.7019	0.7054	0.7088	0.7123	0.7157	0.7190	0.7224
0.6	0.7257	0.7291	0.7324	0.7357	0.7389	0.7422	0.7454	0.7486	0.7517	0.7549
0.7	0.7580	0.7611	0.7642	0.7673	0.7704	0.7734	0.7764	0.7794	0.7823	0.7852
0.8	0.7881	0.7910	0.7939	0.7967	0.7995	0.8023	0.8051	0.8078	0.8106	0.8133
0.9	0.8159	0.8186	0.8212	0.8238	0.8264	0.8289	0.8315	0.8340	0.8365	0.8389
1.0	0.8413	0.8438	0.8461	0.8485	0.8508	0.8531	0.8554	0.8577	0.8599	0.8621
1.1	0.8643	0.8665	0.8686	0.8708	0.8729	0.8749	0.8770	0.8790	0.8810	0.8830
1.2	0.8849	0.8869	0.8888	0.8907	0.8925	0.8944	0.8962	0.8980	0.8997	0.9015
1.3	0.9032	0.9049	0.9066	0.9082	0.9099	0.9115	0.9131	0.9147	0.9162	0.9177
1.4	0.9192	0.9207	0.9222	0.9236	0.9251	0.9265	0.9279	0.9292	0.9306	0.9319
1.5	0.9332	0.9345	0.9357	0.9370	0.9382	0.9394	0.9406	0.9418	0.9429	0.9441
1.6	0.9452	0.9463	0.9474	0.9484	0.9495	0.9505	0.9515	0.9525	0.9535	0.9545
1.7	0.9554	0.9564	0.9573	0.9582	0.9591	0.9599	0.9608	0.9616	0.9625	0.9633
1.8	0.9641	0.9649	0.9656	0.9664	0.9671	0.9678	0.9686	0.9693	0.9699	0.9706
1.9	0.9713	0.9719	0.9726	0.9732	0.9738	0.9744	0.9750	0.9756	0.9761	0.9767
2.0	0.9772	0.9778	0.9783	0.9788	0.9793	0.9798	0.9803	0.9808	0.9812	0.9817
2.1	0.9821	0.9826	0.9830	0.9834	0.9838	0.9842	0.9846	0.9850	0.9854	0.9857
2.2	0.9861	0.9864	0.9868	0.9871	0.9875	0.9878	0.9881	0.9884	0.9887	0.9890
2.3	0.9893	0.9896	0.9898	0.9901	0.9904	0.9906	0.9909	0.9911	0.9913	0.9916
2.4	0.9918	0.9920	0.9922	0.9925	0.9927	0.9929	0.9931	0.9932	0.9934	0.9936
2.5	0.9938	0.9940	0.9941	0.9943	0.9945	0.9946	0.9948	0.9949	0.9951	0.9952
2.6	0.9953	0.9955	0.9956	0.9957	0.9959	0.9960	0.9961	0.9962	0.9963	0.9964
2.7	0.9965	0.9966	0.9967	0.9968	0.9969	[illegible].997	0.9971	0.9972	0.9973	0.9974
2.8	0.9974	0.9975	0.9976	0.9977	0.9977	0.9978	0.9979	0.9979	0.9980	0.9981
2.9	0.9981	0.9982	0.9982	0.9983	0.9984	0.9984	0.9985	0.9985	0.9986	0.9986
3.0	0.9987	0.9987	0.9987	0.9988	0.9988	0.9989	0.9989	0.9989	0.9990	0.9990
3.1	0.9990	0.9991	0.9991	0.9991	0.9992	0.9992	0.9992	0.9992	0.9993	0.9993
3.2	0.9993	0.9993	0.9994	0.9994	0.9994	0.9994	0.9994	0.9995	0.9995	0.9995
3.3	0.9995	0.9995	0.9995	0.9996	0.9996	0.9996	0.9996	0.9996	0.9996	0.9997
3.4	0.9997	0.9997	0.9997	0.9997	0.9997	0.9997	0.9997	0.9997	0.9997	0.9998

附录B　t分布表

h	α=0.350	α=0.300	α=0.250	α=0.200	α=0.150	α=0.100	α=0.050	α=0.02	α=0.010	α=0.005
1	0.5095	0.7265	1.0000	1.3764	1.9626	3.0777	6.3138	12.7062	31.8205	63.6567
2	0.4447	0.6172	0.8165	1.0607	1.3862	1.8856	2.9200	4.3027	6.9646	9.9248
3	0.4242	0.5844	0.7649	0.9785	1.2498	1.6377	2.3534	3.1824	4.5407	5.8409
4	0.4142	0.5686	0.7407	0.9410	1.1896	1.5332	2.1318	2.7764	3.7469	4.6041
5	0.4082	0.5594	0.7267	0.9195	1.1558	1.4759	2.0150	2.5706	3.3649	4.0321
6	0.4043	0.5534	0.7176	0.9057	1.1342	1.4398	1.9432	2.4469	3.1427	3.7074
7	0.4015	0.5491	0.7111	0.8960	1.1192	1.4149	1.8946	2.3646	2.9980	3.4995
8	0.3995	0.5459	0.7064	0.8889	1.1081	1.3968	1.8595	2.3060	2.8965	3.3554
9	0.3979	0.5435	0.7027	0.8834	1.0997	1.3830	1.8331	2.2622	2.8214	3.2498
10	0.3966	0.5415	0.6998	0.8791	1.0931	1.3722	1.8125	2.2281	2.7638	3.1693
11	0.3956	0.5399	0.6974	0.8755	1.0877	1.3634	1.7959	2.2010	2.7181	3.1058
12	0.3947	0.5386	0.6955	0.8726	1.0832	1.3562	1.7823	2.1788	2.6810	3.0545
13	0.3940	0.5375	0.6938	0.8702	1.0795	1.3502	1.7709	2.1604	2.6503	3.0123
14	0.3933	0.5366	0.6924	0.8681	1.0763	1.3450	1.7613	2.1448	2.6245	2.9768
15	0.3928	0.5357	0.6912	0.8662	1.0735	1.3406	1.7531	2.1314	2.6025	2.9467
16	0.3923	0.5350	0.6901	0.8647	1.0711	1.3368	1.7459	2.1199	2.5835	2.9208
17	0.3919	0.5344	0.6892	0.8633	1.0690	1.3334	1.7396	2.1098	2.5669	2.8982
18	0.3915	0.5338	0.6884	0.8620	1.0672	1.3304	1.7341	2.1009	2.5524	2.8784
19	0.3912	0.5333	0.6876	0.8610	1.0655	1.3277	1.7291	2.0930	2.5395	2.8609
20	0.3909	0.5329	0.6870	0.8600	1.0640	1.3253	1.7247	2.0860	2.5280	2.8453
21	0.3906	0.5325	0.6864	0.8591	1.0627	1.3232	1.7207	2.0796	2.5176	2.8314
22	0.3904	0.5321	0.6858	0.8583	1.0614	1.3212	1.7171	2.0739	2.5083	2.8188
23	0.3902	0.5317	0.6853	0.8575	1.0603	1.3195	1.7139	2.0687	2.4999	2.8073
24	0.3900	0.5314	0.6848	0.8569	1.0593	1.3178	1.7109	2.0639	2.4922	2.7969
25	0.3898	0.5312	0.6844	0.8562	1.0584	1.3163	1.7081	2.0595	2.4851	2.7874
26	0.3896	0.5309	0.6840	0.8557	1.0575	1.3150	1.7056	2.0555	2.4786	2.7787
27	0.3894	0.5306	0.6837	0.8551	1.0567	1.3137	1.7033	2.0518	2.4727	2.7707
28	0.3893	0.5304	0.6834	0.8546	1.0560	1.3125	1.7011	2.0484	2.4671	2.7633
29	0.3892	0.5302	0.6830	0.8542	1.0553	1.3114	1.6991	2.0452	2.4620	2.7564
30	0.3890	0.5300	0.6828	0.8538	1.0547	1.3104	1.6973	2.0423	2.4573	2.7500
31	0.3889	0.5298	0.6825	0.8534	1.0541	1.3095	1.6955	2.0395	2.4528	2.7440
32	0.3888	0.5297	0.6822	0.8530	1.0535	1.3086	1.6939	2.0369	2.4487	2.7385
33	0.3887	0.5295	0.6820	0.8526	1.0530	1.3077	1.6924	2.0345	2.4448	2.7333

续表

h	α=0.350	α=0.300	α=0.250	α=0.200	α=0.150	α=0.100	α=0.050	α=0.02	α=0.010	α=0.005
34	0.3886	0.5294	0.6818	0.8523	1.0525	1.3070	1.6909	2.0322	2.4411	2.7284
35	0.3885	0.5292	0.6816	0.8520	1.0520	1.3062	1.6896	2.0301	2.4377	2.7238
36	0.3884	0.5291	0.6814	0.8517	1.0516	1.3055	1.6883	2.0281	2.4345	2.7195
37	0.3883	0.5289	0.6812	0.8514	1.0512	1.3049	1.6871	2.0262	2.4314	2.7154
38	0.3882	0.5288	0.6810	0.8512	1.0508	1.3042	1.6860	2.0244	2.4286	2.7116
39	0.3882	0.5287	0.6808	0.8509	1.0504	1.3036	1.6849	2.0227	2.4258	2.7079
40	0.3881	0.5286	0.6807	0.8507	1.0500	1.3031	1.6839	2.0211	2.4233	2.7045

附录C　卡方分布表

n \ α	0.995	0.990	0.975	0.950	0.900	0.100	0.050	0.025	0.010	0.005
1	0.000	0.000	0.001	0.004	0.016	2.706	3.841	5.024	6.635	7.879
2	0.010	0.020	0.051	0.103	0.211	4.605	5.991	7.378	9.210	10.597
3	0.072	0.115	0.216	0.352	0.584	6.251	7.815	9.348	11.345	12.838
4	0.207	0.297	0.484	0.711	1.064	7.779	9.488	11.143	13.277	14.860
5	0.412	0.554	0.831	1.145	1.610	9.236	11.070	12.833	15.086	16.750
6	0.676	0.872	1.237	1.635	2.204	10.645	12.592	14.449	16.812	18.548
7	0.989	1.239	1.690	2.167	2.833	12.017	14.067	16.013	18.475	20.278
8	1.344	1.646	2.180	2.733	3.490	13.362	15.507	17.535	20.090	21.955
9	1.735	2.088	2.700	3.325	4.168	14.684	16.919	19.023	21.666	23.589
10	2.156	2.558	3.247	3.940	4.865	15.987	18.307	20.483	23.209	25.188
11	2.603	3.053	3.816	4.575	5.578	17.275	19.675	21.920	24.725	26.757
12	3.074	3.571	4.404	5.226	6.304	18.549	21.026	23.337	26.217	28.300
13	3.565	4.107	5.009	5.892	7.042	19.812	22.362	24.736	27.688	29.819
14	4.075	4.660	5.629	6.571	7.790	21.064	23.685	26.119	29.141	31.319
15	4.601	5.229	6.262	7.261	8.547	22.307	24.996	27.488	30.578	32.801
16	5.142	5.812	6.908	7.962	9.312	23.542	26.296	28.845	32.000	34.267
17	5.697	6.408	7.564	8.672	10.085	24.769	27.587	30.191	33.409	35.718
18	6.265	7.015	8.231	9.390	10.865	25.989	28.869	31.526	34.805	37.156
19	6.844	7.633	8.907	10.117	11.651	27.204	30.144	32.852	36.191	38.582
20	7.434	8.260	9.591	10.851	12.443	28.412	31.410	34.170	37.566	39.997
21	8.034	8.897	10.283	11.591	13.240	29.615	32.671	35.479	38.932	41.401
22	8.643	9.542	10.982	12.338	14.041	30.813	33.924	36.781	40.289	42.796
23	9.260	10.196	11.689	13.091	14.848	32.007	35.172	38.076	41.638	44.181
24	9.886	10.856	12.401	13.848	15.659	33.196	36.415	39.364	42.980	45.559
25	10.520	11.524	13.120	14.611	16.473	34.382	37.652	40.646	44.314	46.928
26	11.160	12.198	13.844	15.379	17.292	35.563	38.885	41.923	45.642	48.290
27	11.808	12.879	14.573	16.151	18.114	36.741	40.113	43.195	46.963	49.645
28	12.461	13.565	15.308	16.928	18.939	37.916	41.337	44.461	48.278	50.993
29	13.121	14.256	16.047	17.708	19.768	39.087	42.557	45.722	49.588	52.336
30	13.787	14.953	16.791	18.493	20.599	40.256	43.773	46.979	50.892	53.672
31	14.458	15.655	17.539	19.281	21.434	41.422	44.985	48.232	52.191	55.003
32	15.134	16.362	18.291	20.072	22.271	42.585	46.194	49.480	53.486	56.328
33	15.815	17.074	19.047	20.867	23.110	43.745	47.400	50.725	54.776	57.648

续表

n \ α	0.995	0.990	0.975	0.950	0.900	0.100	0.050	0.025	0.010	0.005
34	16.501	17.789	19.806	21.664	23.952	44.903	48.602	51.966	56.061	58.964
35	17.192	18.509	20.569	22.465	24.797	46.059	49.802	53.203	57.342	60.275
36	17.887	19.233	21.336	23.269	25.643	47.212	50.998	54.437	58.619	61.581
37	18.586	19.960	22.106	24.075	26.492	48.363	52.192	55.668	59.893	62.883
38	19.289	20.691	22.878	24.884	27.343	49.513	53.384	56.896	61.162	64.181
39	19.996	21.426	23.654	25.695	28.196	50.660	54.572	58.120	62.428	65.476
40	20.707	22.164	24.433	26.509	29.051	51.805	55.758	59.342	63.691	66.766

附录 D　F 分布临界表(α=0.10)

n_2 \ n_1	1	2	3	4	5	6	7	8	9	10	12	15	20	24	30	40	60	120
1	40	49	54	56	57	58	59	59	60	60	61	61	62	62	62	63	63	63
2	9	9	9	9	9	9	9	9	9	9	9	9	9	9	9	9	9	9
3	5.54	5.46	5.39	5.34	5.31	5.28	5.27	5.25	5.24	5.23	5.22	5.20	5.18	5.18	5.17	5.16	5.15	5.14
4	4.54	4.32	4.19	4.11	4.05	4.01	3.98	3.95	3.94	3.92	3.90	3.87	3.84	3.83	3.82	3.80	3.79	3.78
5	4.06	3.78	3.62	3.52	3.45	3.40	3.37	3.34	3.32	3.30	3.27	3.24	3.21	3.19	3.17	3.16	3.14	3.12
6	3.78	3.46	3.29	3.18	3.11	3.05	3.01	2.98	2.96	2.94	2.90	2.87	2.84	2.82	2.80	2.78	2.76	2.74
7	3.59	3.26	3.07	2.96	2.88	2.83	2.78	2.75	2.72	2.70	2.67	2.63	2.59	2.58	2.56	2.54	2.51	2.49
8	3.46	3.11	2.92	2.81	2.73	2.67	2.62	2.59	2.56	2.54	2.50	2.46	2.42	2.40	2.38	2.36	2.34	2.32
9	3.36	3.01	2.81	2.69	2.61	2.55	2.51	2.47	2.44	2.42	2.38	2.34	2.30	2.28	2.25	2.23	2.21	2.18
10	3.29	2.92	2.73	2.61	2.52	2.46	2.41	2.38	2.35	2.32	2.28	2.24	2.20	2.18	2.16	2.13	2.11	2.08
11	3.23	2.86	2.66	2.54	2.45	2.39	2.34	2.30	2.27	2.25	2.21	2.17	2.12	2.10	2.08	2.05	2.03	2.00
12	3.18	2.81	2.61	2.48	2.39	2.33	2.28	2.24	2.21	2.19	2.15	2.10	2.06	2.04	2.01	1.99	1.96	1.93
13	3.14	2.76	2.56	2.43	2.35	2.28	2.23	2.20	2.16	2.14	2.10	2.05	2.01	1.98	1.96	1.93	1.90	1.88
14	3.10	2.73	2.52	2.39	2.31	2.24	2.19	2.15	2.12	2.10	2.05	2.01	1.96	1.94	1.91	1.89	1.86	1.83
15	3.07	2.70	2.49	2.36	2.27	2.21	2.16	2.12	2.09	2.06	2.02	1.97	1.92	1.90	1.87	1.85	1.82	1.79
16	3.05	2.67	2.46	2.33	2.24	2.18	2.13	2.09	2.06	2.03	1.99	1.94	1.89	1.87	1.84	1.81	1.78	1.75
17	3.03	2.64	2.44	2.31	2.22	2.15	2.10	2.06	2.03	2.00	1.96	1.91	1.86	1.84	1.81	1.78	1.75	1.72
18	3.01	2.62	2.42	2.29	2.20	2.13	2.08	2.04	2.00	1.98	1.93	1.89	1.84	1.81	1.78	1.75	1.72	1.69
19	2.99	2.61	2.40	2.27	2.18	2.11	2.06	2.02	1.98	1.96	1.91	1.86	1.81	1.79	1.76	1.73	1.70	1.67
20	2.97	2.59	2.38	2.25	2.16	2.09	2.04	2.00	1.96	1.94	1.89	1.84	1.79	1.77	1.74	1.71	1.68	1.64

续表

n_2 \ n_1	1	2	3	4	5	6	7	8	9	10	12	15	20	24	30	40	60	120
21	2.96	2.57	2.36	2.23	2.14	2.08	2.02	1.98	1.95	1.92	1.87	1.83	1.78	1.75	1.72	1.69	1.66	1.62
22	2.95	2.56	2.35	2.22	2.13	2.06	2.01	1.97	1.93	1.90	1.86	1.81	1.76	1.73	1.70	1.67	1.64	1.60
23	2.94	2.55	2.34	2.21	2.11	2.05	1.99	1.95	1.92	1.89	1.84	1.80	1.74	1.72	1.69	1.66	1.62	1.59
24	2.93	2.54	2.33	2.19	2.10	2.04	1.98	1.94	1.91	1.88	1.83	1.78	1.73	1.70	1.67	1.64	1.61	1.57
25	2.92	2.53	2.32	2.18	2.09	2.02	1.97	1.93	1.89	1.87	1.82	1.77	1.72	1.69	1.66	1.63	1.59	1.56
26	2.91	2.52	2.31	2.17	2.08	2.01	1.96	1.92	1.88	1.86	1.81	1.76	1.71	1.68	1.65	1.61	1.58	1.54
27	2.90	2.51	2.30	2.17	2.07	2.00	1.95	1.91	1.87	1.85	1.80	1.75	1.70	1.67	1.64	1.60	1.57	1.53
28	2.89	2.50	2.29	2.16	2.06	2.00	1.94	1.90	1.87	1.84	1.79	1.74	1.69	1.66	1.63	1.59	1.56	1.52
29	2.89	2.50	2.28	2.15	2.06	1.99	1.93	1.89	1.86	1.83	1.78	1.73	1.68	1.65	1.62	1.58	1.55	1.51
30	2.88	2.49	2.28	2.14	2.05	1.98	1.93	1.88	1.85	1.82	1.77	1.72	1.67	1.64	1.61	1.57	1.54	1.50
40	2.84	2.44	2.23	2.09	2.00	1.93	1.87	1.83	1.79	1.76	1.71	1.66	1.61	1.57	1.54	1.51	1.47	1.42
50	2.81	2.41	2.20	2.06	1.97	1.90	1.84	1.80	1.76	1.73	1.68	1.63	1.57	1.54	1.50	1.46	1.42	1.38
60	2.79	2.39	2.18	2.04	1.95	1.87	1.82	1.77	1.74	1.71	1.66	1.60	1.54	1.51	1.48	1.44	1.40	1.35
70	2.78	2.38	2.16	2.03	1.93	1.86	1.80	1.76	1.72	1.69	1.64	1.59	1.53	1.49	1.46	1.42	1.37	1.32
80	2.77	2.37	2.15	2.02	1.92	1.85	1.79	1.75	1.71	1.68	1.63	1.57	1.51	1.48	1.44	1.40	1.36	1.31
90	2.76	2.36	2.15	2.01	1.91	1.84	1.78	1.74	1.70	1.67	1.62	1.56	1.50	1.47	1.43	1.39	1.35	1.29
100	2.76	2.36	2.14	2.00	1.91	1.83	1.78	1.73	1.69	1.66	1.61	1.56	1.49	1.46	1.42	1.38	1.34	1.28
110	2.75	2.35	2.13	2.00	1.90	1.83	1.77	1.73	1.69	1.66	1.61	1.55	1.49	1.45	1.42	1.37	1.33	1.27
120	2.75	2.35	2.13	1.99	1.90	1.82	1.77	1.72	1.68	1.65	1.60	1.55	1.48	1.45	1.41	1.37	1.32	1.26
130	2.74	2.34	2.13	1.99	1.89	1.82	1.76	1.72	1.68	1.65	1.60	1.54	1.48	1.44	1.40	1.36	1.31	1.26

参 考 文 献

[1] 汪昌云. 金融衍生工具[M]. 北京：中国人民大学出版社，2009.
[2] 陈信华. 金融衍生工具[M]. 上海：上海财经大学出版社，2004.
[3] 张元萍. 金融衍生工具教程[M]. 北京：首都经济贸易大学出版社，2004.
[4] 赵胜民. 衍生金融工具定价[M]. 北京：中国财政经济出版社，2008.
[5] 郑振龙. 衍生产品[M]. 武汉：武汉大学出版社，2005.
[6] 约翰 • 赫尔. 期货、期权及其他衍生品[M]. 北京：机械工业出版社，2007.
[7] 威尔莫特. 金融工程与风险管理技术[M]. 北京：机械工业出版社，2009.
[8] 李飞. 金融工程[M]. 北京：机械工业出版社，2011.
[9] 宋逢明. 金融工程原理：无套利均衡分析[M]. 北京：清华大学出版社，1999.
[10] 郑振龙. 金融工程[M]. 3 版. 北京：高等教育出版社，2012.
[11] 吴冲锋. 金融工程学[M]. 2 版. 北京：高等教育出版社，2011.
[12] 张茂军. 金融工程理论及应用[M]. 大连：大连理工大学出版社，2008.
[13] 胡利琴. 金融工程实验教程[M]. 武汉：武汉大学出版社，2008.
[14] 叶永刚. 金融工程学[M]. 大连：东北财经大学出版社，2004.
[15] 朱世武. 金融计算与建模[M]. 北京：清华大学出版社，2007.
[16] 朱顺泉. 金融财务建模与计算[M]. 北京：电子工业出版社，2009.
[17] 朱顺泉. 金融工程理论与应用[M]. 北京：清华大学出版社，2012.
[18] 朱顺泉. 基于 R 语言的金融工程计算[M]. 北京：清华大学出版社，2016.
[19] 张树德. 金融计算教程[M]. 北京：清华大学出版社，2008.
[20] 杰克逊 • 斯汤顿. 基于 Excel 和 VBA 的高级金融建模[M]. 朱世武，译. 北京：中国人民大学出版社，2007.
[21] 姜礼尚. 期权定价的数学模型及其应用[M]. 北京：高等教育出版社，2002.
[22] 李一智. 期货与期权教程[M]. 北京：清华大学出版社，1999.
[23] 张尧庭. 金融市场的统计分析[M]. 桂林：广西师范大学出版社，1998.
[24] 叶中行. 数理金融[M]. 北京：科学出版社，1998.
[25] 韩良智. 运用 Excel VBA 进行高效投资决策[M]. 北京：中国铁道出版社，2006.
[26] 刘红忠. 投资学[M]. 北京：高等教育出版社，2003.
[27] 杨海明. 投资学[M]. 上海：上海人民出版社，2003.
[28] 孔爱国. 现代投资学[M]. 上海：上海人民出版社，2003.
[29] 滋维 • 博迪，等. 投资学[M]. 8 版. 汪昌云，等译. 北京：机械工业出版社，2012.